基金项目:浙江省社科联社科普及课题(编号:18ZZ27)成果

U0749794

相约 2022:杭州旅游行业迎亚运读本

傅琴琴 编著

浙江工商大学出版社
ZHEJIANG GONGSHANG UNIVERSITY PRESS

图书在版编目（CIP）数据

相约 2022：杭州旅游行业迎亚运读本／傅琴琴编著.
—杭州：浙江工商大学出版社，2018.11
ISBN 978-7-5178-2935-5

Ⅰ．①相… Ⅱ．①傅… Ⅲ．①旅游服务－基本知识－
中国②亚洲运动会－基本知识 Ⅳ．①F592.68
②G811.23

中国版本图书馆 CIP 数据核字（2018）第 205742 号

相约 2022：杭州旅游行业迎亚运读本

傅琴琴 编著

责任编辑	王 耀　白小平
封面设计	林朦朦
责任校对	贺 然
责任印制	包建辉
出版发行	浙江工商大学出版社
	（杭州市教工路 198 号　邮政编码 310012）
	（E-mail：zjgsupress@163.com）
	（网址：http://www.zjgsupress.com）
	电话：0571-88904980，88831806（传真）
排　　版	杭州朝曦图文设计有限公司
印　　刷	杭州半山印刷有限公司
开　　本	710mm×1000mm　1/16
印　　张	17
字　　数	230 千
版 印 次	2018 年 11 月第 1 版　2018 年 11 月第 1 次印刷
书　　号	ISBN 978-7-5178-2935-5
定　　价	58.00 元

版权所有　翻印必究　印装差错　负责调换
浙江工商大学出版社营销部邮购电话　0571-88904970

前　言

　　亚运会，一张响亮的亚洲名片。亚运会，是展示亚洲人民团结、和谐、进步、友谊的平台。亚运会，将亚洲48个国家和地区不同民族、不同文化背景、不同宗教信仰的人们集合在一起，在国家和民族差异的巨大鸿沟上搭起一座桥梁。它显示出巨大的社会发展价值和健康教育功能，是一种特殊的文化价值模式。

　　2022年9月10日—25日，第19届亚洲运动会将在杭州举行。毫无疑问，"亚运效应"会使杭州市旅游行业广受瞩目。在亚运期间，杭州旅游行业一定要争创一流服务，用微笑、诚信、优质、高效的服务，为亚运会营造良好的外围接待环境，为中国争光，为浙江争光，为杭州争光。

　　本书本着培养杭州市旅游行业优秀服务人员这一初衷，对杭州亚运期间旅游行业服务人员的应知应会进行了全方位介绍，包括亚运会常识、亚洲各地习俗、杭州风情、服务礼仪、职业技能等；另外，本书还收录了旅游行业大量的典型服务案例，使读者对服务工作有更全面和深入的认识。本书语言简洁，内容浅显易懂，知识体系完整，具有实操性、全面性、工具性、规范性等特点，是一本实用性强的培训类读本。本书适合具备高中以上文化水平、刚刚步入旅游行业的从业人员阅读，特别是亚运会前杭州旅游行业服务人员阅读。

　　本书分为上下两篇：上篇为应知应会篇，共有五章。第一章是"学亚运知识"，分为亚运发展历程、亚运常识与轶事、亚运与中国、亚运大看台等四节。第二章是"知各地习俗"，分为中国习俗、中国各地饮食习俗、亚洲主要国家习俗、亚洲主要国家饮食习俗等四节。第三章是"品杭州魅力"，分为杭州举办亚运的意义、杭州概况、杭州旅游与休闲、杭州美食佳肴等四节。第四章是"礼迎四方客"，分为服务人员仪容仪表与仪态礼仪、服务人员语言礼仪、服务人员待客之道、服务人员涉外礼仪等四节。第五章是"展服务风采"，分为导游服务技能、景区讲解技能、酒店服务技能、餐饮服务技能等四节。下篇为培训案例，共有三章。第六章为"旅游饭店服务案例"，第七章为"旅游餐饮服务案例"，第八章为"导游带团服务案例"。

本书为 2018 浙江省社科联社科普及课题"相约 2022：杭州旅游行业迎亚运读本"（编号：18ZZ27）成果，由义乌工商职业技术学院傅琴琴编撰，义乌工商职业技术学院张建宏为本书的编撰提供了很多资料。另外，在本书写作过程中，参考和引用了国内外学者的大量同类著作，在此向著作者表示衷心感谢！由于编者水平有限，本书知识点的覆盖范围有一定的局限性，对知识点的选择也有不足之处；因此，本书定有不少错漏之处，真诚地希望广大读者不吝赐教，以使本书不断完善。最后，我衷心希望本书能对每一位读者有所帮助，我将感到不胜荣幸。

目　录

上篇　应知应会

第一章　学亚运知识　　　　　　　　　　　　　　　3

第二章　知各地习俗　　　　　　　　　　　　　　　23

第三章　品杭州魅力　　　　　　　　　　　　　　　44

第四章　礼迎四方客　　　　　　　　　　　　　　　62

第五章　展服务风采　　　　　　　　　　　　　　　97

下篇　培训案例

第六章　旅游饭店服务案例　　　　　　　　　　　　127

第七章　旅游餐饮服务案例　　　　　　　　　　　　161

第八章　导游带团服务案例　　　　　　　　　　　　214

附录1　旅游饭店服务110　　　　　　　　　　　　226

附录2　旅游餐饮服务笑话　　　　　　　　　　　　254

参考文献　　　　　　　　　　　　　　　　　　　　264

上篇　应知应会

第一章 学亚运知识[①]

第一节 亚运发展历程

亚运会全称亚洲运动会,是国际奥委会承认的地区性大型综合运动会,由亚洲奥林匹克理事会(亚奥理事会)的成员国轮流主办。它不仅是亚洲地区规模最大、水平最高的综合性运动会,同时也代表了整个亚洲的体育运动水平。

一、亚运会的前身

亚运会的前身为远东运动会与西亚运动会。1912年,经中国、日本、菲律宾3国基督教青年会中的美国干事发起成立了"远东体育协会",并于1913年在菲律宾的马尼拉举行第一届远东运动会。到1934年,远东运动会共举办了十届。最初,每两年举办一届。后为与奥运会交叉举行,从1927年第八届后改为每四年一届。开始时,只有中国、日本、菲律宾3国参加,从第九届起印度、印度尼西亚、越南也加入进来。远东运动会共设田径、游泳、足球、篮球、棒球、网球、排球7个项目,在当时代表了亚洲竞技体育的最高水平,为推进亚洲早期体育运动的发展做出了积极的贡献。1934年,因日本侵略中国,并坚持把其所谓的"满洲国"拉入远东运动会,中国宣布退出远东运动会。之后,远东体育协会由于中国退出宣告解体,远东运动会也随之消亡。1934年,在印度的体育领导人古鲁·桑迪博士的筹措下,第一届西亚运动会在新德里举行,参赛国有印度、锡兰(现斯里兰卡)、阿富汗和巴基斯坦4国,设有曲棍球、篮球、田径等项目。原定于四年后在巴基斯坦举行的第二届西亚运动会,

---

① 本章数据来源于图书、互联网等,与实际数据或有出入。

由于第二次世界大战爆发而停办。

二、亚运会的酝酿与诞生

第二次世界大战结束后，亚洲各国人民渴望维护和平环境，促进各国和地区人民之间的团结、友谊和文化交流，参加国际性体育比赛的愿望十分迫切。

1948年7月伦敦第十四届奥运会期间，中国和菲律宾两国的体育人士频繁接触，酝酿恢复远东运动会，并提请参加本届奥运会的亚洲各国探讨。国际奥委会印度委员、印度体育领导人古鲁·桑迪认为仅仅恢复远东运动会不足以体现整个亚洲的运动水平和团结精神，他主张创办一个允许所有亚洲国家参加的洲际运动会——亚洲运动会。为此，他遍访了来伦敦参加奥运会的亚洲国家的体育代表团，邀请中国、韩国、菲律宾等13个国家和地区的代表召开了有关成立亚洲运动会联合会的第一次筹备会议。会议讨论通过了印度提出的关于成立亚洲运动会联合会的提案，并推举中国、韩国、印度和菲律宾4国共同起草亚洲运动会有关文件和章程。会上还确定1949年2月在印度新德里举行第一届亚洲运动会。后由于印度国内的原因，运动会未能如期举行。

1949年2月，印度邀请菲律宾、缅甸、伊朗、阿富汗、巴基斯坦、泰国等国家体育组织代表在印度首都新德里会晤，会上宣告成立了"亚洲运动会联合会"（1982年后改称为"亚洲奥林匹克理事会"），并正式通过由中、印、菲、韩起草的宪章。与会的印度、阿富汗、缅甸、巴基斯坦和菲律宾的代表当即签字入会，成为亚运联的基本会员。会议选举印度的辛格为主席，菲律宾的范尔加斯为副主席。会议决定每4年举行一届的亚运会在两届奥运会中间举行，并规定比赛时间为12—16天，项目为20个，东道国可酌情增减，但一般不少于11个项目，田径、游泳和艺术展览为必设项目和内容。会议还决定第一届亚运会于1951年3月在印度的新德里举行。

三、历届亚运会概况

第一届亚运会于 1951 年 3 月 4 日至 11 日在印度首都新德里举行，11 个国家和地区的 489 名运动员参赛。第一届亚运会产生 57 枚金牌，奖牌榜前三名为日本、印度和伊朗。在这届亚运会上，日本代表团获得 24 枚金牌，开始了对亚洲体坛长达 30 年的"统治"。

第二届亚运会于 1954 年 5 月 1 日至 9 日在菲律宾首都马尼拉举行，18 个国家和地区的 970 名运动员参赛。本届亚运会产生 77 枚金牌，奖牌榜前三名为日本、菲律宾和韩国。这届亚运会共打破 3 项世界纪录。

第三届亚运会于 1958 年 5 月 24 日至 6 月 1 日在日本首都东京举行，20 个国家和地区的 1422 名运动员参赛。这届亚运会产生 113 枚金牌，日本获得 67 枚，高居奖牌榜首位，菲律宾和韩国分别以 9 枚、8 枚金牌排在奖牌榜第二、三位。这届亚运会打破 3 项世界纪录，并创造了 47 项新的亚运会纪录。

第四届亚运会于 1962 年 8 月 24 日至 9 月 4 日在印度尼西亚首都雅加达举行，17 个国家和地区的 1545 名运动员参赛。本届亚运会产生 117 枚金牌，日本、印度和印度尼西亚排在奖牌榜前三位。

第五届亚运会于 1966 年 12 月 9 日至 20 日在泰国首都曼谷举行，18 个国家和地区的 1945 名运动员参赛。本届亚运会产生 138 枚金牌，日本以 77 枚金牌的成绩继续高居奖牌榜首位，韩国以 12 枚金牌的成绩首次登上奖牌榜第二位，泰国排在第三。

第六届亚运会于 1970 年 12 月 9 日至 20 日在泰国首都曼谷举行，18 个国家和地区的 1752 名运动员参赛。这届亚运会产生 135 枚金牌，奖牌榜前三名仍然是日本、韩国和泰国。本届亚运会创造 1 项新的举重世界纪录。

第七届亚运会于 1974 年 9 月 1 日至 16 日在伊朗首都德黑兰举行，25 个国家和地区的 2363 名运动员参赛。本届亚运会产生 201 枚金牌，日本和伊朗分列奖牌榜前两位。中国第一次参加亚运会，以 32 金、44 银、26 铜的成绩排在奖牌榜第三位。这届亚运会打破 1 项世界纪录，新纪录是由中国射击运动员李亚敏在女子标准手枪比赛中创造的。此外，本届亚运会还刷新 55 项亚运会纪录。

第八届亚运会于 1978 年 12 月 9 日至 20 日在泰国首都曼谷举行，25 个国家和地区的 2879 名运动员参赛。本届亚运会产生 201 枚金牌，日本以 70 枚金牌的成绩继续占据奖牌榜首席，中国获得 51 枚金牌，排名第二，开始动摇日本在亚洲体坛的统治地位。韩国在奖牌榜上列第三位。这届亚运会创造了 66 项新的赛会纪录。

第九届亚运会于 1982 年 11 月 19 日至 12 月 4 日在印度首都新德里举行，33 个国家和地区的 3345 名运动员参赛。这届亚运会产生 199 枚金牌，中国体育代表团以 61 枚金牌的成绩登上亚运会奖牌榜第一位。日本获得 57 枚金牌，退居奖牌榜第二位，韩国获得 28 枚金牌排在第三位。亚运会从此开始"中国时代"。

第十届亚运会于 1986 年 9 月 20 日至 10 月 5 日在韩国首都汉城（今称首尔）举行，27 个国家和地区的 3345 名运动员参赛。本届亚运会产生 270 枚金牌，中国代表团在最后时刻以 1 枚金牌的优势险胜东道主韩国，最终以 94 枚金牌的成绩继续列奖牌榜首位，韩国列第二，日本获得 58 枚金牌排在第三位。本届亚运会破 3 项世界纪录，平 2 项世界纪录。

第十一届亚运会于 1990 年 9 月 22 日至 10 月 7 日在中国首都北京举行，36 个国家和地区的 4684 名运动员参赛。这届亚运会产生 310 枚金牌，中国代表团以 183 枚金牌的优异成绩巩固了亚洲体坛盟主的地位，韩国和日本分列奖牌榜第二、三位。这届亚运会打破 4 项世界纪录，超、平 11 项世界纪录，刷新 42 项亚洲纪录，改写 98 项亚运会纪录，为缩小亚洲与世界体育的差距做出了突出贡献。

第十二届亚运会于 1994 年 10 月 2 日至 16 日在日本广岛举行，42 个国家和地区的 6824 名运动员参赛。本届亚运会产生 339 枚金牌，中国、韩国和日本排在奖牌榜前三位。中亚五国首次参加亚运会。本届亚运会创造 25 项新的世界纪录。

第十三届亚运会于 1998 年 12 月 6 日至 20 日在泰国首都曼谷

举行,41 个国家和地区的 9600 多名运动员参赛。这届亚运会产生 377 枚金牌,中国、韩国和日本列奖牌榜前三位。

第十四届亚运会于 2002 年 9 月 29 日至 10 月 14 日在韩国釜山举行,41 个国家和地区的上万名运动员参赛。中国、韩国和日本列奖牌榜前三位。本届亚运会共产生 427 枚金牌,刷新世界纪录 22 项,创造亚洲新纪录 43 项。

第十五届亚运会于 2006 年 12 月 1 日至 15 日在卡塔尔首都多哈举行,来自 45 个国家和地区的逾万名选手参赛。本届亚运会共设 39 个大项 424 个小项,中国代表团共夺得 165 枚金牌,连续七次在亚运会上雄踞金牌榜第一位。韩国获得 58 枚金牌列金牌榜第二,日本获得 50 枚金牌列第三。本届大赛中,共有 3 人 7 次打破 3 项世界纪录,平 2 项世界纪录,刷新 23 项亚洲纪录。

第十六届亚运会于 2010 年 11 月 12 日至 27 日在广州举行。来自亚洲 45 个国家和地区的近万名运动员刷新 3 项世界纪录、15 项亚洲纪录和 27 项亚运会纪录。29 个国家和地区获得亚运会金牌,35 个国家和地区获得亚运会奖牌。中国体育代表团取得 199 枚金牌、416 枚奖牌,连续八届名列亚运会金牌榜首位。

第十七届亚运会于 2014 年 9 月 19 日至 10 月 4 日在韩国仁川举行。共有 28 个代表团分享了本届亚运会的 439 枚金牌,37 个代表团获得奖牌。中国代表团以 151 枚金牌、342 枚奖牌的成绩实现了赛前预定的“双第一”目标,韩国以 79 枚金牌数稳居次席,日本以 47 金的成绩位居第三。仁川亚运会共改写了 14 项世界纪录(来自射击、射箭和举重赛场),刷新了 28 项亚洲纪录。

第十八届亚运会于 2018 年 8 月 18 日至 9 月 2 日在印度尼西亚雅加达举行,来自亚洲奥林匹克理事会全部 45 个国家和地区的运动健儿,共赴亚运之约。中国体育健儿经过 16 天的拼搏,共赢得 132 枚金牌、92 枚银牌、65 枚铜牌,居亚运会奖牌榜首位。北京时间 2018 年 9 月 2 日 20 时,雅加达亚运会闭幕式在朋加诺体育场举行。举行完会旗交接仪式后,亚运会正式进入杭州时间,杭州用一段长达 8 分钟的表演,向全亚洲发出了邀请。

第二节 亚运常识与轶事

亚运会主要包括亚洲夏季和冬季运动会，其主要任务是弘扬奥林匹克精神，鼓励和引导亚洲体育运动的发展。2022 年杭州亚运会为夏季运动会。

一、亚运会常识问答

◎**举办亚运会的文化目的何在？**

举办亚运会的目的在于用东方文化诠释奥林匹克精神，通过没有任何歧视，具有奥林匹克精神的体育活动来教育青年，从而为建立一个和平、美好的世界做出贡献，即和平、友谊、进步。它是发展亚运会的原则，也是举办亚运会的文化目的。

◎**谁被称为"亚运会之父"？**

历史上首届亚运会在印度举行，印度的古鲁·桑迪博士作为亚运会的主要倡导者被称为"亚运会之父"。

◎**亚运会的口号是什么？**

"Ever onward——永远向前"是亚洲运动会的口号。该口号简洁明了、朗朗上口，反映了"更快、更高、更强"奥林匹克口号的内涵特点，体现了亚洲人民奋发向上、不断进取，为了未来共同努力的执着精神。

◎**什么是亚运精神？**

亚运会作为奥运会的延续与发展，体现着"相互理解、友谊长久、团结一致、公平竞赛"的奥林匹克精神。亚运精神提倡把体育运动与文化、教育融合起来，创造一种在努力中欢乐竞赛的氛围。它强调体育运动为人类的和谐发展服务，强调公平原则下的竞争。

◎**什么是亚运会的火炬传递？**

亚运会期间在主会场燃烧的火焰就是亚运圣火，它来源于奥运圣火，象征着光明、团结、友谊、和平、正义。在每届古代奥林匹克运动会举行以前，人们都要高举在赫拉神庙前点燃的火炬，奔赴希腊各个城邦,传递停战的神谕和奥林匹克运动会召开的消息。亚运会创立之后,火炬传递作为亚运精神和仪式的重要组成部分,一直延续至今。火炬传递是向途经的各国各地民众传递奥林匹克精神和理念的最有效方式。

◎**亚奥理事会是如何运作的?**

亚洲运动会联合会基本上是仿照国际奥委会建立的。亚运会的举办时间、地点和项目设置等事宜由亚运会联合会负责。亚运会联合会的最高权力机构是理事会。理事会由每个会员组织各派三名代表组成,每两年召开一次会议,地点和时间由主席决定。每个代表有一票表决权,不得委托投票。执行委员会为最高执行机构,从理事会代表中选举产生,任期四年。1982 年 12 月亚运会联合会改组为"亚洲奥林匹克理事会",简称"亚奥理事会"。亚奥理事会的总部设在科威特,现任亚奥理事会主席为谢赫·艾哈迈德·法赫德·萨巴赫亲王。亚奥理事会的运作方式承袭了亚运会联合会模式。

◎**亚奥理事会的成员有哪些?**

亚洲共有 48 个国家,东亚有中国、蒙古、朝鲜、韩国、日本等 5 国,东南亚有菲律宾、越南、老挝、柬埔寨、缅甸、泰国、马来西亚、文莱、新加坡、印度尼西亚、东帝汶等 11 国,南亚有尼泊尔、不丹、孟加拉国、印度、巴基斯坦、斯里兰卡、马尔代夫等 7 国,中亚有哈萨克斯坦、吉尔吉斯斯坦、塔吉克斯坦、乌兹别克斯坦、土库曼斯坦等 5 国,西亚有阿富汗、伊拉克、伊朗、叙利亚、约旦、黎巴嫩、以色列、巴勒斯坦、沙特阿拉伯、巴林、卡塔尔、科威特、阿拉伯联合酋长国(阿联酋)、阿曼、也门、格鲁吉亚、亚美尼亚、阿塞拜疆、土耳其、塞浦路斯等 20 国;其中以色列、格鲁吉亚、亚美尼亚、阿塞拜疆、土耳其、塞浦路斯等 6 个国家在奥林匹克理事会中属于欧洲,所以亚奥理事会一共有 42 个国家,另外加上中国香港、中国澳门、中国台北 3 个地区,一共是 45 个国家和地区。

◎**亚运会的周期与会期分别是多少?**

亚运会每四年一届,与奥运会相间举行,近几届亚运会的会期为 15 或 16 天。

◎历史上举办亚运会次数最多的是哪个城市？

历史上举办亚运会次数最多的城市是泰国曼谷，共4次。在曼谷举行的这四届亚运会分别是第五、六、八和十三届。泰国国王普密蓬·阿杜德主持了这四届亚运会的点火仪式和开幕仪式。

◎中国代表团获得首枚亚运会金牌是什么时候？

在1974年的第七届亚运会上，中国射击队的男子飞碟选手苏之渤为中国代表团赢得了历史上的第一块亚运会金牌。

◎杭州是中国第几个举办亚运会的城市？

杭州是继北京举办1990年亚运会，以及广州举办2010年亚运会之后，第三个举办亚运会的中国城市。

◎杭州亚运会有什么特别的比赛项目？

电子竞技已被确定加入2017年亚洲室内武术运动会、2018年雅加达亚运会和2022年杭州亚运会，并且将在2022年杭州亚运会上成为正式比赛项目。

二、亚运会的竞赛项目

奥运会与亚运会最直接的区别是奥运会是全球性的体育盛会，即奥林匹克运动会。亚运会只是在亚洲范围内举行的体育盛会。亚洲运动会比赛项目大都为奥林匹克运动会项目，但不像奥运会有严格的规定。每届除一些广泛开展的项目，如田径、游泳、篮球、排球、足球等必须列入外，东道国可根据自身的条件和运动技术水平适当增选。以2010年广州亚运会比赛项目为例，其中有奥运项目26项：游泳、射箭、田径、羽毛球、拳击、篮球、皮划艇、自行车、马术、击剑、足球、体操（竞技体操、艺术体操、蹦床）、手球、曲棍球、柔道、现代五项、赛艇、帆船、射击、乒乓球、跆拳道、网球、铁人三项、排球、举重、摔跤。此外，还有非奥运项目16项：棒球、垒球、保龄球、台球、板球、体育舞蹈、壁球、武术、棋类（围棋、象棋）、藤球、橄榄球、轮滑、空手道、卡巴迪、高尔夫球、龙舟，共42个比赛项目（如果竞技体操、艺术体操、蹦床、围棋、象棋互相单列时，为45项）。

田径项目简介

田径运动历来被称为运动之本、运动之母、运动之源,是各项体育运动的基础,田径运动由田赛、径赛、公路赛和全能项目组成。

径赛:是以时间计算成绩的跑和走的项目。径赛项目运动员须在田径规则规定的标准半圆式田径场沿跑道逆时针方向跑或走,判定运动员到达终点的名次顺序是以运动员躯干的任何部分到达终点线内沿的垂直面的先后为准。

田赛:是以远度或高度计算成绩的跳跃和投掷项目。田赛项目中,远度项目以比赛试跳或试掷中最好的一次成绩作为个人的最好成绩。高度项目以每名运动员最好一次试跳成绩,作为最后决定成绩。

全能:比赛按田径规则中规定的项目顺序分两天进行。男子十项全能第一天为 100 米跑、跳远、铅球、跳高、400 米跑,第二天为110 米跨栏跑、铁饼、撑竿跳高、标枪和 1500 米跑。女子七项全能第一天为 100 米跨栏跑、跳高、铅球、200 米跑,第二天为跳远、标枪和 800 米跑。根据各单项成绩按国际田联制定的全能评分表累加总分,以各运动员全部项目得分的总和排定名次。

公路赛:公路赛包括男、女 20 公里竞走,男 50 公里竞走及男、女马拉松比赛,躯干第一个触到终点线的运动员为优胜者。

资料来源:http://sports.sina.com.cn/o/2010-10-25/18285270000.shtml.有删改

三、邓小平同志的亚运情结

无论从个人的兴趣还是从国家的发展看,邓小平同志对于体育都情有独钟。据他回忆,在法国留学期间的 1924 年,虽然手中拮据,但为了看一场足球比赛竟把一件衣服当掉。那时的邓小平只是一个 20 岁的青年。

(一)要比赛，也要友谊

1973 年 11 月 16 日，在亚运会联合会大会上，中国台北被逐出"会员国"，而在伊朗等国的努力下，中国恢复了在亚运会联合会的合法席位。代表团出国比赛前，团长赵正洪专程前往中南海，请示邓小平该如何处理与外国代表团的关系。邓小平说："要比赛，也要友谊。希望中国体育代表团既能获得好成绩，也能进一步和友好国家巩固好友谊，努力完成双重的任务。"赵正洪团长接着提问："对别的国家还好处理，我们只要有实力，就积极赢他。但是，伊朗为中国参加第七届亚运会，以及争取参加单项比赛项目帮助很大，如果两队决赛碰到一起怎么办？赢他还是让他？"邓小平吸了几口烟，思索了一阵子，说："口袋里余下两块金币，应该可以拿一块，还人情债啊。如果在某个比赛项目中，他的水平不高，我们让他，岂不是说明我们的水平更差吗？如果彼此在比赛中水平不相上下，比得很精彩，我们让他，也不掉价。当然，这是一个特例，关键时候让他一次就可以，不是见到他就让，不要讲了人情，违背了体育的精神。"

后来，在亚运会水球决赛中，中国队和伊朗队争夺这枚宝贵的金牌。伊朗全国上下对水球这枚金牌特别重视。中国队虽然与伊朗队打得难分难解，但关键时刻，仍然让了伊朗朋友一分，最后以 8∶9 的比分，惜败给伊朗。这一结果，使得伊朗许多观众欣喜若狂。在场的几名伊朗体育官员穿着西装直接跳到泳池里，和水球运动员一起庆祝胜利，并向中国运动员致谢。

(二)支持亚运，期盼奥运

1984 年国庆前夕的 9 月 28 日，在亚奥理事会会议上，北京获得了 1990 年第十一届亚运会主办权。自此，邓小平同志十分关注亚运工程建设。特别是听到有些人对于搞亚运工程持有不同意见时，他没有多讲什么，而是拿出自己一个月的工资捐给了组委会，作为对亚运工程的支持。

1989 年 4 月 2 日，邓小平同志来到建设中的北京亚运村工地，和家人一起参加义务植树活动。植树间隙，他向亚运工程的负责同志询问工程的建设情况、资金情况、工程进度等问题,最后还特别问道:"北京的亚运村和汉城(今称首尔)的奥运村相比怎么样?"当听到"在绿化上比汉城好"的回答后,他对同行的北京市副市长张百发说:"亚运会以后,所有场馆要对外开放,让群众到里面去健身。"这最后一句话让许多人在若干年之后深有感触:当人们还沉浸在亚运会即将召开的欢欣鼓舞之际,邓小平同志总是能够高瞻远瞩、未雨绸缪,及时预见到将来会遇到的问题。而亚运场馆如何利用的诸多事宜和问题,的确是许多人在召开亚运会之后才猛然觉悟的大问题。

1990年7月3日,邓小平同志第二次来到北京亚运村考察。这时,距离亚运会开幕还有两个多月时间。邓小平站在体育场的高架桥上,面带微笑地环视着眼前宏伟的亚运建筑群,反复看了几次。他从一处走到另一处,边走边问身边的张百发副市长和国家体委主任伍绍祖:"你们办奥运会的决心下了没有?为什么不敢干这种事呢?建设了这样的体育设施,如果不办奥运会,就等于浪费了一半。"两位领导同志没有回答,在场的人都没吱声。当时大家都认为邓小平同志会说一些关于亚运会的事情,没想到他突然提到奥运会的问题,超出了大家的预想,所以在场的人一时有点茫然。但是邓小平同志并没有非得听到对方回答不可的意思,他的话虽是问话,也是鼓励。他继续看着,最后又说了一句:"办奥运也是我们中国对外的窗口。"

四、亚运趣闻集锦

第七届伊朗德黑兰亚运会上,日本女子羽毛球选手汤本博江在比赛中,突然胃病发作。中国选手知道了,立刻去看望她,中国队的队医也马上给她进行按摩治疗。不久,汤本恢复正常,竟能重新挥拍上阵厮杀。

第八届泰国曼谷亚运会开幕式上,放飞了1978只鸽子,与当年公历年号相同。而21名跳伞运动员从天而降,因为这一年是泰国佛历2521年。

第九届印度新德里亚运会年纪最轻的运动员只有8岁，是南也门的女乒乓球选手莎拉碧，她在本国的乒乓球赛中居全国第四名。

第十届韩国汉城亚运会组委会决定，为使裁判工作时精力集中，本届比赛期间，对排球裁判员施用测酒器，裁判员出场前24小时不得饮用酒精饮料。据说，这在体育史上还是首次。

李宁自1989年4月份加入广东健力宝集团有限公司后，与新加坡合资建立健力宝运动服装有限公司，生产高档运动服，李宁牌就是其中一种。第十一届中国北京亚运会组委会决定，李宁牌运动服作为中国运动员的领奖服在亚运会上使用。

被中国观众称为"瓷娃娃"的日本女乒选手福原爱，在多哈亚运会时带着自己的幸运物，一匹在中国新疆购买的陶瓷马，在到达多哈后她找到了一只苍蝇，放在马背上，被称为"马上蝇"雕塑，谐音"马上赢"。可是谁知在比赛期间，她输给了中国19岁小将郭跃。后来才发现这匹幸运马不知何故被弄断了一条腿，这让福原爱闷闷不乐。中国队主教练刘国梁则跟她开玩笑说："你知道为什么输吗？因为我在你比赛的时候，找人在你的马上放了一本书。"

在多哈亚运会的女子链球比赛中，科威特选手阿里萨蒂创造了"奇迹"，这位只能算是业余爱好者的选手，前几投一直犯规没有成绩，急得身边的裁判都不得不过来指导一下她的技术动作，结果这位选手在第五投时终于掷出了有效成绩23米92，而夺冠的中国选手张文秀投出的创造新亚洲纪录的成绩是74米15。和女子链球一样，科威特选手还参加了女子铅球的比赛，结果投出的最好成绩仅为8米50，而来自中国的冠军李玲还不满意自己18米42的成绩。

2010年广州亚运会铁人三项银牌得主是日本的山本良介，他在高中时曾是暴走族（飞车党）的"大哥"。在高中时，山本因为成绩停滞不前，觉得"游手好闲最快乐"，所有的坏事基本都做过，曾带领30人左右的暴走族游荡在京都街头。高中毕业前，他突然醒悟"这样下去人生就没希望"，于是开始练习铁人三项。

第三节　亚运与中国

1951 年，印度新德里举办第一届亚洲运动会。开幕前夕，考虑到刚刚成立的中华人民共和国是亚洲最重要的国家之一，加上中印两国一直比较友好，印度政府专门邀请新中国参加。但当时的中国，解放战争刚结束不久，抗美援朝战争还在艰苦地进行，实在没有精力参加这种大型比赛。因此，中央建议以观摩方式参加亚运会。接着，团中央选派了中华全国体育总会筹委会国际联络处处长吴学谦为团长的 9 人观光团，前往新德里。观光团在印度受到热烈欢迎，不仅观摩了亚运会，还参观了印度的体育学校，并与印度体育界人士进行了座谈。与此同时，观光团还主动与印尼、缅甸、泰国等国的体育界人士建立了联系，为新中国参与亚运会搭建了沟通的桥梁。

在 1954 年第二届亚运会开幕前，台湾地区体育组织加入了亚运会联合会。为了维护"世界上只有一个中国""中华全国体育总会是中国唯一合法代表"的原则，中华全国体育总会断绝了与亚运会联合会的联系，没有参加第二届亚运会。

1971 年，联合国恢复了中国的合法席位，从根本上扫除了中国参加亚运会的障碍。1973 年 9 月，亚运会联合会执委会在泰国曼谷通过决议，确认中华全国体育总会为亚运会联合会会员。同年 11 月，联合会理事会在德黑兰举行特别会议，正式将台湾驱逐出该会。

1974 年 8 月 20 日，第七届亚运会在德黑兰召开，中国派出一支由 269 人组成的代表团参加比赛。在本届亚运会上，中国代表团打破 1 项射击世界纪录、18 项亚运会纪录，总成绩名列第三，亚洲第一次目睹了新中国体育的强大实力，而国际社会也惊呼："亚运会到第七届才成为名副其实的亚运会。"

1983 年的 8 月，北京向亚奥理事会提交了申办第十一届亚运会的文件。此时，日本广岛以广岛建城 500 周年，纪念广岛受原子弹侵害 45 周年为由，也递交了申请。然而，前十届亚运盛会中，印度、日本、泰国、韩国都做过东道主，唯独有着五千年历史的亚洲体坛盟主中国却从未尽过地主之谊。1984 年 9 月 28 日，亚奥理事会在韩国汉城（今首尔），举行第三次代表大会，以决定最后的东道主是北京还是广岛。在日本的强烈要求下，采用了投票方式，结果以 43 票对 22 票，决定由北京和广岛分别举办 1990 年和 1994 年的亚运会。1989 年下半年，中央专门发出了一个文件，强调举办亚运会的重大意义，要求各地区、各部门大力支持，此后，全国掀起了迎亚运的热潮。

1990 年 8 月，伊拉克入侵科威特，亚奥理事会总部被捣毁，主席被杀害，这给亚运会的"团结、友谊、进步"的主题带来了一定的影响。在关于伊拉克能不能参加亚运会的问题上，中国严格按照亚奥理事会的章程，尊重大多数成员国的意愿，在开幕前的 9 月 20 日，亚奥理事会暂停了伊拉克的会籍。国际体委在 6 个小时内，就修改好了竞赛日程，并劝说一些支持伊拉克的西亚国家，继续参加亚运会。

9 月 22 日，历尽艰辛的北京亚运会，终于成功开幕。这是中华人民共和国在自己的土地上举办的第一次综合性的国际体育大赛，也是亚运会诞生以来的 40 年间第一次由中国承办的亚洲运动会。来自亚奥理事会成员的 36 个国家和地区的体育代表团 4655 人参加了这届亚运会。代表团数和运动员数都超过了前十届。中国派出 636 名运动员参加了全部 27 个竞技项目和 2 个表演项目的比赛。中国台北时隔 12 年后，作为中国一个地区的代表队重返亚运大家庭。熊猫盼盼是 1990 年北京亚运会的吉祥物。第十一届亚运会期间，手持金牌做奔跑状的盼盼形象几乎天天出现在媒体上，同时也深深地印在了国人的脑海里。

2010 年第十六届亚洲运动会于 2010 年 11 月 12 日—27 日在中国广州进行，广州是中国第二个取得亚运会主办权的城市。广州亚运会设 42 项比赛项目，是亚运会历史上比赛项目最多的一届。广州还在亚运会后举办了第一届亚洲残疾人运动会。第十六届亚运会的协办城市有汕尾、佛山和东莞。

广州亚运的吉祥物有五个,取名乐羊羊,为历届亚运会中数量最多的吉祥物。"五羊"是广州市最为知名的一个标志,以五只羊作为吉祥物,充分体现了东道国、主办城市的历史底蕴、精神风貌和文化魅力。这五只羊有着与北京奥运会吉祥物"北京欢迎你"类似的名字,形象是运动时尚的五只羊,分别取名"阿祥""阿和""阿如""阿意"和"乐羊羊",合起来就是"祥和如意乐洋洋",表达了广州亚运会将给亚洲人民带来"吉祥、和谐、幸福、圆满和快乐"的美好祝愿,同时也传达了本届亚运会"和谐、激情"的理念。

2015 年 9 月 16 日,第三十四届亚奥理事会代表大会在土库曼斯坦首都阿什哈巴德的奥林匹克体育中心举行,当天一个重要议题是确定 2022 年亚运会举办地。作为唯一的申办城市,杭州申办代表团在此之前做好了充分准备,2004 年雅典奥运会蛙泳冠军罗雪娟作为杭州申办 2022 年亚运会的形象大使上台发言。经过各环节陈述,杭州最终获得 2022 年亚运会的举办权,同时,杭州也成为继 1990 年北京、2010 年广州后第三个成功申办亚运会的中国城市。

〰〰 阅读材料 〰〰

杭州亚运究竟是 2022 年还是 2023 年举办?

当杭州取得亚运会申办权时,在举办年份上,各路消息却有分歧,有的说 2022 年,有的说 2023 年。这到底是怎么回事呢? 2010 年 1 月 20 日,亚奥理事会发布了一项令世界体坛惊讶的重大决定:第十八届夏季亚运会将推迟到 2019 年举行,夏季亚运会也将从此全面改至单数年份举行。这意味着,已有 60 年历史的亚运会,在双数年份举办的惯例将成绝唱,2014 年韩国仁川亚运会将是最后一届在双数年份举办的亚运会。第十八届亚运会将推迟一年,改到 2019 年举行,但是仍然实行 4 年一届的制度。当时,第十八届亚运会的举办城市是越南河内。按照这个算法,第十九届亚运会的举办时间当然是 2023 年。但是,因为金融危机,越南没有财力和实力来举办这届亚运会。2014年4月17日，越南总理宣布放弃亚运会主办权。消息一出，亚奥理事会惊呆了，幸好，"接盘侠"还是有的。2014年9月20日，亚奥理事会决定由印尼雅加达代替越南河内，举办第十八届亚运会。不过，这位"接盘侠"接盘亚运会是有条件的。因为在2019年，印尼国内有另一件比亚运会更重要的事——总统大选，所以，印尼方面向亚奥理事会提出，希望把第十八届亚运会改回2018年举办，以避开2019年的大选。好不容易才抓到一个人接盘，气势上完全处于下风的亚奥理事会无奈妥协，同意把第十八届亚运会改回2018年举办。也正因为如此，第十九届亚运会，自然也就变回了2022年举办。

资料来源：http://news.163.com/15/0917/05/B3MMOVG300014AED.html. 有删改

第四节　亚运大看台

任何比赛，观众都是赛场的重要组成部分，没有观众，比赛就失去了意义。目前，有关赛场观众礼仪的提法还比较少。但现实情况是，由于赛场往往是各国媒体关注的焦点，很多比赛因为观众的不懂礼甚至失礼，不仅在赛场上造成负面影响，影响比赛的正常进行，甚至还影响到一个群体、一座城市，以至一个国家的形象。

阅读材料

这是中国人的手机在响

2000年悉尼奥运会期间，虽然中国运动员的出色表现征服了各国观众，但有些中国人的不文明习惯却给别国运动员、裁判员留下了不好的印象。为确保射击运动员发挥出最佳水平，组委会专门在射击馆门前设有明显标志：请勿吸烟，请关闭手机。但王义夫射击时，某中国记者的手机响了。当时，就有外国人轻轻说："这是中国人的手机在响。"在陶璐娜决赛就要射出第七发子弹的关键时刻，中国记者的手机又一次响了。

（注：2012 年底，国际射击联合会大幅度更改了比赛规则，原本射击比赛要求现场绝对安静，现在这一要求被取消了，观众不但能够大声欢呼、加油，现场还会播放音乐。）

资料来源：雷泰平.这是中国人的手机响.人民日报（海外版），2002—3—26.有删改

观众观看亚运会比赛，一方面是欣赏比赛，另一方面就是助威加油。现场观赛时，应做到遵守以下几条基本的礼仪要求。

（1）尽量提前入场，对号入座，主动礼让"老弱病残幼"。

（2）禁带易燃、易爆等危险物品，限带酒瓶、凳子、刀具及易拉罐等罐装物品入场。

（3）观众应关注比赛过程，欣赏运动技巧，无论胜负，都对所有参赛运动员的精彩表现报以热烈掌声，予以赞赏、鼓励。在赛场上遇下列情况应该喝彩：在选手出场和介绍选手时；赛场上的精彩时刻；选手完成自己的表演后；在选手克服困难，努力坚持比赛时。

（4）观赛时不随意走动，不吸烟，不吃带响声的食物，不乱抛垃圾杂物，不说脏话，不损坏公共设施，理智对待输赢。啦啦队使用的口号和呼喊的内容要健康，不使用污言秽语，不恶语伤人。

（5）要对运动员的失误给予理解和鼓励，不抱怨，不嘲讽、侮辱运动员、教练员，不喝倒彩。

（6）要服从裁判的裁决；如果认为裁判不公，不可起哄，要冷静克制，不做出有损国格、人格和违背体育精神的举动。

（7）遇见自己喜欢的运动员不强行合影、签名，不影响其正常投入比赛。

（8）比赛结束时，向双方运动员鼓掌致意。退场时，按座位顺序，向最近的出口缓行。应主动将饮料瓶、果皮果核、报纸等杂物带出场外。

体育比赛项目是有自己的规则和特点的，观众应该根据具体项目要求文明欣赏和观看比赛。比如近距离观看某些项目的比赛，如

射击、射箭、短跑、乒乓球、羽毛球、台球、网球等，要将手机调成振动或静音，关掉相机的闪光灯，以免分散运动员的注意力。另外，观众与运动员的互动是十分重要的，良性互动能够使运动员振奋精神，更好地投入比赛。然而这种互动对于不同的运动项目也是不同的。一种是有节制的互动，比如网球、高尔夫球、马术等项目，需要相对安静的比赛环境，观众就应该比较绅士。还有一种是比较热烈的互动，比如足球、手球、篮球等项目，啦啦队可以尽情地"折腾"，不论是喊声震天，还是全场制造人浪，都不为过。

　　观看排球比赛时，观众既要有激情，又要有理智。开赛前，运动员集体入场举行仪式，向观众席行礼致意时，观众应用热情的掌声回应。单独介绍教练员、运动员及裁判员时要报以热烈的掌声。运动员做准备活动时，如球飞到看台，观众不要直接将球扔回场内，应将球捡起交给捡球员。比赛中，运动员发球时，任何声响干扰都不受限制。如果运动员发球失误，观众也可以鼓掌表示对另一方得分的祝贺，但是不能过分地"鼓倒掌"，因为这样容易使运动员本已遗憾的心情更加郁闷，是不礼貌的行为。暂停时，运动员会回到双方的替补席附近，教练员对运动员安排战术时，任何响器发出的声音都是允许的。但观众不能向场内投掷硬物或有针对性地刺激运动员。观众可以带有倾向性地观赛，但要尽量与全场气氛一致。如全场都在做"人浪"，你不要坐着不动；周围的人都很沮丧时，你不能过分地幸灾乐祸，这样不但不礼貌，而且容易引发球迷间的冲突。此外，观众还要学习运动员的顽强拼搏精神，传承爱国高尚品德。

❧❧ 阅读材料 ❧❧

惠若琪诠释女排精神

　　20 世纪 80 年代，中国女排夺得五连冠，女排精神应运而生。2016 年巴西里约奥运会，中国女排在不被看好的情况下夺得冠军，再一次让女排精神广泛传扬。在夺得里约奥运冠军的女排队员中，女排队长惠若琪堪称女排精神的最好诠释。

1991年,惠若琪出生在一个比较富裕的家庭,长得特别漂亮,学习成绩也非常好。但自从与排球结缘,她就立志要在这条路上走下去。2007年,年仅16岁的惠若琪入选了中国女排集训队。2010年,惠若琪在一次高难度的救球过程中不慎左肩脱臼,她自己把胳膊接上去之后,继续在场上奋战。但这使得她肩膀第二次脱臼,这一次她已经无法再坚持。因为这次受伤,惠若琪的肩膀里被打了7颗钢钉,她用了8个月的时间才重新回到赛场。2015年,在中国女排即将出征日本世界杯之时,惠若琪的心脏出现了问题。此后,惠若琪先后两次接受了心脏手术。

　　2016年里约奥运会上,惠若琪的状态和全队一样,一开始并不好,球迷们对她的批评不绝于耳。但惠若琪从来都是迎难而上的人,在最后两场比赛中,她发挥相当出色。与塞尔维亚队争夺金牌的比赛中,惠若琪一锤定音,中国队获得冠军。比赛结束后,惠若琪哭得格外伤心。我想,她的泪水中除了有夺冠的喜悦,也有一路走来遭受到的困难与委屈。我们向这位在用生命打排球的女孩致敬。

　　资料来源:http://www.sohu.com/a/118725243_496421. 有删改

　　观看室内游泳比赛时,因为赛场内非常湿热,有些观众的着装就会比较暴露,有的甚至直接光着膀子观看比赛,这些都是非常不礼貌的观赛行为。裁判员发令时,观众不可鼓掌欢呼或发出噪音,以便运动员听清发令声。游泳比赛时,如果观众的加油助威声能与运动员的频率结合在一起,按照比赛节奏进行,对运动员来说,能起到有效的辅助作用。对于仰泳选手来说,最怕的可能就是热情观众手里的闪光灯了。强烈的闪光会刺激到选手,从而对比赛造成莫大的干扰。观看跳水比赛与观看游泳比赛的礼仪基本相同。在运动员走上跳板或跳台时,应保持安静,以免干扰运动员的起跳和比赛节奏。当运动员漂亮地完成动作后,可以大声喝彩和热烈鼓掌;运动员不慎动作失误,也应给予鼓励的掌声。观看水球比赛,既要看运动员如何克服水中阻力进攻防守,也要观察运动员之间的战术配合。比赛进行中不应走动，在每节比赛结束时，方可走动。作为女子项目的花样游泳，由自由泳、技巧、舞蹈和音乐编排而成，是一种艺术性很强的项目，有"水中芭蕾"之称，观赛时，观众可以将其作为艺术表演来欣赏。当运动员完成一个漂亮动作时，可以鼓掌欢呼，表示赞赏，不必担心叫好声会盖过音乐声，干扰运动员的正常发挥。因为即使运动员潜入水中，也可以通过水下的扬声器听到音乐。

第二章　知各地习俗

第一节　中国习俗

我国是一个有着悠久历史的文明古国,中华民族不仅勤劳勇敢,而且素以讲究礼仪著称。"礼"在传统社会无时不在,出行有礼、坐卧有礼、宴饮有礼、婚丧有礼、寿诞有礼、祭祀有礼、征战有礼等。重礼仪、守礼法、行礼教、讲礼信、遵礼义已内化为一种民众的自觉意识而贯穿于其心理与行为活动之中,成为中华民族的文化特征及基本表征。

一、社交礼仪

中国人讲究尊卑。晚辈与长辈相见,长辈为尊,晚辈应该处处尊重长辈。平辈之间相见,对方为尊,应处处为对方考虑。与外向、坦诚、直率的西方人相比,中国人通常显得更加内向、含蓄、谦逊、委婉、拘谨。面对他人的夸奖,中国人常常会说"过奖了""惭愧""我还差得很远"等字眼,表示自己的谦虚;而西方人面对别人真诚的赞美或赞扬,往往会用"谢谢"来表示接受对方的美意。过去,中国人常以"吃了吗?"问候别人,现在使用频率低了,觉得它不合时宜了。其实,这种问候只不过是一种招呼,至于对方是否吃过饭,并不重要。中国传统上习惯收下礼后不当着客人的面打开。而西方人接到礼物后,要当着客人的面打开,在客人面前赞美礼物才是最礼貌的。欣赏对方的礼品,实际上是一种很好的感谢方式。

中国人有礼的方式是亲密无间,西方人有礼的原则是尊重隐私。你不要在银行等隐私地点排队等候时跨越黄线,也不要在陪同客人办理酒店入住登记,别人出示证件等私密物品时"紧贴"或"张望"。女人的化妆盒也是隐私的,不要借用他人的化妆品,这如同侵入她最隐秘的私人空间。不过在空间距离方面，中华礼仪则主张彼此之间有一定的距离，相见时用作揖或者跪拜的方式，反对肌肤直接接触，认为"亵则渎"，过于亲密的接触是轻浮的表现。西方人则相反，他们认为用身体、肌肤直接接触，如握手、亲吻、拥抱等，可以增加彼此的亲密感。

二、节日礼仪

中国的传统节日形式多样，内容丰富，是我们中华民族悠久的历史文化的一个组成部分。春节、元宵、端午、清明、七夕、中秋、重阳等七个节日，有中国七大传统节日之称。传统节日的形成过程，是一个民族或国家的历史文化长期积淀凝聚的过程，上面列举的这些节日，无一不是从远古发展而来的，从这些流传至今的节日风俗里，我们还可以清晰地看到古代人民社会生活的精彩画面。

节日的起源和发展是一个逐渐形成，潜移默化地完善，并慢慢渗入到社会生活的过程，是人类社会发展到一定阶段的产物。我国古代的这些节日，大多和天文、历法、数学，以及后来划分出的节气有关，这从文献上至少可以追溯到《夏小正》《尚书》，到战国时期，一年中划分的二十四个节气，已基本齐备，后来的传统节日，全都和这些节气密切相关。

节气为节日的产生提供了前提条件，大部分节日在先秦时期就已初露端倪，但是其中风俗内容的丰富与流行，还需要一个漫长的发展过程。最早的风俗活动和原始崇拜、迷信禁忌有关，神话传奇故事为节日平添了几分浪漫色彩，还有宗教对节日的冲击与影响，一些历史人物被赋予永恒的纪念意义渗入节日，等等，所有这些都融合凝聚到节日的内容里，使中国的节日有了深远的历史感。到汉代，我国主要的传统节日都已经定型，人们常说这些节日起源于汉代，汉代是中国统一后第一个大发展时期，政治经济稳定，科学文化有了很大发展，这为节日的最后形成提供了良好的社会条件。节日发展到唐代，已经从原始祭拜、禁忌神秘的气氛中解放出来，转为娱乐礼仪型，成为真正的佳节良辰。从此，节日变得欢快喜庆，丰富多彩,许多体育、享乐的活动内容出现,并很快成为一种时尚流行开来,这些风俗一直延续发展,经久不衰。

值得一提的是,在漫长的历史长河中,历代的文人雅士、诗人墨客,为一个个节日谱写了许多千古名篇,这些诗文脍炙人口,被广为传颂,使我国的传统节日渗透出深厚的文化底蕴,精彩、浪漫,大俗中透着大雅,雅俗共赏。

三、禁忌礼仪

禁忌,一方面指的是"神圣的"或者"不洁的""危险的"一类事物;一方面又指言行上被"禁止"或者心理上被"抑制"的一类行为控制模式。禁忌是人类普遍具有的文化现象,属于风俗习惯中的一类观念。在今天看来,禁忌一部分是科学与唯物的、礼仪的;一部分是宗教信仰的延伸;当然也有一部分是反科学的"封建糟粕"。

阅读材料

古代食品名称中的避讳

中国封建社会,臣民在文字上不得直书当代君主之名,必须用其他方法回避,这叫"避讳"。由于避讳,古代的许多地名、人名和物名经常变化,甚至食品也未能幸免。明武宗朱厚照在正德十四年(公元1520年)下令禁止民间养猪,诏书中宣布的理由之一,就是猪与皇帝的姓氏同音,要避讳。一时间,猪几乎绝种,要不是之后大臣们婉言劝谏,解除了禁令,恐怕今天我们就尝不到用猪肉烹制的佳肴美味了。在中国历史上,"山药"的名称曾被一改再改。"山药"在隋朝以前的书上称"薯蓣"。到了唐代,因代宗名"豫",与"蓣"谐音,于是"山药"被改称"薯药"。到了北宋中期,因英宗名曙,"薯药"又犯讳,于是再次改名称"山药"。江浙一带往往将茄子称为"落酥"(亦作"落苏"),据说这同五代十国时吴越国君儿子是瘸子有关。"瘸"与"茄"读音虽不同,但都含有"加"的字形。当时百姓生怕触犯忌讳,便根据茄子味似酪酥这一特点,将它改名为"落酥",一直沿称至今。江淮地区，民间称蜂蜜为蜂糖，也是为了避五代十国吴国的国君杨行密的讳。

资料来源：赵玉伦.古代食品名称中的避讳.中国食品，1986(08).有删改

吃饭时，忌手心朝上托碗，这个忌讳和乞丐有关，因为乞丐乞讨时，就是手心朝上托碗，而我们平时吃饭则是用手端碗。两支筷子要同一颜色，同一长短，忌用"鸳鸯筷子"。在用餐前或用餐过程中，将筷子长短不齐地放在桌子上，这种做法是不吉利的，通常我们管它叫"三长两短"，其代表"死亡"。用餐时将筷子颠倒使用，这种做法是非常被人看不起的，正所谓饥不择食，以至于都不顾脸面了，将筷子颠倒，这是绝对不可以的。信奉伊斯兰教的回族、维吾尔族等少数民族，忌食猪肉。满族、畲族等少数民族，忌食狗肉。与渔民进餐时，吃完上面鱼肉要吃鱼骨下的一面时，不能说"翻"过来，要说"顺"过来。

"狗""猪""驴""龟"等，平时都是用来骂人的，因而忌讳与人相提并论，否则会伤害别人，甚至引起斗殴纠纷。人们也忌讳听到乌鸦的叫声，认为这是不祥的兆头。

春节期间，开口说吉祥话，忌说脏话，忌说"死""病""输""完了""光了"等不吉利的字眼；若不慎犯忌，要口吐唾沫，通过说"童言无忌"等方式化解可能的不祥后果。忌打破碗碟杯盘，万一打破，补救方式是口中念"岁岁（碎碎）平安"等吉祥话。

中国普遍有"好事成双"的说法，因而凡是大贺大喜之事，所送之礼，均好双忌单，但广东人则忌讳"4"这个偶数，因为在广东话中，"4"听起来就像是"死"，是不吉利的。江浙一带对"13"也有所忌讳，他们常把呆笨、愚蠢的人称为"13点"。

给老人不能送钟表，因其与"送终"同音，使人感到丧气。夫妻或情人间不能送梨，因为"分梨"与"分离"同音，是一种不祥的预兆。

触摸历史，厘清禁忌纷乱变幻的轨迹，可以窥见禁忌是一种有趣的民俗信仰，千姿百态、精彩纷呈。千百年来，它迟迟不肯消退，

不愿与人们诀别,依然深藏在僻野的乡间,残留在繁华的都市里,甚至在生活中还不断有新的禁忌出现。

📜 阅读材料 📜

中国人为何喜红忌白

中国文化中的红色源于太阳,因为烈日如火,其色赤红。我们的初祖对阳光有一种本能的依恋和崇拜,古人认为"日至而万物生",在阳光下万物茂盛,生机勃勃。因此对代表太阳的红色产生了特别亲切的感情。而红色的吉祥和喜庆之意就自然而然地产生了。它体现了中国人在精神和物质上的追求。在中国,逢年过节的喜庆日子要挂大红灯笼、红中国结,贴红对联、红"福"字,放红鞭炮。男婚女嫁时贴红"囍"字,新郎戴大红花,新娘穿红装、画红妆、戴红头盖,新房也以红色调为主,点红蜡烛,等等。人们常形容兴旺、热闹的气氛为"红红火火",指人精神极佳,春风得意为"红光满面"、把促成他人美好姻缘的人叫"红娘",得到上司宠信的人叫"红人";运气和机遇很好称为"走红",分到合伙经营利润叫"分红",逢年过节老人常给小孩发"红包"。此外,在当代汉语里,"红"是政治色彩最浓的一个颜色词,象征着革命和进步,如"红旗""红军"等。

中国是个忌白的国家。在中国传统文化里,黑、白同属五色,都是正色。古人认为东方的青色象征万物生长,南方的红色象征万物茂盛,西方的白色属秋,北方的黑色属冬。秋收冬藏,农攀虽得到收获,但万物逐步凋零。因而在人们的情绪上,逐渐产生悲凉与哀伤。古人对这种方位、四季和颜色的感受传承至今,所以白色象征不祥。古人常以白色为丧事或丧服之色。守丧者身穿白色服装,或头戴白花,系白头绳,此习俗延续至今。白色在中华民族传统观念中,具有矛盾性的文化象征意义。白色象征贤明、清正的品格。此外,在民俗文化中还有一个较为特殊的现象,白色在汉民族中多用于寿诞,以象征长寿。在我国古代,为祝贺夫妻长寿而送的寿礼就有"白头翁"和"白猿偷桃"的寿嶂。

资料来源:刘薇薇.从颜色象征意义看中西方文化差异.黔西南民族师范高等专科学校学报,2009(6).有删改

第二节　中国各地饮食习俗

◎**浙江人、江苏人的饮食特点是什么?**

浙江人一般口味喜清淡,爱甜食。主食大米,喜食新鲜蔬菜。浙江宁波、舟山、台州、温州地区临海,家家喜吃鱼虾海味。天台山区产杂粮,故每日以面食为主,食米次之。江苏人也喜清淡,爱甜食。主食以米饭为主。习惯食用新鲜蔬菜。对肉食中的猪肉,禽类中的鸭肉,鱼类中的鳝鱼更是格外喜欢。

◎**北京人、天津人、上海人、重庆人的饮食特点是什么?**

北京人一般口味偏重,大多数人喜爆火炝锅,调味品爱用葱、姜、蒜。"冬季食厚味,百令喜清素"是北京人膳食的季节变化特点。北京人的主食以面食为主,饺子、面条、馒头、烙饼为家常面食,米饭也越来越受北京人的欢迎。早点一般爱吃油饼、烧饼、豆浆、豆腐脑、面茶、炒肝等,午、晚餐以有菜有汤为佳,爱吃热菜热饭。

天津人一般口味喜咸中微甜。普遍爱食鱼、虾等海味,炒菜爱加少许白糖。天津人比北京人爱吃米饭,对面食中的本地特产"狗不理"包子普遍喜爱。天津人早点喜食浆子豆腐(豆浆中掺豆腐),喝咸味豆浆,吃煎饼果子,等等。

上海人一般口味喜清淡,爱吃新鲜蔬菜,对油菜更为偏爱。上海人主食一般都愿吃大米,吃面条时讲究清爽。上海人用餐比较注意量少质精,盛饭的碗一般不大,炒菜的样数较多。早餐一般人爱吃泡饭,午、晚两餐习惯吃米饭和各种炒菜。

重庆人一般口味爱吃"辣",喜吃"麻",喜欢标新立异,追怪猎奇,以吃感觉、吃风味、吃麻辣为时尚。重庆人爱吃火锅是出了名的,毛肚是重庆人必点的一道菜。

◎东北人的饮食特点是什么？

黑龙江人一般口味喜咸爱酸味。主食多爱吃干饭,城市人偏爱"列巴"(形似锅盖的面包)。猪肉是最常见的肉食品,狍子肉和野鸡肉为稀罕物。酸菜、大酱、豆制品是餐桌上的必备食品。黑龙江人一般一日三餐中早餐简单,午晚两餐较丰盛。啤酒是黑龙江人最常喝的饮料。

吉林人一般喜味重,爱酸、辣。主食多食大米、小米和面食。汉、满人喜食猪肉、萝卜、豆类,"火锅余白肉""白肉血肠"为传统佳肴,生活中离不开酸菜、咸菜和大酱。朝鲜族人偏爱狗肉,冷面、腌小菜是最常用的食品。

辽宁人一般口味偏咸、重油,嗜肥厚,喜腥膻。主食对米面食品均能适应。肉类爱吃禽、畜肉及鱼类,特别喜欢野味。副食中尤爱当地产山珍食品。酸菜、大酱、豆制品是平时生活中离不开的食品。辽宁人重视烹调上的火候,喜欢紧烧、慢煮,偏爱酥烂,重视调味。

◎河北人、河南人的饮食特点是什么？

河北人一般口味与北京人近似。主食一般爱吃面食。北部地区的人尤其喜爱面食中的莜面、肉类中的牛羊肉、蔬菜中的土豆;南部地区的人,对肉类中的猪肉更感兴趣。

河南人一般口味喜酸辣,爱吃猪肉,爱用葱、蒜做调味品。面粉、杂粮为日常主食,一般都喜食鲜米、鲜面。"麻酱面""炸酱面""清汤面"是河南人常吃的主食。

◎山西人、山东人的饮食特点是什么？

山西人一般口味喜咸中带酸,酸醋、辣椒是山西人习惯用的调味品。主食以面和小米为主,素有"一面百样吃"之誉,"面片儿""猫耳朵""饸络""刀削面""拉面儿"为山西人常吃的主食。

山东人一般口味喜咸鲜。黄豆芽、绿豆芽是当地人爱吃的菜品,普遍爱吃生葱、豆腐、粉皮等。主食以面为主,特别偏爱发面馒头、包子、饼和锅饼等。

◎湖北人、湖南人、四川人的饮食特点是什么？

湖北人一般口味咸甜皆宜,爱酸、甜、苦、辣味。主食以稻米和杂粮为主，"糍粑""热干面"是常用食品，米皮、豆丝人人喜欢。特别爱吃猪肉和淡水鱼。湖北人吃饭特别爱用鲜姜；无论喝什么汤，都喜欢放些黑胡椒粉来调味。人们普遍喜茶爱酒。

湖南人一般口味喜辣，日常几乎顿顿不离腌菜。主食普遍喜食大米和糯米。早餐习惯吃馒头和汤面条，午、晚两餐多食大米或糯米。

四川人一般口味喜麻辣，有以辣为菜的嗜好。普遍喜食猪肉、牛肉。主食大多喜食米饭。

◎安徽人、江西人、福建人的饮食特点是什么？

安徽人一般口味尚甜，普遍喜食辣味。"冬天爱食牛羊肉，春秋喜食肥猪肉"是安徽人膳食季节变化特点。主食喜爱米饭，对面食不大感兴趣。

江西人一般口味喜辣。爱吃塘鱼、河鱼和腐竹、粉条、海带。不爱吃海味、凉菜、生菜。有以辣为菜的嗜好，爱用豆豉做调料。习惯以菜油烹制菜肴。主食偏爱大米，用猪油拌米饭的吃法很常见；吃面食只是为调剂口味，有"面食吃不饱"的心理。

福建人一般口味喜咸鲜，普遍喜食海味，厌肥肉。烹制鱼菜离不开黄酒、酱油，"虾油"是常用的调味品。主食一日三餐不离米食。

◎陕西人、甘肃人、宁夏人的饮食特点是什么？

陕西人一般口味喜酸辣，食用胡麻油。主食习惯吃面食，"面条像皮带，烙饼像锅盖"是陕西人的面食特色。陕北人吃汤面喜佐盐花、红辣椒、酸黄瓜。陕南人爱吃米及米粉皮。西安的"羊肉烩馍"是陕西的风味佳品。

甘肃人一般口味喜酸辣。主食以面食为主，兰州人喜欢吃面条，而且花样繁多，有"拉条子面""臊子面""浆水面"和"清汤牛肉面"等。"拉条子面"是在面条上浇酱油、醋和油泼辣子。"臊子面"是用肉丁、萝卜丁、豆腐丁、黄花、木耳等，加上酱油烩炒的"臊子"，浇在"拉条子面"上而成的。"浆水面"是把洋白菜、芹菜用开水焯过后，放进预先备有水和少许面的瓦罐内，上盖密封，用时将此水配上姜末、葱花和油泼辣子即成浆水，吃时将浆水浇在"拉条子面"上。

宁夏人一般口味喜咸,爱酸、辣味。主食有米有面,"羊肉臊子面""烙饼子"是常见食品。肉类以牛肉、羊肉、禽类为主。土豆、酸白菜是宁夏人离不开的日常蔬菜;酸浆水一年四季不间断。宁夏人一般一日三餐,喜喝盖碗茶,夏天多喝茉莉花茶,冬天以喝陕青茶为主。

◎**云南人、贵州人的饮食特点是什么?**

云南人一般口味喜酸、辣、甜。习惯用菜油和猪油烹调菜肴。爱吃米饭,喜食细米粉,有猪油拌米饭的膳食嗜好。

贵州人一般口味喜欢辣。习惯用菜油和猪油烹制菜肴。普遍喜欢米饭,很少吃面食。大米除蒸饭外,还制成米粉,配以牛肉、羊肉吃。贵州人早餐习惯吃面条、馒头、包子,午、晚餐多吃米饭和炒菜;腌菜是贵州人日常餐桌上的必备之品。

◎**广东人、广西人、海南人的饮食特点是什么?**

广东人一般口味喜清鲜、甜,不喜欢辣味。主食大多喜欢米食,副食以鲜鱼、海味为佳肴。广东梅县人喜食鱼汤。潮安人有吃生鱼的习惯。

广西人一般喜清鲜爽口的辣、酸味菜肴。爱吃田鸡肉、狗肉、羊肉,也爱吃油炸香味食品。主食以米饭为主,面食只占调剂口味的位置。

海南人一般口味喜清淡,也爱辣味和甜味。大多爱吃米食,尤其偏爱海鲜及肉类中的羊肉。海南人一般一日三餐,几乎顿顿离不开粥,米粉是民间喜爱的食品。海南人爱饮咖啡要胜过饮茶。

◎**内蒙古人、新疆人的饮食特点是什么?**

内蒙古人一般口味喜肥浓,爱膻味。城市人主食面类为多,喜欢羊肉。牧区人主副食顺序颠倒,以肉类为主,亩食为辅。内蒙古人特别爱吃野生动物肉,奶为最常喝的饮料,蔬菜如今已在人们的心目中被重视起来,越来越多的人开始认识蔬菜的营养价值,食用的人也越来越普遍。

新疆人一般口味喜浓重,爱酸、麻、辣味。米、面食品和乳制品在饮食中占据着重要的位置。主食以馕为主,肉类主要是羊肉和牛肉及禽类。烤羊肉串是新疆最为独特的风味食品。新疆人吃饭惯以手抓食，果品中最爱吃瓜类，尤以哈密瓜最受欢迎。

◎青海人、西藏人的饮食特点是什么？

青海人一般口味喜清淡，也爱甜、辣味。主食以青稞、大米、面粉为主。肉类偏爱羊肉、牛肉和禽类等。乳品是他们常喝的饮料。

西藏人一般口味偏重，喜酸味。肉、油、奶为生活中的必备品，"糌粑"是他们常吃的主食。西藏人一般习惯每日四餐，中间两顿较受重视，一般都要有肉。酥油茶、青稞酒为常见饮料。

◎港、澳、台地区人的饮食特点是什么？

台湾地区人口味一般喜清淡，爱微甜味。一般以米为主食，也很喜欢各种面食。对大陆的家乡风味等最为偏爱。台湾地区人爱吃鱼类、海产品、鸡、鸭、猪肉、牛肉、羊肉及各种野味等；蔬菜方面爱吃油菜、黄瓜、西红柿、茄子、菜花、竹笋；调料方面爱用胡椒、花椒、丁香、味精、盐、醋、料酒、酱油等。比较爱吃煎、干炸、爆炒、烧、烩等烹调方法制作的菜肴。

香港人口味一般喜清淡，偏爱甜味。一般以米为主食，也喜欢吃面食。特别喜欢家乡风味闽菜、粤菜。香港地区人爱吃鱼、虾、蟹等海鲜，以及鸡、鸭、蛋类、猪肉、牛肉、羊肉等；蔬菜方面爱吃茭白、油菜、西红柿、黄瓜、柿子椒等；调料方面爱用胡椒、花椒、料酒、葱、姜、糖、味精等。比较爱吃煎、烧、烩、炸等烹调方法制作的菜肴。

澳门人口味一般不喜太咸，偏爱甜味。以米为主食，也爱吃面食。喜欢吃乡情浓郁的家乡风味饭菜，尤以闽粤菜备受推崇。澳门人爱吃猪肉、牛肉、羊肉、鸡、鸭、蛋类及各种海鲜等；蔬菜方面爱吃黄瓜、西红柿、柿子椒、卷心菜、菜花、扁豆等；调料方面爱用胡椒、花椒、料酒、葱、姜、糖、味精等。比较喜欢煎、炸、烧、烩等烹调方法制作的菜肴。一般都不愿吃酸味和味道过辣的菜肴。

第三节　亚洲主要国家习俗

亚洲各个国家、地区、民族所处的环境不同，有不同的历史文化,也有不同的生活方式和生活习俗,有时差异很大。无论什么人,从小到大,随时随地,一举一动都受到他所在社会的习俗的熏陶和影响,并自觉不自觉地遵从它。"习俗移人,贤者难免。"没有受过文化教育的人固然要受习俗的支配,受过文化教育的人,也不免要受它的影响。可见习俗虽然没有明文规定,但事实上,人人都不知不觉在按照它的规范行事,这就是习俗的约束力。尊重习俗,是社会生活中潜在的客观规律。

〘 阅读材料 〙

如何学习各国习俗礼仪

在国际交往中,我们既要遵守国际通行的礼仪惯例(即各国礼仪的"共性"),也要尊重交往对象所在国的特殊礼仪与习俗(即各国礼仪的"个性")。但世界上每个国家都有自己的文化特点、民族传统和风俗习惯,要想一一了解所有国家、所有民族的礼俗,是十分困难的。不过,我们可以根据以下几个特点去加以概括总结:一是习俗礼仪受宗教信仰影响。不同国家、不同民族,如果宗教信仰相同,习俗礼仪就会有许多相近或相似之处。二是习俗礼仪与民族和种族有关。习俗礼仪固然和国家有关,但与民族、种族的关系更为密切。生活在不同国家和地区的人,如果是同一民族或同一种族,其习俗礼仪亦往往相同。三是习俗礼仪受语言影响。语言是传播习俗礼仪的工具,使用同一语种或语言的人,习俗礼仪往往类似或相同。四是习俗礼仪有同化现象。在不同民族的混合居住区,人们在习俗礼仪方面也互相效仿。在现代,随着科学文化的发展和各国、各民族相互交往的增多,一些先进的、文明的习俗礼仪,被越来越多的人接受,因此,也加快了习俗礼仪的同化现象。

资料来源:陆永庆等.旅游交际礼仪.东北财经大学出版社,2006.有删改

一、韩国习俗

韩国人具有强烈的民族意识与国家观念，提倡"身土不二"，喜欢强调"我们""我们的民族""我们的国家"等。韩国国歌《爱国歌》充满力量，从中我们能感受到韩国人饱满的爱国情怀。韩国人很注重礼仪，一般都以握手作为见面礼节。韩国妇女一般不与男子握手，而往往代之以鞠躬或者点头致意。在不少场合，韩国人有时也采用先鞠躬、后握手的方式。韩国人十分尊重长辈，长者进屋时，大家都要起立；在社交场合"重男轻女"，公开场合得让男子先行，各种会议的发言者致辞时都把"先生们"放在"女士们"之前。

韩国民族服装最初主要是受中国唐代服饰的影响。对此，史书中就有记载："服制礼仪，生活起居，奚同中国。"唐代时，新罗与唐朝交往非常密切，服饰特点几乎与唐朝无异。韩服的个性发展开始于李氏朝鲜中期。从那以后，韩服特别是女装，逐渐向高腰、襦裙发展，同中国服饰的区别逐渐增大。

韩国人爱好、擅长歌舞。韩国舞蹈的表现形式不同于西方舞蹈。西方舞蹈表现舞蹈家的个性、性征和躯体。韩国舞蹈家不带个人感情色彩，抑制性征。西方舞蹈家喜欢使全场瞩目于自己，利用光、声的和谐统一和力度变化，而韩国舞蹈家对身体的特技动作的外部表现不感兴趣，只喜欢表现高度抽象的喜悦。

数字方面，韩国人喜欢单数，不喜欢双数。"3"是他们的吉利数，以至韩国人取名也喜欢用"三"，如金泳三；忌用"4"（韩语"4"与"死"同音），在韩国没有 4 号楼、4 号房，宴会厅里没有 4 桌。

二、日本习俗

日本是一个岛国，自然资源匮乏，日本国民常有生存危机意识。恶劣的自然环境在日本人的心里埋下了"忍"的基因，这造就了日本人做事特别拼命、认真执着的个性与精益求精的精神。

日本人的礼仪十分周全，给人的第一印象总是彬彬有礼。在日本，由于特殊的历史背景和地缘文化，人们形成了进出房门低头俯身、日常交际低姿势待人的民族习惯。因此，见面多以鞠躬为礼。日本人的鞠躬是将自己身体最弱的地方、最重要的地方展示给对方，这是一种信任、尊重和理解的表态。对于日本人来说，弯腰已成习惯，鞠躬成自然。据统计，一个日本百货公司的电梯口迎宾员，一天要鞠躬 2500 次左右。即使在电话里与人问安、道别、承诺和请求时，也会不自觉地鞠躬。日本人说话离不开"谢谢"，据统计，一个在百货公司工作的员工，一天平均要说 571 次"谢谢"。

和服是日本的国服，在形成过程中虽受到外来文化的影响，尤其是中国文化，但今天我们所看到的和服，已很难找到中国元素的影子。和服是由人体支撑的，并不主张炫耀服装本身。身穿和服的人，必须顾及自己的坐姿和行走时的步态，要求穿着者必须具有一种精气神。

日本人在生活和工作中通常不愿意直截了当地拒绝别人，通常会委婉地说："你们的产品非常好，设计新奇，造型美观，包装也很别致，让我们考虑再说""我理解您的要求""我将把贵方的意思尽快向领导汇报"。这实际上等于在顾及对方面子的同时，明确地拒绝。

日本人有送礼的癖好，因此给日本人送礼，往往采取这样的做法，即送对其本人毫无用途的物品以便收礼的人可以再转送给别人，那个人还可以再转送下去。日本人赠礼很讲究包装。一件礼品不管价值如何，往往要里三层外三层包得严严实实，在礼品包好之后，日本人还会再系上一条好看的缎带或纸绳。注意不能送梳子给日本人，因为梳子在日语中同"苦"和"死"谐音，很不吉利。

日本人是亚洲最守时的民族，他们就像抱着一个走时准确的大钟，每时、每刻都在按着预定的计划有条不紊地进行着。不管是商务会谈，还是社交聚会，都要准时到达。

在社交场合与日本人用餐要注意以下细节：用餐时不宜把手肘放在桌上，那样显得懒散而不礼貌。日本料理中海鲜占多，因而日式的筷子都是尖头的以便挑鱼刺。实在挑不出去的刺可以用手从嘴里将鱼刺拿出，切不可直接"呸"地吐出。咀嚼食物应闭嘴无声，而只有在吃日式荞麦面时才可以大声吮吸。

日本人不喜欢某些数字，比如"4""9"的谐音是"死"和"苦"，"42"的发音是死的动词形式，所以医院和饭店一般没有 4 号和 42 号的病床和房间。"13"也是日本人忌讳的数字，许多宾馆没有"13"楼层和"13"号房间，羽田机场没有"13"号停机坪。日本人忌讳绿色和荷花，原因是他们认为绿色是不吉利的，荷花意味着祭奠。

三、亚洲其他国家习俗

新加坡。新加坡人非常讲究礼貌礼节，该国旅游业得以迅速发展的一个重要原因就是服务质量高，礼貌服务做得好，其风俗习惯因民族及宗教信仰而异。新加坡华人的传统习俗与我国相似，如两人见面时相互作揖，或鞠躬、握手。来华的旅游者中，多数人华语水平很高，礼貌用语娴熟。印度血统的人仍保留着印度礼节和习俗，妇女额头上点着檀香红点，男人扎白色腰带，见面时双手合十致意，马来血统、巴基斯坦血统的人则按伊斯兰教的礼节行事。新加坡人忌说"恭喜发财"之类的话，他们认为"发财"两字，会有"横财"之意，而"横财"就是不义之财。因此祝愿对方"发财"，无异于挑逗、煽动他人损人利己，做对社会有害的行为。新加坡人视紫色、黑色为不吉利。黑、白、黄为禁忌色。和新加坡人谈话，忌谈宗教与政治方面的问题。

泰国。泰国人在待人接物中，有许多约定俗成的规矩。朋友相见，双手合十，互致问候，晚辈向长辈合十行礼，双手要举到前额，长辈也要合十回礼，以表示接受对方的行礼。年纪大或地位高的人还礼时，手部不必高过前胸。行合十礼时双掌举得越高，表示尊敬的程度越深。在特定场合下，平民、贵官乃至总理拜见国王及其近亲时行跪拜礼。国王拜见高僧时也须下跪，儿子出家为僧，父母亦跪拜于地。泰国人一年四季都喜欢喝鲜榨果汁。饮用的其他饮料如可口可乐、啤酒等都喜欢放冰块，就是喝茶也不例外。吃西瓜或菠萝时不仅放冰块，还要沾着盐水吃。在炎热的泰国，冰茶和冰果汁既可解暑热，又能开胃，因而受到了人们的喜爱。泰国人非常重视头部，认为头颅是智慧所在，是神圣不可侵犯的。如果用手触摸泰国人的头部,则被认为是极大的侮辱,如果用手打了小孩的头部,则认为小孩一定会生病。睡觉忌头向西方,因日落西方象征死亡。忌用红笔签名,因人死后用红笔将其姓氏写在木棺材上。脚被认为是低下的,忌用脚踢门,否则会受到人们的指责。此外,泰国人就座时,最忌跷腿,把鞋底对着别人,这被认为是把别人踩在脚底下,是一种侮辱性的举止;妇女就座时,双腿要靠拢,否则被认为缺乏教养。

马来西亚。马来西亚人友好善良,讲究礼貌礼节,尊老爱幼,其礼貌礼节规范类似其他信奉伊斯兰教的国家。马来西亚人忌谈及猪、狗的话题。忌食狗肉、猪肉,忌讳使用猪皮革制品,忌用漆筷(因漆筷制作的过程中用了猪血)。他们不能用左手为别人传递东西,认为左手是不干净的。此外,在公共场合,不论男女衣着不得露出胳膊和腿部。忌用黄色,不穿黄色衣服。单独使用黑色认为是消极的。忌讳的数字是 0,4,13。

菲律宾。菲律宾人忌用左手递物品,吃东西;交谈时要回避菲国内政治纷争、菲近代史、宗教等话题,但他们喜爱打听私人和家庭情况。他们认为对人提出异议是失礼行为,故有不同意见,不宜正面反驳。菲律宾尊重老人,要先向长者问候,让座,不在老人面前抽烟。菲律宾人不强调守时,社交活动守时被认为过分热衷,一般要迟到 15—30 分钟;他们喜欢宴会气氛轻松活跃,讨厌一本正经;宴会后常请客人唱歌,被请人不应拒绝,收到礼品不当面打开。

印度尼西亚。在印度尼西亚,与人谈话或进房间时要摘掉墨镜;不能用左手接触别人身体,指点人或物,也不要用左手递送物品;忌用手碰别人头部;拒收别人礼品在当地被视为不礼貌,但受礼后不当面打开礼品;受伊斯兰教义影响,对乞丐不能嫌弃;与印尼人交谈要回避当地政治、社会主义、宗教等话题,但他们喜欢谈论自己的家庭,喜欢打听个人情况;他们注重面子,有分歧时不宜公开辩论。

沙特阿拉伯。沙特阿拉伯人大方热情重礼仪,沙特阿拉伯人见面时,习惯首先互相问候说。"撒拉姆·阿拉库姆"(你好),然后握手并说"凯伊夫·哈拉夫"（身体好），有的沙特阿拉伯人习惯伸出左手放在你的右肩上并吻你的双颊，这是一种吻礼。他们走路时总喜欢拉着朋友的手在路上走，认为这是友好的表示。在商务活动中，拜会公司企业或访问政府机关要事先预约，尽管他们时间观念不强，会见松散不守时，迟到15—30分钟是常有的事，但是，作为一个外国商人也要准时赴约。见面时以握手为礼，递上印有阿拉伯文和英文对照的名片。

印度。印度是一个信仰宗教的国家，85％的人都信奉印度教。因此，跟印度人交往，要特别尊重他们的宗教信仰，注意他们的生活习俗和各种禁忌。印度人对蓝孔雀十分崇拜，并将其视作吉祥、如意、幸福的象征。请客时，印度人认为费用应由有钱人来支付。印度人十分忌讳用左手取递物品，认为左手是肮脏的、低贱的。他们不喜欢别人触摸自己小孩子的头。特别值得注意的是，印度人表示同意或肯定时，不像我们摇头表示"不是"，点头表示"是"，而是摇摇头，或先把头稍微歪到左边，然后立刻恢复原状表示"是"。商务活动中，宜穿西装，注意保持整齐、清洁、大方。印度人很有时间观念，约会应按时赴约。举办社交活动时，应邀请他们的妻子一同参加。印度人不喜欢黑色、白色和灰色，认为这些颜色是不吉利和消极的象征。

第四节　亚洲主要国家饮食习俗

饮食习惯是指人们对食品和饮品的偏好，其中包括对饮食材料、烹调方法、烹调风味及佐料的偏好。饮食习惯是饮食文化中的重要元素，世界各国人们的饮食习惯由于受到地域、物产、文化历史的种种影响而呈现出较大的差异。

一、东亚国家

日本人早餐喜欢喝热牛奶，吃面包、稀饭等，午餐和晚餐吃米饭，副食品主要是蔬菜和海鲜。日本人爱吃鱼，还有吃生鱼片的习惯,吃时配芥末。每逢喜事,日本人爱吃红豆饭,不加任何调料,只在碗里撒一些芝麻盐,十分清香适口。"便当"和"寿司"在日本是最受欢迎的两种传统方便食品。"便当"就是盒饭,"寿司"就是人们在逢年过节时才吃的"四喜饭"。日本人喜欢吃清淡、油腻少、味鲜带甜的菜肴,喜欢吃中国的广东菜、北京菜、上海菜,喜欢喝中国绍兴酒、茅台酒等。吃凉菜时,喜欢在菜装盘后再撒一些芝麻或紫菜末、生姜丝等,用以点缀和调味。日本人的饮食禁忌不是很多,主要是不吃肥猪肉和猪的内脏。

阅读材料

日本人不喜欢吃内脏和肥肉

几位日本客人来到中餐厅用餐,服务员端上茶水和手巾后,开始请客人点菜,由于语言不通,无法向客人解释,只是凭他们在菜单上的指点和手势点了几道菜。服务员还替他们点了肥肠、扣肉等当天的厨师推荐菜,客人当时对她推荐的菜不置可否。上菜后,客人对小姐推荐的菜不动筷子,并且生气地用日语对服务员叫嚷。原来,这些菜不符合他们的口味,他们是不吃内脏和肥肉的。

资料来源:张永宁.饭店服务教学案例.北京:中国旅游出版社,1999.有删改

韩国人的主食主要是米饭、冷面,爱吃辣椒、泡菜。泡菜在韩国菜肴中占有突出的地位,它不仅最为普及,而且最富有民族特色。汤是韩国人饮食中的重要组成部分,是就餐时不可缺少的。酱是韩国各种菜汤的基本佐料。韩国人普遍爱吃凉拌菜,凉拌菜是把蔬菜切好或用开水焯过后加上佐料拌成的。韩式烤牛肉是人们喜爱的菜品,经过调味的鲜牛肉加上洋葱、青辣椒等在火盆上烤制而成。他们还喜欢吃精猪肉、鸡和海味,不爱吃羊肉、鸭和肥猪肉。许多韩国人,还喜欢喝凉开水。

蒙古人平日所吃的主食,主要是肉类和乳制品。在肉类之中,

他们最爱吃的是羊肉，同时也吃牛肉。通常，蒙古人都有较大的食量。他们大都口味较重，不怕油腻，爱吃烧、烤、焖的菜肴。蒙古人爱喝烈性酒，喜饮奶茶。蒙古人不爱吃虾、蟹等海味及"三鸟"内脏。"三鸟"，按蒙古人的说法，即鸡、鸭、鹅。还有不少蒙古人，不爱吃米、面、青菜。

二、西亚国家

沙特阿拉伯人口味一般喜辛辣，嗜食烤、炸类食品，爱吃大饼，喜欢喝红茶和咖啡。沙特阿拉伯人也惯于吃"手抓饭"，忌讳左手递送东西或食物，忌食猪肉及怪状食物。

阅读材料

火腿丁惹祸

一天傍晚，有四位肤色较深，深眼窝大眼睛留络腮胡的阿拉伯客人来到某饭店中餐厅用餐。其中，有位客人要了两份什锦炒饭。当服务员把炒饭送上餐桌后，有一位客人指着炒饭中红颜色的肉丁问小王："这是什么肉？"小王仔细看了看发觉是火腿丁，这时客人似乎也发现了这一点，顿时板起脸来说："我们是穆斯林，像这样高档的餐厅，服务员却为何这样粗心？"小王马上向客人道歉，并立即撤下了那份什锦炒饭，然后为客人重新订了一份没有火腿丁的什锦炒饭以做补救。但是这几位客人仍面露不悦，情绪不佳。

资料来源：张永宁.饭店服务教学案例.北京：中国旅游出版社，1999.有删改

阿联酋人饮食以发酵面饼、玉米饼为主，常吃的菜肴有西红柿沙拉、洋葱拌辣椒、羊肉串等，讲究菜肴丰盛，注重饭菜质量。一般口味不喜太咸，爱甜、辣味；一般以面食为主食，偏爱吃甜点心；一般喜欢饮用果汁、矿泉水及凉开水，每餐必喝酸牛奶及浓咖啡。

三、南亚国家

印度人以米饭为主食，也喜欢吃印度飞饼，副食有鸡、鸭、鱼、虾、蛋及蔬菜。印度人特别爱吃马铃薯（土豆），认为是菜中佳品。他们口味清淡，不喜油腻，不吃菇类、笋类及木耳。咖喱是饭菜离不开的调料。印度人素食者较多，社会地位越高的人，食荤越少。印度是个香料之国。印度菜的烹调也极重视香料的运用。印度人喝茶的方法别具一格，一般都是把茶斟入盘中，用舌头舔饮。他们一般都不爱喝汤，认为任何一种汤都无法与无色无味、冰凉爽口的白开水相比。

巴基斯坦人的主食是面食和大米，副食主要是牛肉、羊肉、鸡肉和鸡蛋。他们口味一般喜辛辣香麻，对中国的川菜很感兴趣。巴基斯坦人不吃猪肉，不吃母鸡、甲鱼、海参等。对于酒和含有酒精的一切饮料，他们绝不饮用。

四、东南亚国家

由于新加坡人多为华人，且华人绝大多数祖籍为广东、福建、海南和上海等地，因此他们的饮食习惯与其他"龙的传人"可以说是大同小异，中餐是他们的最佳选择。新加坡华人基于籍贯方面的缘故，口味上喜欢清淡，偏爱甜味，讲究营养，平日爱吃米饭和各种生猛海鲜，不太喜欢面食。粤菜、闽菜和上海菜，都很受他们的欢迎。

马来西亚人以大米为主食，喜欢吃糯米糕点，喝椰浆。马来菜以香辣著称，味道浓郁，主要以椰汁、咖喱、辣椒做配料，因此，菜肴都带辣味。咖喱牛肉是风行全国的名菜。中国菜、印度菜亦很普及。马来西亚是热带水果集中地，山竹、红毛丹、榴梿、木瓜等新鲜味佳，是马来西亚人饭后食用的佳品。马来西亚人喜欢的饮料有椰子水、红茶、咖啡等，他们还喜欢嚼槟榔。

泰国人主食为大米，副食主要是鱼和蔬菜。在口味方面，泰国人不爱吃过咸或过甜的食物，也不吃红烧的菜肴。从总体上讲，他们喜食辛辣、鲜嫩之物。在用餐时，他们爱往菜肴之中加入辣酱、鱼露和味精。他们最爱吃的食物，当数具有其民族特色的"咖喱饭"。中国人爱吃的海参，泰国人是不吃的。在用餐之后，他们往往喜欢吃一些水果，但不太爱吃香蕉。

越南人的主食是大米。在口味方面，他们喜欢清淡的食物，爱吃生、冷、酸、甜的东西。通常，他们不喜欢将菜肴烧得过熟，也不大喜欢吃红烧的菜肴，或是脂肪过多的食物。越南人其他不爱吃的东西还有：羊肉、豆芽、甜点和过辣的菜肴。多刺的鱼，他们也不吃。

印度尼西亚人以大米为主食，副食则主要为牛肉、鸡肉、鸭肉、鱼肉和虾等。他们口味一般喜脆、酥、香、酸甜。喜食炸、烤、煎、爆、炒等川菜式方法烹制的菜肴，爱用咖喱、胡椒、辣椒、虾酱等调味。平时，他们也经常喝红茶或咖啡。

菲律宾人的主食基本上以米饭为主。在总体上讲，他们的口味趋向于清淡，可是在用餐之时，他们之中的绝大多数人却习惯于在菜肴里多放调味品。菲律宾人爱吃牛肉、羊肉、鸡、鸭、鱼、精猪肉等，蔬菜方面爱吃西红柿、菜花、青椒、冬笋等。

五、中北亚国家

受俄罗斯影响，哈萨克族人的饮食习惯与西方人的用餐方式类似。哈萨克族人吃饭采用分餐制，习惯用刀叉勺盘等，碗（深碟）只用于盛汤。菜以生吃为主，主要为西红柿、黄瓜、柿椒、小葱和圆葱等，一般没有蘸酱或调味品，全部自然味。圆白菜、胡萝卜等常切成碎片凉拌。酸黄瓜、腌西红柿、泡菜也有。哈萨克族人很少吃带叶的蔬菜。肉以羊肉、鸡、鱼、牛肉为主，也有鸭，多为烧烤或煎炸，羊肉也经常水煮。米饭多为白米饭或抓饭。面食有拉面、饺子、带馅面卷、宝儿萨克（油炸发面球）或烤制的各种带馅或不带馅点心。餐桌上，面包是一定要有的，一般人如果没有面包吃，会感觉吃不饱。所以当你请哈萨克族人吃饭时，最好要有面包或馕饼之类的食物上桌。

乌兹别克斯坦人喜欢吃肉、大米和面食，传统饮食主要有抓饭、拉面、"舒勒巴"（肉汤）、烤包子、羊肉串等，对各种乳制品、水果、干果也非常爱吃。抓饭是乌兹别克斯坦人最喜爱的民族饮食,是乌兹别克斯坦人在过节、待客时最重要的民族特色食品。每个家庭都有专做抓饭的厚重铁锅。乌兹别克斯坦人在节日、婚庆甚至生日宴会上都会在户外挖坑埋锅,以新砍下的树木做燃料做抓饭,分给邻居和亲朋好友们享用。馕是乌兹别克斯坦人每天必吃的主食,一部分人也吃面包。乌兹别克斯坦人对馕有特殊感情。在乌兹别克斯坦斯坦流传着这样一句话:带上 50 个馕,就可以穿越克孜勒库姆沙漠。可见馕不但是乌兹别克斯坦人的主食,还是帮助人们在恶劣环境中生存下去的亲密伙伴。乌兹别克斯坦有数十种馕,其中最负盛名的是撒马尔罕馕。撒马尔罕馕中通常有蜂蜜、葡萄干、核桃等辅料,上面有各种各样的花纹,是乌兹别克斯坦人向远方客人赠送的佳品。人们在吃馕时也规矩多多:需要把馕分成数块,馕心不能向下放,据说那是馕的"脸"。馕经济方便,正式用餐时是主食,招待客人时可做饭前茶点,更是吃抓饭和烤羊肉串时不可缺少的辅助食物。乌兹别克斯坦人饮食多油腻,烹调以炖为主,多是汤菜类。餐后必饮红茶,闲时饮茶则常常加上一小匙糖,佐以点心。吃抓饭、羊肉串时,洋葱是不可缺少的调料。以白醋调味的洋葱丝与红茶一样是解腻的佳品,更是做各种炖菜时重要的佐料。

第三章　品杭州魅力

第一节　杭州举办亚运的意义

众所周知,亚运会是亚洲体坛规模最大、水平最高、影响最广的综合性赛事。其诞生的目的便是促进亚洲体育水平的提高,增强亚洲国与国之间的联系和亚洲的团结精神。举办亚运会,说明中国国际影响力在日渐扩大,体现了亚洲各国对中国和杭州的信任和支持,更显示了中国和杭州在亚洲体坛的担当。同时,这也是杭州进一步打造国际化都市和走向世界的契机。

事实上,如果仅仅从竞技体育的意义这一方面来看,亚运会对中国人来说似乎没那么重要了。毕竟北京奥运会金牌榜第一名的荣耀足以挺起中国人骄傲与自豪的胸脯,哪怕亚运中摘再多的金牌,其分量不免要轻很多。但是,亚运的影响绝不仅仅局限于体育竞技。在经济、政治或其他方面,亚运会都会对其举办城市、举办国家产生深远的影响。对于杭州来说,曾经举办过亚运会的广州和举办过青年奥运会的南京就是很好的镜子。2022 年杭州亚运会的举办,是时代赋予杭州的重任,更是杭州进一步打造国际化都市和走向世界的契机。

亚运在杭州举行,将向全亚洲乃至全世界展示杭州改革开放以来日新月异的风采,以及吴越地区和中华民族的优秀文化。在新闻媒体对亚运反复报道的同时,也将极大地提高杭州的综合竞争力、国际知名度与影响力,让亚洲和世界各国进一步认识杭州,记住杭州,加快杭州现代化国际大都市建设进程。

旅游主题形象是指某一区域内外公众对旅游地总体、抽象、概括的认识和评价,是旅游地的历史、现实与未来的一种理性再现,成为一个国家、一座城市、一个地区的代名词,被人们熟知、记住。举办亚运会是杭州吸引国内外关注，迅速提升城市旅游主题形象和国际知名度的重要手段。

杭州亚运在为杭州带来"名"的同时，也会带来实质性的"利"。虽然与奥运会相比，亚运会产生的经济和社会效益没有那么大，但对于举办城市的基础设施建设和环境改善，都会起到积极的推动作用。杭州成功申办亚运会，意味着未来几年杭州的城市建设将会有质的飞跃。对于市民来说，亚运无疑会带来更多生活上的便利与进步。亚运会期间将会促进杭州基础设施建设，惠及老百姓；改善环境，改造旧城区，提升居住舒适度；完善交通网络，改善交通条件；新建和翻修的体育馆赛后将成为杭州市民休闲运动的场所，极大地丰富了市民的生活娱乐。亚运会将会迎来一大批来自世界和全国各地的观众和游客，这将为杭州旅游业及其他关联产业带来巨大的经济收益。等到亚运会举办时，杭州的旅游业、服务业在全球的知名度，也将有明显的提升。亚运会的举办，还会促进杭州地区就业水平的提高，会直接或间接地增加许多工作岗位，为现今日益严峻的就业形势起到一定的积极作用，有助于维护社会的稳定。

大型体育赛事的举办都伴有城市文化的宣传，像吉祥物、亚运口号、会徽的设计，开幕式、闭幕式的表演等都能够体现举办城市的优秀文化，能够促进举办城市的文化交流。

亚运会的举办，将需要大批志愿者，这对"志愿文化"的弘扬起到重要的作用。在我国，正式使用"志愿者"这个词的时间还不是很长，但志愿服务精神深深根植于中国传统文化之中。如墨子的"兼爱"思想，就与现代志愿精神的互助互爱、共同进步的宗旨是一致的。志愿服务可以帮助志愿者培养快乐的心境和积极向上的价值观。

〰️ 阅读材料 〰️

"女神"是怎样炼成的？

在北京奥运会上，经过层层选拔的奥运会颁奖礼仪志愿者成为奥运会赛场上一道亮丽风景线,但你知道姑娘们背后的付出吗?

李苗苗:每次回家后,我都会给自己加码训练,为了练就自己的仪态,我比较喜欢"站墙":靠墙站半个小时,可以使肩膀、小腿肚、脚后跟还有臀部形成一条直线,这样可以让身体看起来比较挺拔。

郝婧钰:老师要求我们每个人在练习笑容时,嘴里都要咬着一根筷子找感觉。这样一笑就得几十分钟,笑得连脸部肌肉都麻了。这样长时间练下来,很多姑娘的牙被筷子硌得酸疼不说,嘴角还时常被磨伤。家长们看到伤口时都不免心疼,姑娘们则笑着用一句"没什么"来宽慰父母。

宋某某:7月份练习站姿的时候,汗水流进了我的眼睛,但我不能动,不能擦汗。汗水和泪水混在一起流过我的脸颊,但我们还得保持微笑。

张爽:我们3分钟之内最多只能眨3次眼。到时候,世界各地的记者都在拍照,如果我眨眼了就照瞎了,会影响我们国家的形象!为了达到这一标准,我们一练就是3个小时。练习结束,眼睛酸酸的,两手直发抖,吃饭的时候感觉嘴都不会嚼东西了。我们休息时也有严格的规定,两手始终要放在腹前相互轻握,就连上厕所也是这样,绝不能让记者拍到颓废的样子!

徐雪伦:许多人都知道礼仪志愿者是咬筷子来训练,这个没错。但更多的时候,我们也会两两一组,坐在小板凳上互相向对方笑。对面的搭档就会告诉你,你什么时候的微笑是最美的,并提醒你要抓住和体会这一瞬间。

资料来源:于永靖,陈梅.奥运礼仪志愿者幕后训练故事:1分钟只眨1次眼.世界新闻报,2008—8—14.有删改

当代校园中的应试教育和过度的科学主义教育模糊了"培养全面发展的人"这一高远目标,忽视了对青少年健康生活方式的引导,导致教育形式的畸形发展,青少年的学习幸福感已丧失殆尽。上网娱乐是青少年主要的业余活动之一,青少年业余活动安排被作业、复习和预习功课占据,上网娱乐便成了他们仅有的精神食粮。这样

的生活方式,对于青少年的生理、心理健康影响很大,会导致诸多社会问题的出现。亚运会的举办,有利于青少年明确幸福和健康的生活方式内容,认识健康生活方式的重要性,并身体力行,养成健康的生活方式,并逐步达到"终身体育"的大体育观这一终极目标。

可以这么说,杭州亚运将在大力促进杭州经济建设和改善社会民生的同时,进一步加快杭州现代化国际大都市建设进程,进一步提升杭州的综合竞争力、国际知名度和影响力,将在杭州的城市发展史上起到划时代的里程碑意义。

第二节　杭州概况

杭州市简称杭,是浙江省省会,浙江省政治、经济、文化、金融和交通中心。杭州秦时设县,是五代时期吴越国西府和南宋行在,为中国八大古都之一。杭州是全国重点风景旅游城市和首批历史文化名城,市内有西湖、西溪湿地等众多名胜古迹。杭州是中国最大的经济圈——长三角的副中心城市,也是世界休闲博览会和中国国际动漫节的永久举办地。2016 年 G20 领导人峰会时,杭州呈现出了五方面的独特韵味:千年古都、文化圣地,山水相依、湖城合璧,流光溢彩、日新月异,海纳百川、引领潮流,和谐友善、大爱无疆。

杭州萧山跨湖桥遗址的发掘证实了早在 8000 年前就有人类在此繁衍生息,距今 5000 年前的余杭良渚文化被誉为"文明的曙光"。在周朝以前,杭州属"扬州之域"。传说在夏禹治水时,全国分为九州,长江以南的广阔地域均泛称扬州。公元前 21 世纪,夏禹南巡,大会诸侯于会稽(今绍兴),曾乘舟航行经过这里,并舍其余杭("杭"是方舟)于此,故名"余杭"。一说,禹至此造舟以渡,越人称此地为"禹杭",其后,口语相传,讹"禹"为"余",乃名"余杭"。春秋时,吴越两国争霸,杭州先属越,后属吴,越灭吴后,复属越。战国时,楚灭越国,杭州又归入楚。

秦统一六国后,在灵隐山麓设县治,称钱唐,属会稽郡。《史记·秦始皇本纪》中记载:"三十七年十月癸丑,始皇出游……过丹阳,至钱唐,临浙江,水波恶……"这是史籍最早记载"钱唐"之名。当时还是随江潮出没的海滩,西湖尚未形成。

西汉承秦制,杭州仍称钱唐。新莽时一度改钱唐为泉亭县。到了东汉,复置钱唐县,属吴郡。这时杭州农田水利兴修初具规模,并从宝石山至万松岭修筑了第一条海塘,西湖开始与海隔断,成为内湖。

三国、两晋、南北朝时期,杭州属吴国的吴兴郡,归古扬州。东晋咸和元年(326年),印度佛教徒慧理在飞来峰下建了灵隐寺,是西湖最古的丛林建筑。梁武帝太清三年(549年),升钱唐县为临江郡。陈后主祯明元年(587年),又置钱唐郡,辖钱唐、於潜、富阳、新城四县,属吴州。

隋王朝建立后,于开皇九年(589年)废郡为州,"杭州"之名第一次出现。下辖钱唐、余杭、富阳、盐官、於潜、武康六县。州治初在余杭,次年迁钱唐。开皇十一年(591年),在凤凰山依山筑城,"周三十六里九十步",这是最早的杭州城。大业三年(607年),改置为余杭郡。大业六年(610年),杨素凿通江南运河,从江苏镇江起,经苏州、嘉兴等地而达杭州,全长400多公里,自此,拱宸桥成为大运河的起讫点。这一重要的地理位置,促进了杭州经济文化的迅速发展。这时的余杭郡有15380户,杭州户口统计由此开始。

唐代,置杭州郡,旋改余杭郡,治所在钱唐。因避国号讳,于武德四年(621年)改"钱唐"为"钱塘"。太宗时属江南道,天宝元年(742年)复名余杭郡,属江南东道。乾元元年(758年)又改为杭州,归浙江西道节度,州治一度在钱塘,辖钱塘、盐官、富阳、新城、余杭、临安、於潜、唐山八县。

五代十国时期,吴越国偏安东南,建西府于杭州。当时的西府杭州,治在钱塘,辖钱塘、钱江、余杭、安国、於潜、唐山、富阳、新城八县。在吴越三代、五帝共85年的统治下,经过劳动人民的辛勤开拓建设,杭州发展成为全国经济繁荣和文化荟萃之地。欧阳修在《有美堂记》里有这样的描述:"钱塘自五代时,不烦干戈,其人民幸福富庶安乐。十余万家,环以湖山,左右映带,而闽海商贾,风帆浪泊,出入于烟涛杳霭之间,可谓盛矣!"吴越王钱镠在杭州凤凰山筑了"子城",内建宫殿,作为国治,又在外围筑了"罗城",周围70里,作为防御。据《吴越备史》记载,这个都城,西起秦望山,沿钱塘江至江干,濒钱塘湖(西湖)到宝石山,东北面到艮山门。以形似腰鼓,故又有"腰鼓城"之称。

吴越王重视兴修水利,引西湖水输入城内运河;在钱塘江沿岸,采用"石囤木桩法"修筑百余里的护岸海塘;还在钱塘江沿岸兴建龙山、浙江二闸,阻止咸水倒灌,减轻潮患,扩大平陆。动用民工凿平江中的石滩,使航道畅通,促进了与沿海各地的水上交通。

在北宋时,杭州实际管辖两浙西路;大观元年(1107年)升为帅府,辖钱塘、仁和、余杭、临安、於潜、昌化、富阳、新登、盐官九县。当时人口已达20余万户,为江南人口最多的州郡之一。经济繁荣,纺织、印刷、酿酒、造纸业都较发达,对外贸易进一步开展,是全国四大商港之一。杭州历任地方官,十分重视对西湖的整治。元祐四年(1089年),著名诗人苏东坡任杭州知州,再度疏浚西湖,用所挖取的葑泥,堆成横跨南北的长堤(苏堤),上有六桥,堤边植桃、柳、芙蓉,使西湖更加美化。又开通茅山、盐桥两河,再疏六井,使卤不入市,民饮称便。

经过北宋150多年的发展,到了南宋时,开始了杭州的鼎盛时期。南宋建炎三年(1129年)升为临安府,治所在钱塘。辖钱塘、仁和、临安、余杭、於潜、昌化、富阳、新城、盐宫九县,地域与唐代大致相当。绍兴八年(1138年)定行在于此,杭州城垣因而大事扩展,当时分为内城和外城。内城,即皇城,方圆九里,环绕着凤凰山,北起凤山门,南达江干,西至万松岭,东抵候潮门,在皇城之内,兴建殿、堂、楼、阁,还有多处行宫及御花园。外城南跨吴山,北截武林门,右连西湖,左靠钱塘江,气势宏伟。设城门13座,城外有护城河。由于北方许多人随朝廷南迁,使临安府人口激增。到咸淳年间(1265—1274年),居民增至124万余人(包括所属县)。就杭州府城所在的钱塘、仁和两县而言,人口也达43万余人。

清初,在杭州城西沿西湖一带建造"旗营",俗称"满城"。城墙周围十里，南至今开元路，北靠法院路，东临中山中路附近，西面包括湖滨公园，并辟有 6 座城门，总占地 1436 亩，成为杭州的"城中城"（民国初年拆除）。

雍正二年（1724 年）、嘉庆五年（1800 年），浙江总督李卫、巡抚阮元先后再次疏浚西湖，挖起大量葑泥，使湖水加深数尺。杭州人口有序增加。

光绪九年（1883 年），杭州有 62 万余人。光绪二十一年（1895 年），清政府在甲午中日战争中失败，被迫签订《马关条约》，杭州成为日本通商商埠，拱宸桥被辟为日本租界。随着资本主义势力的入侵和洋务运动的兴起，杭州的近代工业也逐渐发展起来。

民国元年（1912 年），废杭州府，合并钱塘、仁和两县为杭县，仍为省会所在地。

民国三年（1914 年）设道制，置钱塘道，道尹驻杭县。原杭州府所辖各县归钱塘道管辖。

民国十六年（1927 年）废道制，析出杭县城区设杭州市，直属浙江省；旧属诸县直属于省。从此，杭州确立为市的建制，市区分为 8 个区。这时杭州已有少数近代工业，如在 1897 年创办的通益公纱厂（杭州第一棉纺织厂前身），规模较大；其后又陆续兴办起火柴厂、造纸厂等，传统的手工丝织行业也逐步采用机械传动。1909－1914 年，沪杭、杭甬铁路相继建成；全长 1453 米的钱塘江大桥于 1937 年竣工。1945 年抗日战争胜利后，无条件收回拱宸桥日租界。

鸦片战争后的百余年间，国力不振，民生凋敝，杭州城市年久失修，工商业也困难重重，西湖的不少景点，大多残破不堪，有的已经废圮。

1949 年 5 月 3 日，杭州市才获得新生。

20 世纪 50 年代以后，杭州的区域范围经历了不断变化。先是将原有的 8 个区改名为上城区、中城区、下城区、江干区、西湖区、艮山区、拱墅区、笕桥区；其后，艮山区并入下城区，笕桥区并入江干区，中城区大部分并入上城区，小部分并入下城区。

1990 年初，之前成立的半山区与拱墅区合并，成立新的拱墅区。

1996 年 12 月 12 日,杭州市新设立滨江区。属县则有萧山、桐庐、余杭、临安、建德、富阳、淳安七个县(市)。

2001 年 3 月 12 日,杭州市政府正式宣布,经国务院和浙江省人民政府批准,撤销萧山市和余杭市,同时设立萧山区和余杭区,与杭州市原 6 个区一起构成一个新杭州,调整后的杭州新市区由原来的 6 个区增加到 8 个区。

2014 年 12 月 13 日,经国务院批准,撤销富阳市,设立杭州市富阳区。以原富阳市的行政区域为富阳区的行政区域,富阳区人民政府驻富春街道桂花路 25 号。富阳区成为杭州市第 9 个市辖区。

2017 年 7 月,国务院正式签发《国务院关于同意浙江省调整杭州市部分行政区划的批复》(国函〔2017〕102 号),同意撤销县级临安市,设立杭州市临安区。

第三节 杭州旅游与休闲

"上有天堂,下有苏杭",表达了古往今来的人们对于杭州这座美丽城市的由衷赞美。元朝时杭州曾被意大利旅行家马可·波罗赞为"世界上最美丽华贵之城"。这里,江流襟带,山色藏幽,湖光翠秀;这里,史脉悠远,文风炽盛,名流辈出;这里,自古至今被公认为古老神州的"东南名都""鱼米之乡""丝绸之府""文物之邦",一直以物质财富丰饶繁盛和文化艺术源远流长而享有"人间天堂"的美誉。梁山伯与祝英台、白娘子与许仙这两个家喻户晓的爱情传说与杭州息息相关,令杭州徒增神秘色彩。在杭州,你将领略到传统古镇与现代都市的融合、紧张与闲适的并存。山外青山楼外楼,雨色空蒙,芳草长堤。柳湖、苏堤,无风水面琉璃滑,不觉船移。西湖波光、钱塘大浪,灵隐寺、雷峰塔、断桥残雪精致景观数不胜数。

一、西湖

杭州西湖是集湖美的极致,是中国五千年文化的结晶,它是中华民族文化的一面镜子。西湖的美是意美、境美、情美，是高于小桥流水的荡气回肠的大气的美。西湖的美，美在清高、美在淡雅、美在宁静。静美是西湖美的代表，你若是在白天赏西湖，它就是上苍一面照在人间的仙镜。但是你如果去赏那夜西湖，你就会觉得你是把这仙镜又拿回给上苍。夜西湖的美是人美、情美，是热恋的美。在那西湖四周长长的靠凳上，一对对恋人很热烈但又不失风度地相依和牵手低语是美。在长长的凳子四周盛开的兰花，散发着淡淡的馨香也是美。那些恋人的软语和星光下的相拥，在西湖的荷塘月色里是天成一幅美的写意画。

断桥位于里西湖与外西湖的交接点上，一端跨着北山路，另一端接通白堤，故位置绝佳。同时断桥是许仙与白娘子相会的地方，故名声大噪，是西湖所有桥梁中最著名的一座。"断桥残雪"是西湖十景之一，现在是盛夏，虽没有冬雪美景，却由于这里有大片荷花使断桥更具风采，"接天莲叶无穷碧，映日荷花别样红"。同时从断桥开始，沿着北山路直到葛岭以西，这一带完全是荷花的世界，是夏日赏荷花的胜地。

"南屏晚钟"因南屏山下净慈寺的钟声而得名，每当梵钟敲响，钟声回荡，随风远播，余音缭绕经久不息；尤其在暮色苍茫时，那阵阵晚钟，特别动人心魄，是西湖十景中最早成名的景点。近年来每当除夕之夜，杭州市各界人士和外宾侨胞以及游客，聚集在净慈寺钟楼内外，举行新年除旧迎新撞钟活动，给古老的"南屏晚钟"注入了新的含义和魅力。

在孤山与白堤交接处，是著名的西湖十景之一"平湖秋月"，御书楼临湖而建，楼后平台深入湖中，三面临水，台与湖面平行，是赏月观景的好地方。在皓月当空的秋夜，湖平如镜，清辉如泻，前人有诗云："万顷平湖长似镜，四时明月最宜秋。"

灵隐寺，又名云林寺，创建于东晋咸和元年（326 年），当时印度僧人慧理来到杭州，看到这里山峰奇秀，认为是"仙灵所隐"，所以就在这里建寺，取名"灵隐"。清康熙皇帝南巡时，曾登寺后的北高峰顶览胜。他看到山下云林漠漠，整座寺宇笼罩在一片淡淡的晨雾之中，显得十分幽静，于是就赐名灵隐寺为"云林禅寺"。现在天王殿前的那块"云林禅寺"四个巨匾，就是当年康熙皇帝的"御笔"。灵隐寺全盛时期，有九楼、十八阁、七十二殿堂，僧徒达三千余众。北宋时，有人品第江南诸寺，气象恢宏的灵隐寺被列为禅院五山之首。灵隐寺确实深得"隐"字的意趣，整座雄伟寺宇就深隐在西湖群峰密林清泉的一片浓绿之中。寺前有冷泉、飞来峰诸胜。据说苏东坡守杭时，常携诗友僚属来此游赏，并曾在冷泉亭上"画扇判案"呢。

"宝石流霞"是新西湖十景之一，位于西湖北岸的宝石山上。乘车到断桥站下，沿北山路向前走不远，就来到宝石山下的山脚入口处。出人意料，登山道却是非常宽广整齐的石阶道，两旁还有深深的竹林掩盖，走不多远就可以看到山崖上"宝石山"三个大字，再向上攀登就可到达保俶塔了。保俶塔苗条秀气，亭亭玉立在宝石山上，它是西湖风景线上一个突出亮丽的标志物。塔高多米，为八面七级实心砖塔，远远看上去像个窈窕淑女，素有"雷峰如老衲，保俶如美女"之说。

二、西溪

西溪之胜，独在于水。正所谓"一曲溪流一曲烟"，整个园区六条河流纵横交汇，其间分布着众多的港汊和鱼鳞状鱼塘，形成了西溪独特的湿地景致。西溪之重，重在生态。湿地内设置了费家塘、虾龙滩、朝天暮漾三大生态保护区和生态恢复区。入口处设湿地科普展示馆，园区内有三个生物修复池和一块湿地生态观赏区。西溪还是鸟的天堂，园内设有多处观鸟亭，给游客呈现出群鸟欢飞的壮丽景观。

西溪人文，源远流长。西溪自古就是隐逸之地，被文人视为人间净土、世外桃源。秋雪庵、梅竹山庄、西溪草堂在历史上都曾是众多文人雅士开创的别业，他们在西溪留下了大批诗文辞章。帝王将相如宋高宗、康熙、乾隆等也挥洒墨宝以表达对西溪的倾慕之情。据考证西溪还是越剧北派艺人的首演地。西溪民风，淳厚质朴。烟水鱼庄附近的"西溪人家""桑蚕丝绸故事""西溪婚俗馆""西溪酿酒坊"重现西溪原居民的农家生活劳动场景，让更多的人认识和了解江南水乡典型的民俗。

西溪湿地内现有梅花多株，梅林多亩，品种有朱砂、宫粉、绿萼、玉蝶、江梅、美人梅、南京红、长兴红等。西溪梅花集中在梅竹山庄和西溪梅墅一带。梅竹山庄河道沿岸有许多梅树，倒映水中，别有意趣；而西溪梅墅的梅则成片成林，很有气势。去西溪，水上摇舟探梅是很有情趣的。西溪的水，曲折迂回，乘一叶小舟，缓缓向梅林划去，有一枝半枝梅花从岸上探头水面，散发出淡淡的清香。林中深处传来"梅花三弄"的曲子，此时人如在画中。弃船登岸，沿田埂小径前行，满枝盛开的梅花夹道而来，缕缕清香入鼻，醉人！

每年端午节的龙舟竞渡，是杭州西溪蒋村的传统习俗。自唐代始，盛于南宋，沿至明清尤甚。乾隆南巡时，曾至蒋村观龙舟，亲封为"河渚龙舟竞渡"。至今这一习俗仍为四乡农民的盛会。每到端午节上午，村民从四面八方的水路，划着龙舟汇集到水网密布的蒋村。龙舟前饰龙首，后装龙尾，船舷两旁排列健壮的操桨手，船尾有持长桨的舵手，船上彩旗招展，也有全用彩色幔帐的，船里坐着敲锣打鼓的。各船锣鼓喧天，你追我赶。河两岸的观赏者已成人墙，欢声雷动。蒋村的龙舟竞渡重在参与、表演，不争名次。来回竞渡中花样百出，翻船、落水者时时有之，又迅速把翻船翻过来或从水中爬上船，千姿百态。这时船上操桨者与岸上观赏者都其乐融融，欢声笑语溢满水面田间。

当鲜红的火柿跃上枝头，秋天便确凿已到西溪。秋风秋阳催熟了西溪的柿子，而西溪的柿子唤起了人们赏秋的心情。"火柿银花秋西溪"，是西溪秋景最绝妙的概括，也是杭城秋日里最值得去感受的一景。柿子树枝头挂着调皮的累累硕果，躲在宽大的叶子后面，若隐若现，在和煦的秋阳下，散发着极为诱人的光泽。两岸的芦花也由鲜嫩的淡紫色渐渐转白，流苏一样随风起舞。柿红芦白之间，火红热烈与朴素淡雅同时上演，成为人们眼中秋日西溪鲜明的两种风景。

三、文艺

西湖是自然风光的极致。印象西湖将杭州西湖十景极致化,印象化。都知道杭州西湖有十景,但是这十景都是可遇而不可求的瞬间,不过通过印象西湖,通过这短短的一小时,你便可以在印象西湖演出中寻觅到春日苏堤的杨柳依依,夏日西湖的十里荷香,中秋佳节的三潭印月,以及冬日的断桥残雪。

《宋城千古情》是宋城景区的核心产品,它从一台草台班子的露天演出,从一个鱼塘、草棚的荒芜之地凭空崛起,十年磨一剑,通过不断的创新与磨合拥有了良好的品牌口碑和群众基础,才得以在全国各省同类型的文化旅游演出评选中脱颖而出,获得全国观众的认可与肯定,成为旅游文化演艺业界的一面旗帜。推出至今累计演出15000余场,接待观众4500万人次,每年有600万游客争相观看,是目前世界上年演出场次最多和观众接待量最大的剧场演出,游宋城景区看《宋城千古情》后满意度99.99%,这台演出被海外媒体誉为与拉斯维加斯《"O"秀》、法国《红磨坊》并肩的"世界三大名秀"之一。

四、其他

作为京杭大运河的终点,杭州比起全国十几座运河沿岸城市,有着更重要的地位。杭州的拱宸桥东西横跨大运河,是京杭大运河到杭州真正的终点标志。相传在古代,"宸"是指帝王住的地方;"拱"即拱手,两手相合表示敬意。每当帝王南巡,这座高高的拱形石桥,象征对帝王的相迎和敬意,拱宸桥之名由此而来。站在古老的拱宸桥上,放眼两岸,一边是喧嚣繁华的运河文化广场,一边是幽静祥和的民国时代合院民居;走在桥西直街的青石板上,坐在千年运河的河埠头上,看着青瓦木屋、小桥流水,那悠悠往事仿佛扑面而来。

"八月十八潮,壮观天下无。"这是北宋大诗人苏东坡咏赞钱塘秋潮的千古名句。千百年来,钱塘江以其奇特的江潮,不知倾倒了多少游人看客。每年阴历八月十八是钱塘潮水最大的时候,而这个时间恰好与中秋节重叠,所以也就成就了中秋观潮的千古习俗。每年,几乎所有不远千里前来观潮的游客,都会将目光放在海宁。但近年来,更多人选择在浙江杭州,一睹钱塘潮的壮阔之景。由于就坐落于钱塘江畔,杭州可以观潮的地方很多,六和塔、萧山美女坝,这些观潮景点自不可错过。还有位于钱江新城的城市阳台,都是观潮的必去之地。

最佳观潮景点:六和塔。在这里,钱江潮潮头能高达 8 米,潮头推进速度近 10 米每秒,汹涌澎湃,气势雄伟。其壮观景象,犹如千军万马齐头并进,发出雷鸣般的响声,实为天下奇观。萧山美女坝:在萧山观潮,很多人都是奔着一线潮而去,但萧山最有名的还是美女坝的回头潮。"美女二回头"是指急速前进的潮水,遇到丁字坝等人工阻碍物后形成的潮水,一浪高过一浪,一浪追着一浪,浪头竞逐中,甚是壮阔。城市阳台:面朝钱塘江,春暖花开的城市阳台,也是观潮胜地。但相较于前几处景点,城市阳台所能观赏到的大潮更为温柔。漫步在公园般的城市阳台,感受钱江大潮的汹涌澎湃。若有幸还能前往观潮包厢,可以感受到潮水扑面而来。

自从杭州太子湾门票免费以后,每年春天太子湾都会迎来大批赏花的游客。从南山路入口进去,就是望山坪,四周种的都是樱花。日本早樱、日本晚樱都有,一共 100 多棵,另外还有许多散布在公园游步道上。这里的日本早樱都是单瓣花,日本晚樱就是出名的重瓣樱花。和樱花同时开放的还有郁金香。

烟花大会一年举办一次,地点会选在西湖、京杭大运河、钱塘江边等地,每年都会进行更换。烟花大会是谈恋爱时告白或求婚的好选择,不过看烟花,一定要注意安全!

杭州市下辖的县(市),同样山水秀美,民风淳朴,史迹悠远。辖区西南的新安江,支流众多,水流湍急,峡谷、河滩幽宁俊秀,晨雾、晚霞轻盈绚丽。千岛湖,由新安江水电站建造后形成,1078 个大小岛屿,宛若天女散花洒落湖中,倩影秀姿,楚楚动人。富春江,水流平稳,夹岸连山妖媚,江上沙洲葱茏。两江风景如画,千岛满湖诗情,素有"新安之水来天上"和"天下佳山水,自古推富春"的赞誉。此外,钱塘江的浩荡大潮,天目山的苍茫林海,良渚文化遗存的璀璨奇谲,京杭大运河的古韵悠扬……无不令人心驰神往,流连忘返。在杭州余杭超山梅花节期间,游客不仅能在超山风景区赏梅踏春,一览吴昌硕先生笔下"十里梅花香海"的胜景,还可参观吴昌硕纪念馆、金石书画长廊,领略金石文化的内涵。建德大慈岩一年一度的盛大庙会,除了丰富的民族表演外,著名的天然立佛也将首次"开光",借用现代照明技术让游客一睹夜色中的大慈岩。每年农历七月三十日,四面八方的居民和香客都会通宵达旦地聚集到此山"赶庙会",放荷花灯,等等。许多游客也会慕名前往,各地小贩也将当地的土特产担上山崖,供游客挑选。大慈岩庙会不仅可以在悬空寺前观看异乡歌舞,还可以到半山腰上的清音阁敲钟祈福,到山上的玉华湖放荷花灯祈愿。微风吹来,湖面上盛开朵朵粉色的莲花,烛光摇曳生姿。到了深夜,大佛周围还会点起万盏明灯,一派庄严肃穆的景象。

第四节　杭州美食佳肴

杭州菜属中国八大菜系之浙菜,以其质优价廉风靡江南。"清爽别致"是杭州菜的最大特色。选料时鲜,制作精细,品种繁多,注重营养,讲求鲜咸合一,清淡鲜嫩。宋代大诗人苏东坡曾盛赞"天下酒宴之盛,未有如杭城也",且有"闻香下马"的典故。桂花莲子羹、东坡肉、西湖醋鱼、吴山酥油饼等,在享受美食的同时,你还会发现每道菜肴的背后都有一段动人心魄的历史。

东坡肉。宋元祐年间(约公元 1090 年),大文学家苏东坡出任杭州地方官,那时西湖已被葑草湮没了大半。于是他发动数万民工疏浚西湖,把挖出来的泥筑成长堤,即"苏堤"。苏东坡治理西湖的业绩,深受老百姓赞颂。苏东坡喜爱烹调,以红烧肉最为拿手,他曾以诗介绍其经验"慢着火,少着水,火候足时它自美"。百姓们知道苏东坡喜食肉,那一年的春节,大家不约而同给他送来猪肉、黄酒。

苏东坡收到这么多肉和酒，觉得应该与数万疏浚西湖的民工共享，便吩咐家人烧好，连酒一起回赠民工。家人误以为将肉和酒一起烧，结果烧出的肉特别香醇味美。从此，人们纷纷仿效这种独特的烹调方法，"东坡肉"由此成为杭州的传统名菜。

西湖醋鱼。西湖醋鱼又称"叔嫂传珍"，是杭州的一道传统名菜，传说是由古时嫂嫂给小叔烧过一碗加糖加醋的鱼而来的。西湖醋鱼选用体态适中的草鱼作为原料，放入沸水中约 3 分钟，要掌握火候。以糖、醋、姜、酒、酱油、淀粉烧成浓汁，装盘后淋上。做好的鱼鱼身完整，鱼眼圆瞪，胸鳍挺拔，着刀处的鱼肉略向外翻，使鱼体保持鲜活状态。做好的西湖醋鱼色泽红亮，肉质鲜嫩，不生不老，酸甜可口，略带蟹味。

宋嫂鱼羹。相传，北宋汴梁人宋五嫂，随宋室南迁到杭州，和小叔一起在西湖以捕鱼为生。一天小叔得了重感冒，宋嫂用椒、姜、酒、醋等佐料烧了一碗鱼羹，小叔喝了这鲜美可口的鱼羹不久病愈了。有一次，宋高宗赵构品尝了她做的鱼羹，大加赞赏，从此这道菜就称"宋嫂鱼羹"，她开的店生意更加兴隆。这道以鳜鱼和鸡蛋为主料的名菜，烹调时先将做主料的鳜鱼蒸熟剔去皮骨，加上火腿丝、香菇竹笋末及鸡汤等佐料烹制而成。成菜色泽悦目，鲜嫩润滑，味似蟹羹，故又叫"赛蟹羹"。

叫花鸡。叫花鸡原出于浙江杭州，是一些穷苦难民即"叫花子"或偷或讨来的鸡，经过烧热的土焗熟而成，本是不登大雅之堂的街头菜。当年清乾隆皇帝微服出访江南，不小心弄得破衣烂衫流落街头。其中一个叫花子头看他可怜，便把自认为美食的叫花鸡送给他吃，乾隆困饿交加，当然觉得这鸡异常好吃，急问其名，叫花头不好意思说这鸡叫"叫花鸡"，便胡吹这鸡叫"富贵鸡"。乾隆就说这"富贵鸡"好吃。事后才知道这个流浪汉就是当今皇上。这"叫花鸡"也因为皇上金口一开成了"富贵鸡"，成为名菜。

为客人说菜

一天,杭州某酒店餐厅来了一家到杭州度假的台湾同胞,服务员小方负责接待。小方端茶送中,递上菜谱,接受客人的点菜。其中一位客人指着菜谱问:"'宋嫂鱼羹'是怎样一道菜?"小方凭着自己掌握的《杭州菜谱》的知识,向客人娓娓道来:"忆江南,最忆是杭州。杭州不仅以西湖风光闻名天下,而且杭州美食也算可圈可点。其中,'宋嫂鱼羹'就是杭州一道传统名菜。主要原料是鳜鱼丝、竹笋丝、香菇丝、火腿丝等。以鲜嫩滑润,味似蟹肉著称。相传,宋高宗赵构一天闲游西湖,品尝了一位名叫宋五嫂的妇人制作的鱼羹,大加赞赏。自此,成了驰誉京城临安的名肴。一些随从文人品尝后,也纷纷写诗,赞曰:'桃花春水鳜鱼肥,宋嫂巧烹赛蟹羹……'"结果,客人们个个听得入迷,连连叫道:"我们就要尝尝这'宋嫂鱼羹'!"用餐后,他们还在酒店预订了一桌有"宋嫂鱼羹"的酒席。

杭州某酒店餐厅,10 位北方客人点酒点菜后,便饮着茶等候上菜。服务员很快就把菜肴端上了桌,并报了菜名。"小姐,这道菜为什么叫'叫花鸡',请你讲一讲它的来历。"一位客人突然发问。"先生,据我所知,这道菜是根据一个传说而得名的。古时候,一些乞丐为了抢救一位饿晕的同伴,讨来一只小母鸡用烂泥包起来在火中烧烤,烤好后,鸡的味道特别香,以后当地人便喜欢用泥裹鸡煨制的方法做菜,并特意在它前面加上'叫花'二字。当然,大家现在吃的叫花鸡,并不是用泥直接裹起来烧的,而是用西湖的荷叶、绍兴名酒等多种调料和辅料做的,原料则是良种的嫩母鸡。"小姐微笑着向客人讲述了这道菜的来龙去脉。听了小姐的介绍,大家非常高兴,戏称自己是叫花子,并纷纷品尝"叫花鸡"的美味。

资料来源:张建宏.现代餐饮管理导论.知识产权出版社,2011.有删改

龙井虾仁。龙井虾仁，顾名思义，是配以龙井茶的嫩芽烹制而成的虾仁，是富有杭州地方特色的名菜。杭州天外天菜馆是该菜的发源地，其菜选用的虾仁玉白，鲜嫩；芽叶碧绿，清香。食后清口开胃，在杭州菜中堪称一绝。这个菜不仅用料别出心裁，火候也必须掌握得恰到好处。

西湖莼菜汤。西湖的莼菜，又名马蹄草、水莲叶，很早以前就是我国的一种珍贵水生食品。用莼菜调羹制成的汤清香醇浓，别具风味。莼菜不仅味道清香，营养也很丰富。它的嫩茎、嫩芽、卷叶周围都有白色透明的胶状物，含有较高的胶质和其他成分。若以莼菜与鲫鱼一起调羹，除味道鲜美外，还有消气止呕，治热疸，除疮毒等作用。

八宝豆腐。据《随园食单》记载：王太守八宝豆腐原为宫廷御膳菜，康熙皇帝作为恩赏，赐予尚书徐健庵，尚书的门生楼村先生又将此法传给其孙王太守，故名。中华人民共和国成立后，杭州的名厨师根据此书记载，对其进行研究仿制，发展成富有特色的杭州名菜。

砂锅鱼头豆腐。据说，有一年初春乾隆来杭州，穿便服上吴山私游。恰遇大雨，他逃至半山腰一户人家的屋檐下避雨。雨久不停，乾隆又冷又饿，便推门入屋要求供饭。心地善良的主人王小二是饮食店的伙计，见此状十分同情，无奈家中十分贫困，只好东拼西凑，将仅有的一块豆腐一半用来烧菠菜，余下的用半片鱼头放在砂锅中炖了给他吃。饥寒交困的乾隆，早已饿得肚子咕咕叫，眼见这热腾腾的饭菜，便狼吞虎咽地吃个精光。他觉得味道特别好，回京后还念念不忘这顿美餐。第二次乾隆来杭，又去王小二家，时逢春节，王小二却失业在家。乾隆为报答一餐之赠，赐银两助王小二在后街吴山脚下开了一爿叫"王润兴"的饭店，又亲笔给题了"皇饭儿"三个字。王小二精心经营，专门供应鱼头豆腐等菜肴。顾客慕名而来，生意十分兴隆，杭州各店也争相效仿，鱼头豆腐就成为历久不衰的杭州传统名菜。

桂花鲜栗羹。相传唐明皇时，有个中秋之夜，皎洁的月光把大地照得晶亮。寂寞的嫦娥在广寒宫中，凝望人间，见到杭州西湖风景胜似天堂，游人尽情欢乐，禁不住舒展广袖，翩翩起舞。吴刚手击桂树为她伴奏，震得"天香桂子落纷纷"。此时,杭州灵隐寺中的德明师傅正在厨房烧栗子粥,无数芳香扑鼻的小粒飘落粥中,众僧尝了这种粥,都说特别好吃。德明师傅很高兴,便把散落在地上的桂子拾起来种在山上。很快这些桂子到第二年中秋就成树开花了,从此西湖四周就有了各种馨香的桂花。"三秋桂子,十里荷花",也就成为古都杭州的美称。桂花栗子粥经不断改进,也就变成桂花鲜栗羹而流传下来。

糟烩鞭笋。传说杭州孤山的广元寺附近有一片竹林,寺内和尚很爱吃笋,却又不善于烹调,只会烧烧煮煮。苏东坡出任杭州刺史时,与寺里和尚有所交往,便把自己的"食笋经"传授给他们。用嫩鞭笋加上香糟,经过煸、炒、烩等而制作成的这道菜,香味浓郁,十分入味,富有特色。糟烩鞭笋经历代相传,成为杭州有名的传统素菜。

栗子炒仔鸡。南宋爱国诗人陆游,就有一首关于食栗疗体衰的诗:齿根浮动欲我衰,山栗炮播疗食肌,唤起少年享辇梦,和宁门外早朝时。但在服食方法上,须细嚼,连液吞咽,则有益;若顿食至饱,反至伤脾。宋文人苏辙所作的栗诗:老去自添腰脚病,山翁服栗旧传方。客来为说晨兴晚,三咽徐收白玉浆。明医学家李时珍深叹为:此得食栗之诀也。

油条。也称油炸桧、油炸鬼。它是南宋时杭州百姓制作的早点食品。1142年,爱国将领岳飞被卖国贼秦桧和他的妻子王氏暗中陷害于风波亭。京城临安(今杭州市)百姓知道了这件事后,个个都义愤填膺,对秦桧、王氏深恶痛绝。当时风波亭附近有一家专卖油炸食品的饮食店,店老板正在油锅旁炸食品,得知岳飞被秦桧夫妇害死的消息后,按捺不住心中的怒火,从盆中抓起一块面团,捏成一男一女两个小人,并将它们背靠背粘在一起,丢进油锅,口里还连连喊道:"吃油炸秦桧啦!"他这么一喊,周围的百姓个个心里都明白他的意思了,便一齐拥上来,一边动手帮着做,一边帮着叫卖,还一边吃。其他的饮食店见状,也争相效仿。当时,整个临安城都做起"油炸桧",并很快传遍全国。"油炸桧"流传到今天,许多地区已改称"油条",但仍然有地方叫"油炸桧"或"油炸鬼"。

第四章　礼迎四方客

第一节　服务人员仪容仪表与仪态礼仪

个人形象不是简单的衣着、长相、发型、化妆的组合概念，而是一个综合的，外表与内在结合的，在流动中留下的印象，主要包括仪容、仪表、仪态以及通过这些外在状态表现出来的个人气质、修养和风度。仪容，就是人的容貌、面容的总称，主要包括发型、面容及人体未被服饰遮掩的肌肤（如手部、颈部）等部分。仪表，就是人的外表，包括容貌、姿态、风度、服饰等。仪态，是指在交往活动中的举止所表现出的姿态和风度。仪容仪表是构成个人形象的静态要素，而仪态是构成个人形象的动态要素。三者词义有差别，但通常人们对仪表的理解，不仅涵盖了仪容、仪态，还包括与之相对应的思想、文化素质，如"仪表堂堂""风度翩翩"，这是指外在美和内在美的和谐统一。

一、服务人员的仪容礼仪

（一）面部修饰首先要洁净卫生

面部清洁的步骤如下：

洗手。先用肥皂把手洗干净，脏手洗脸有害无益。

热敷脸。用清水把脸外部灰尘、污垢大致冲洗一遍，然后将浸过热水的毛巾（水温以稍有点烫手为宜），轻轻盖在脸上，用手指将毛巾轻轻往下压，令毛巾贴紧面部和眼部皮肤，让毛巾上的热气停留约30秒，使脸上的毛孔张开，以促进脸部的血液循环。

搓泡。把适量的适合自己皮肤的洗面乳挤在手上，加入二三滴水进行稀释（浓度太高无法充分起泡），然后搓出泡泡。

按摩。把搓出来的泡泡均匀涂满脸部，用轻松温柔的手势，以画圆圈的方式搓摩或按揉脸部1—2分钟。仔细按摩脸上的所有部位，特别是鼻头两侧、脸庞边缘、太阳穴、耳朵、脖子等容易被遗忘的地方。

擦干。洗脸后，用干净的毛巾轻轻地按压擦拭，切不可用力摩擦。用力使用毛巾很容易使面部受伤。

（二）面部淡妆浓抹要相宜

不同场合化不同的妆容，是对形象得体的定位与诠释。职场女性在工作岗位上应当化淡妆，不过分地突出职场女性的性别特征。当距离稍远时，别人根本看不出来你化了妆，只有面对面时才能感觉到，而且妆容很职业，不会突兀。如果一位职场女性在工作场合化妆过于浓艳，往往会给人过分招摇和粗俗的感觉。在工作岗位上，当众化妆是很不庄重的，并且会使人觉得她们对待工作不认真。女士要化妆或补妆，最好去专门的化妆间或卫生间。特别需要提到一点，职场女士更不要当着异性的面，为自己化妆或补妆。化妆要有始有终，努力维护妆面的完整性。要是妆面深浅不一、残缺不堪，必然会给他人留下不好的印象。用餐之后、饮水之后、休息之后、出汗之后、沐浴之后，一定要及时地为自己补妆。

（三）化妆小技巧让妆容更精致

去黑眼圈。正确的方法是选择和自己面部皮肤颜色一致或稍微暗一些的遮盖液，将其点在黑眼圈的外周，再用手指或化妆用海绵片轻轻涂匀即可。也可用冰水敷一下脸部，做眼部按摩，用眼膜护理。

遮盖"青春痘"。用一把纤细的化妆刷，略蘸一点遮盖液，轻轻刷过"青春痘"。遮盖液千万别涂抹得过多，不然会使瑕疵更显眼。刷上遮盖液再用一块薄海绵片把遮盖液轻轻拍均匀即可。

掩盖大脸孔。根据"亮色放大，暗色缩小"的原理，化妆时脸周围用颜色比较深的粉膏，脸的中心部位用较浅色的粉膏，使中心部位看起来明亮一些。其次是头发要采取将脸孔包起来的样式，并适当蓬起，切忌短发，衣服也应采用肩部较宽的上衣，切忌窄肩。

去除眼睛上皱纹。可先将眼影刷子在冰块上刷一下，再用它去蘸眼影粉，这样涂上的眼影就会光滑漂亮，同时又能遮住皱纹。这是因为经过低温处理的眼影粉，更容易涂在皮肤上，而不会结成块。

（四）避免错误的化妆方法

化妆的这些禁忌，你注意过吗？

手部和脸部有色差。这个错误非常常见，很多女性的美丽也正因为这个问题而被破坏。所以对于爱美的女性来说，不仅要精心地打造自己脸部的妆容，还要注意下自己手部以及颈部等部位的妆容哦！最少也要上层粉底，解决一下色差的问题！

遮瑕膏只遮盖一处。如果你用遮瑕膏只是遮盖有黑眼圈的地方，那就错了！在眼睛下方的三角区域内用遮瑕膏涂抹均匀，弱化边缘，这样才会看起来足够自然。

不断补粉。如果终日不断地在脸上补粉，胭脂之上敷胭脂，脸上就会出现很不雅观的斑底，首先鼻子就会因不断的油粉混合而发黑。

涂好睫毛膏再用睫毛夹。这是完全错误的做法，上好睫毛膏的睫毛会比较沉重，而且僵硬。此时如果使用睫毛夹很可能造成睫毛跟着一起掉下来，即使没掉，夹出来的睫毛也是十分死板地直直往上翘，毫无美感可言。

美妆产品用太久。如果你的眼影用了好几年从未换过的话，拜托请扔掉！这些美妆产品也是有保质期的，从几个月到两年不等，过期产品的成分、性状都会发生变化不说，还容易引发过敏，使用过期产品得不偿失。

在错误灯光下上妆。很多女性应该都遇到过这样的问题，在家中化妆的时候觉得非常自然，但是一出门就变成了非常浓重的妆容，严重地破坏了自身的形象。而这一点就与错误的灯光脱不开关系！想要避免尴尬，那就最好在窗边进行化妆工作。

大量涂腮红。不要以为腮红用多了，脸就会红扑扑得像苹果那样可爱，如果你这么做了，只会让别人以为你是一个不解时尚的老人家，如果你没有能够驾驭这种风格的年龄（比如小朋友），请不要大量使用腮红。

眼影画得太深。深深的眼影可不是欧美范的深邃眼睛，而更像我国国宝，双眼无神如同两三天没睡好觉的样子。所以，如果特别注重眼影的话，请努力学习如何画好眼影，而不是一味加深颜色。

（五）发型修饰要大方自然增气质

发型是一个人文化修养、社会地位、精神状态的集中反映。美发一般是指对头发进行护理与修饰，使之更加美观大方，并且适合自身的特点。头皮不但会随时产生各种分泌物，还会不断地吸附灰尘，使之与其分泌物或汗液混杂在一起，甚至产生不雅的气味。因此，要注意保持头发干净、清洁。头发虽需勤洗，但也不能每天数次，以 1—2 天洗一次为宜。头皮屑多会大大影响个人形象，因此要特别注意清理肩上散落的头皮屑。梳理头发是一种私人性质的活动。他人所了解的，应当是其结果，而不是它的过程。若是在外人面前梳理自己的头发，使残发、头皮屑纷纷飘落的情景尽落他人的眼底，是极不雅观的。在工作场合，切忌披头散发，不要让刘海遮住眼睛，最好用发胶稍微将其固定一下；面对客户时，切忌用手玩弄发丝，这样会给人留下不稳重的印象。

（六）手部修饰不可忽视

手是一个人的第二张脸，也是人们在工作场合中动作比较多的部位，所以手部的整洁很重要。勤洗双手，保持手部的洁净是最基本的礼貌。如果手部有过于另类的文刺图案，会降低其在别人心目中的印象分值。要经常修剪与洗刷指甲，不让污垢残存，不要留长指甲，涂染过于突兀的指甲油。在工作场合修剪指甲是不文明、不雅观的举止。

〰️ 阅读材料 〰️

看指甲选人

某餐厅新招一批服务员。面试时，经理特意观察了每位应聘者的手指，然后决定了这些人的去留。面试结束，有服务员向经理询问去留这些人的依据。经理笑着答道："很简单，依据各人的指甲而定。长指甲的走人，修剪干净的留下!"经理见问者还是一脸的疑惑，又做了进一步的解释："指甲修剪干净的，说明他平时就讲究卫生，同时也说明其平时就很勤快。而讲究卫生与做事勤快不正是餐厅服务员的基本素质吗? 我当然要聘用。至于长指甲的，一般有两种人，一种是懒得剪的，标志是指甲缝里常常塞满了污渍，这种既懒惰又不讲卫生的人我自然不能用;还有一种是故意留的，指甲虽长，但绝对干净，可是我也不能用，因为这种人往往将太多的时间花在了清洁指甲之类的芝麻小事上，做起事来就不会太专心，当然更谈不上敬业了。"问者恍然大悟。

资料来源:张建宏.现代餐饮管理导论.知识产权出版社,2011.有删改

(七)脚部修饰要符合工作性质

脚部在近距离之内会被他人注目，因此脚部的修饰必不可少。在工作场合不允许光脚穿鞋子，而且使脚部过于暴露的鞋子(如拖鞋、凉鞋)也不能穿。要注意保持脚部的卫生，保证脚无味。脚指甲要勤于修剪，最好每周修剪一次。趾部通常不应露出鞋外。女士在工作场合穿裙子时，不允许光着大腿不穿袜子。男子成年后，一般腿部的汗毛都很重，所以在正式场合不允许穿短裤或卷起裤管。

二、服务人员的服饰礼仪

(一)TPO

T，P，O 分别是英语中 Time，Place，Object 三个单词的首字母缩写。"T"代表时间、季节、时令、时代，"P"代表地点、场合、职位，"O"代表目的、对象。TPO 原则是国际上公认的衣着标准。它要求人们的着装要与时间、季节相吻合，符合时令;要与所处场合环境，与不同国家、区域、民族的不同习俗相吻合;要符合着装人的身份;要根据不同的交往目的、交往对象选择服饰，以便给人留下良好的印象。

（二）着正装是对服务人员的基本要求

穿着职业服装不仅是对服务对象的尊重，同时也使着装者有一种职业的自豪感、责任感，是敬业、乐业在服饰上的具体表现。规范穿着职业服装的要求：一是整齐。服装必须合身，袖长至手腕，裤长至脚面，裙长过膝盖，尤其是内衣不能外露；衬衫的领围以插入一指大小为宜，裤裙的腰围以插入五指为宜；不挽袖，不卷裤，不漏扣，不掉扣；领带、领结、飘带与衬衫领口要吻合紧凑且不系歪；如有工号牌或标志牌，要佩戴在左胸正上方，有的岗位还要戴好帽子与手套。二是清洁。衣裤无污垢、无油渍、无异味，领口与袖口处尤其要保持干净。三是挺括。衣裤不起皱，穿前要烫平，穿后要挂好，做到上衣平整、裤线笔挺。四是大方。款式简洁、高雅，线条自然流畅，便于岗位接待服务。

（三）穿着便装要适应场合体现个性

在隆重的正式场合，男性除穿中山装外，还可穿西服或庄重的民族服装。女性按季节与活动性质的不同，可穿西服（配着西裤或裙）、民族服装、中式上衣配长裙或长裤、旗袍、连衣裙等；夏季也可穿长、短袖衬衫配长裤或长裙。参加葬礼和吊唁活动，男性一般可着黑色或深色中山装或西服，女性着深色服装，内穿白色或暗色衬衣。

休闲服装是指在休闲场合穿的服装。所谓休闲场合，就是人们在公务、工作外，置身于闲暇地点进行休闲活动的时间与空间。如居家、健身、娱乐、逛街、旅游等都属于休闲活动。穿着休闲服装，追求的是舒适、方便、自然，给人以无拘无束的感觉。适用于休闲场合穿着的服装款式，一般有家居装、牛仔装、运动装、沙滩装、夹克衫、T恤衫等。

在工作场合，职业女性着装忌"短""露""透""紧"，穿低腰裤弯腰时，内裤很容易走光，应尽量避免穿。工作场所最好不要表现出暧昧气氛，开衩很高的裙子体现的性感与超短裙不相上下。过于凸显身材的服装也不适合，因为这样会无缘由地吸引别人的目光。不要穿黑色皮裙，国际公认的是，黑色的皮裙只有妓女才穿。忌在公共场合不加掩饰随意地整理内衣,女士如感到内衣穿着不舒适,应就近寻找卫生间,在卫生间内得体处理。有一个概念要明确,公共卫生间的功能不仅仅是解决人们如厕的问题,更有帮助人们处理隐秘行为的功能。忌在他人的视线内整理内衣,这是缺乏教养与极不稳重的行为。

现代人的服饰呈现出越来越强的个性化特点。要使打扮富有个性应注意两个问题:一是不要盲目赶时髦。最时髦的往往是最没有生命力的。二是穿出自己的个性。俗话说,世间没有两片完全相同的叶子,一样米养百样人。不同的人由于年龄、性格、职业、文化素养等不同,自然就会有不同的气质,所以服饰选择应符合个人气质要求。为此,必须深入了解自我,让服装尽显自己的个性风采。

(四)穿着西装应符合国际惯例

西装是一种国际性的服装,是世界公认的男士正统服装。它造型美观,且有开放式的领形和宽阔而舒展的肩部,腰部略收,穿起来方便,也有风度,给人以落落大方的感觉。穿着西装,应遵循以下礼仪原则:

看场合着装。穿着的方法,一般是根据国外的礼节,按照正式、半正式和非正式等场合来分。正式场合,如宴会、招待会、重大会议、婚丧事以及特定的晚间社交活动等,应穿西服套装,颜色以深色为宜,以示严肃、庄重、礼貌。半正式场合,如访问、较高级会议和白天举行的较隆重的活动,通常也应穿西服套装,取浅色或明度较高的深色为好。在非正式场合,如外出旅游、上街购物、访亲问友等活动,可以穿上下不配套的西服,宜选择款式活泼、明朗、轻便、华美的色调。

选好与穿好衬衣。在社交场合和日常生活中,最受欢迎、穿着效果最好的衬衣是白色和其他纯色。其他纯色一般又以浅蓝色最佳,不宜穿杂色或格子衬衣。选择衬衣,还应选好合适的领围尺码,穿好后能伸进两个手指为宜。衬衫衣袖要稍长于西装衣袖1—2厘米,领子要高出西装领子约1厘米。衬衣不论是长袖还是短袖,都要扎进西裤的腰内。凡与西装上衣配穿的衬衣必须将袖口的扣子扣好,凡系领带的不论是否与西装配穿也都必须将领口和袖口的扣子扣好,不能挽起袖子。内衣不要穿太多,春秋季节只配一件衬衣最好,冬季衬衣里面也不要穿棉毛衫,可在衬衣外面穿一件羊毛衫。穿着过分臃肿,会破坏西装的整体线条美。

系好领带。在正式或比较庄严的场合,穿着西装必须系领带。领带的长度以系好后下端正好触及腰上皮带扣上端为宜。系领带并非一定要用领带夹,如用领带夹,领带夹一般夹在衬衫第4粒与第5粒扣子(从上往下数)间为宜,不能使领带夹外露。打领带时,衬衣领口扣子必须扣好;不打领带时,衬衣领口扣子应解开。

用好衣袋。西服上衣两侧的口袋只作装饰用,不可装物品,否则会使西服上衣变形。西服上衣左胸部的衣袋只可放装饰手帕。有些物品,如票夹、名片盒可放在上衣内侧衣袋里,裤袋亦不可装物品,以求臀位合适,裤形美观。

系好纽扣。单排两粒扣,只扣上面一粒纽扣,三粒扣则扣中间一粒或上面两粒,坐下时可解开。单排扣的西服,也可以全部不扣。双排扣的西服,一般要把纽扣全部扣上。

穿好皮鞋。穿西服一定要穿皮鞋,而且裤子要盖住皮鞋鞋面。不能穿旅游鞋、轻便鞋、布鞋或露脚趾的凉鞋,也不能穿白色袜子和色彩鲜艳的花袜子。

(五)套裙穿着要满足服务行业要求

职业女性应遵循"职业第一,美丽第二"的原则。所有适合职业女性穿着的裙式服装中,套裙是首选。工作场合穿的套裙,要朴素而简洁,可以不带任何图案。一些以圆点、条纹图案为主的套裙,也可以穿着,但不能用花卉、宠物、人物等符号为主体的图案。套裙上不要添加过多的点缀,否则会显得杂乱而小气。套裙的上衣和裙子的长短没有明确的规定。一般认为裙短不雅,裙长无神。最理想的裙长,是裙子的下摆恰好抵达小腿肚最丰满的地方。套裙中的短裙,裙长应以不短于膝盖以上15厘米为限。穿套裙的时候一定要穿衬裙。特别是穿丝、棉、麻等薄型面料或浅色面料的套裙时,假如不穿衬裙,就很有可能使内衣"活灵活现"。忌内衣外泄及疏忽个人服饰卫生，女性在工作生活中，随时要注意自己的内衣是否外泄，并应有良好的卫生习惯，勤换内衣。

◦◦◦ **阅读材料** ◦◦◦

办公室着装禁忌

在办公室，着装要能够营造一种严肃、紧张的气氛。女性着装忌性感，即"短""露""透""紧"。一般来说，吊带装、低腰裤、超短裙、开衩很高的裙子、领子低到可以看见胸部以及紧身到曲线毕露的服装是不能穿进办公室的。这样做不但起不到被别人认同和注意的目的，而且容易被人认为很轻浮。带有"学生气"的半截袜套不建议穿进办公室，即使能穿得甜美可爱，也丧失了职业女性应有的专业感，长筒丝袜才是正确的选择。T台上照搬下来的波西米亚风格、朋克风格等，都不适合办公室，优雅和得体才能保持庄严。流行的民族风长裙并不足够实用，穿进办公室难免给人过分随意的感觉，另外拖沓的长裙也会严重影响工作效率。波普图案长裙搭配平底鞋固然舒适，也很有街头范，但并不适合在办公室里穿着。因为这样的装扮显得人不精神。另外，请务必记住慎穿黑色皮裙。

资料来源：作者据有关资料整理

（六）穿出女款旗袍的特色风采

旗袍，可以说是东方女性最适合的服装，其贴身合体、线条流畅，无论是燕瘦环肥的体形，都能体现出女性婀娜多姿的特性。女士在参加正式晚宴时，可以选择华丽的面料做成的旗袍，只要选择得当，其"惊艳"程度绝对不亚于西式晚礼服。日常半正式工作场合与休闲场合，也可用旗袍分别搭配西式外衣、开襟毛衣、披肩围巾等，能够展示出不同的风格。在一些涉外重要场合，女士穿旗袍不但能显示女性的美，而且更具有民族风格。穿旗袍时，要注意：

旗袍是对身体要求极高的服装，旗袍尺寸大小的选购不同于连衣裙等服装，要求十分严格，否则将会失去旗袍的独到之处。穿着旗袍前，必须准确测量出自己的三围；然后试穿，并观察三围是否贴体舒适；还必须检查领子、衣身、袖长等细节之处，以求精准。旗袍的领围、领高、肩宽、胸围、腰围、臀围都要合身，任何一处过于紧绷或过于宽松，都会使美感大打折扣，自己穿上也会感觉很不舒服。

旗袍的面料、花色应与着装的场合相协调。普通棉布和真丝织锦缎做出的同样款式的旗袍，其风格会截然不同：一个朴素雅致，一个华丽高贵。购买旗袍时，一定要考虑穿着的场合因素，选择相应风格的面料和花色。旗袍的领口封闭较严，购买热天穿的短袖、无袖旗袍时，最好选择吸汗透气的舒适面料。选择旗袍时，要注意旗袍的款式与自己的身份相协调。前卫风格的无肩无袖或露胸旗袍，以及毛皮绲边的超短旗袍配上靴子，穿在明星身上会格外出众，却不适合保守行业工作人员日常穿着。

长及脚踝的高开衩旗袍，其风格和袒胸露背长及脚踝的西式晚礼服异曲同工，因此，只有在正式的晚宴或演出场合，或宾馆、酒店等要求穿特定中式工作装的场合，女士才能穿开衩开在大腿中部以上的高开衩长旗袍。日常工作或休闲场合的旗袍开衩不要高于膝盖上缘 10 厘米。

穿着之前要检查所有纽扣，如有缝线松动的纽扣，在穿之前一定要再次加固，保证在穿着时纽扣不会脱落。穿旗袍时搭配的丝袜最好是连裤袜，这样就不用担心袜口从开衩处露出了。但要注意的是，旗袍的面料一定要选择不与丝袜起静电的面料。鞋的款式要与旗袍风格相配。

三、服务人员的仪态礼仪

(一)举止泄露你的品位和气质

在人际交往过程中，体态语具有相当重要的意义。体态语主要分为表情和举止。表情，通常主要是一个人的面部表情。它包括眼神、笑容及面部肌肉的综合运动等。每个人的表情从本质上讲，是其内心思想、情感的最真实、最自然的流露。举止，指的是人们的肢体动作。在心理学上，人的举止动作称为"形体语言"，它被认为能够同样真实、准确地反映人的心理活动。美国心理学家艾伯特·梅瑞宾认为：一条信息的表达＝7％的语言＋38％的声音＋55％的人体动作。美国心理学家艾德华·霍尔则十分肯定地说："无声语言所显示的意义要比有声语言多得多。"平时或在私下场合，态度可以比较放松，但一旦进入正规场合或工作单位，就必须显得严肃、庄重。这种心态，在走路的姿势、步伐，甚至面部的表情上，都要有所体现。

（二）微笑是最有价值的服务表情

微笑，一种令人愉快的面部表情，它盛开在人们的脸上，像美丽的花朵，时刻散发着迷人的芬芳，展示着你的诚意，象征着你的友善，起到尊重他人、增进友爱、推动沟通、体现热情、愉悦心情的作用，会即刻缩短你与对方的心理距离，为沟通和交往营造出和谐氛围。

微笑应当是嘴角上翘，双颊肌肉上抬。但微笑不能单纯从动作分解出发，而首先必须有真诚的心态、心地和心境。微笑应发自内心，富有情感，表里如一，不能像有的人那样虚情假意，假模假样，露出机械式笑容，也不能冷笑、傻笑、干笑、苦笑、皮笑肉不笑。自然大方、真实亲切和不加修饰的微笑才具有感染力。微笑表现自信乐观的良好修养。对自己充满信心，对工作一丝不苟，对别人以诚相待。微笑的表情让人愉快舒心，能产生正面和良性的影响，它告诉对方你是善意的使者，是能信赖、能依靠的对象。在服务工作时，最不该表情冷漠或瞪眼皱眉，这样会导致对方十分难堪，迫使对方尽快结束痛苦的服务过程。微笑是服务工作的润滑剂，是消除芥蒂、化解矛盾、排遣紧张、缓解压力、慰藉他人、关怀备至、广交朋友、友善待人的有效方式。见面时握手、问候、交换名片以至于交谈都需要微笑。政务人员、商务人员和服务行业人员，以至于全社会人人都需要微笑。

人的脸上一共有17块肌肉，它们会牵动每一个笑容，只要有一块肌肉失去作用，你的笑容就不能完美展现，所以，要多多练习如何微笑。当然，能合理控制自己的情绪也是一项必不可少的训练内容。只要你做到这两点，你就可以拥有自然而又亲切的笑容了。

（三）站姿要自然端庄立如松

站姿是指人的双腿在直立静止状态下所呈现出的姿势。站姿是步态和坐姿的基础，一个人想要表现出得体优雅的姿态，首先要从规范站姿开始。得体站姿的基本要点是：上身挺直，舒展，收腹，眼睛平视前方，嘴微闭，手臂自然下垂。正式场合不应将手插在裤袋里或交叉在胸前，更不要有下意识的小动作。男性通常可采取双手相握、叠放于腹前的前腹式站姿；或将双手背于身后，两手相握的后背式站姿。双脚可稍许叉开，以与肩部同宽为限。女性的主要站姿为前腹式，但双腿要基本并拢，脚位应与服装相适应，穿紧身短裙时，脚跟靠近，脚掌分开呈"V"状或"Y"状；穿礼服或旗袍时，可双脚微分。在保持正确的站姿时，我们要避免以下几方面的不正确的姿势：正式场合站立时，不可双手插在裤袋里，这样显得过于随意，实在有必要时，可左手或右手插于左前或右前裤袋，但时间不宜过长。不可双手交叉抱在胸前，这种姿势容易给人傲慢的印象。不可歪倚斜靠，给人站不直、懒散的感觉。与人站立谈话时，浑身扭动，东张西望，斜肩叉腰均属轻薄、浮夸举动，应注意避免。

（四）走姿要亮出精神行如风

走姿是指一个人在行走过程中的姿势，体现的是一种动态的美。得体走姿的基本要点是：抬头挺胸，上身直立，双肩端平，两臂与双腿成反相位自然交替甩动，手指自然弯曲，身体重心略微前倾。女士在较正式的场合中的行路轨迹应该是一条线，即行走时，两脚内侧在一条直线上，两膝内侧相碰，收腰提臀挺胸收腹，肩外展，头正颈直收下颌。男士在较正式的场合中的行路轨迹应该是两条线，即行走时两脚的内侧应是在两条直线上。男士步伐应矫健、有力，女士步伐应自然、优雅。行走时，双肩要放松，双臂要伸直，手指要自然并拢并略为弯曲，然后还应当使两只手臂一前一后地摆动。双臂摆动应以肩关节为轴，手臂与上身之间的夹角不要超过 30 度，双臂各自摆动的幅度不应大于 40 厘米。走路时双臂不动或同时向一个方向摆，或摆幅过大，都不雅观。行走时应使脚尖略为展平，脚跟首先触地,通过后跟将身体的重心移送至前脚,促使身体前移。须注意的是,行走时的注意力应集中于后脚,而不是向前跨出的那只脚上。不雅的走姿会给人留下很不好的印象,如:左右摇晃、弯腰驼背、左顾右盼、鞋底蹭地、八字脚、碎步等。

（五）坐姿要大方稳重坐如钟

坐姿是指人在就座以后身体保持的一种姿势。得体坐姿的基本要点是:上身挺直,两肘或自然弯曲或靠在椅背上,双脚接触地面(跷脚时单脚接触地面),双腿适度并紧。一般情况下,要求女性的双腿并拢,而男性双腿之间可适度留有间隙。双腿自然弯曲,两脚平落地面,不宜前伸。在日常交往场合,男性可以跷腿,但不可跷得过高或抖动。女性大腿并拢,小腿交叉,但不宜向前伸直。入座时动作应轻而缓,轻松自然,不可随意拖拉椅凳。女士如着裙装入座,应将裙子后片拢一下。离开座位时动作要轻缓,不可猛起猛出,发出声响。要善于利用坐姿来表示对他人的敬意。面对不同的情况,可以选择不同的坐姿,以适当的坐姿来表示对他人的尊重和敬意。比如说,拜访长辈、上司或贵宾时,不宜在落座后坐满座位,甚至就像与家人拉家常一样架起"二郎腿"。若是只坐座位的二分之一,那么对对方的敬意无形中会溢于言表。当然,也没必要只坐椅子边上,那样会显得有些过于虚伪。在与来宾会晤时,如双方对面而坐,最好彼此间有1米左右的距离,使双方在调整各自的坐姿时不至于腿部"打架"。如双方并排而坐,则有必要目视对方,以示恭敬。此时最好的办法是上身微侧,双手叠放于侧过身来一侧的那条腿上,双脚亦同时并拢,向同一方向倾斜。

（六）蹲姿要做到姿势优美、规范

蹲姿是由站立的姿势转变为两腿弯曲和身体高度下降的姿势。在查看位置较低的事物或拾取物品时,往往需要蹲下,不宜直接弯腰进行。下蹲时,采取两脚前后交叉的蹲姿:一脚在前,一脚在后。前面的脚应全脚着地,后脚脚尖着地,脚跟抬起,双腿下压,上身直立,置重心于后脚之上。下蹲时,女士要两腿靠紧,如身着裙装,要用手把裙子向双腿拢一下再下蹲。人们在拿取低处的物品或拾起落在地上的东西时，不妨使用下蹲和屈膝的动作，这样可以避免弯曲上身和撅起臀部，尤其是着裙装的女士下蹲时，稍不注意就会露出内衣，很不雅观。女士要使自己的蹲姿文明得体，最重要的是使自己蹲下来之后，双膝以上并拢在一起。具体的做法有三种：第一种方法叫高低式。即左脚在前着地，右脚居后，脚尖点地；左膝高、右膝低，膝部以上并拢；右腿支撑身体，臀部自然向下，上身尽量保持直立。第二种叫交叉式。即右脚在前，全面着地，右小腿垂直于地面；左腿在后与右腿交叉，左膝从右腿下面向右侧伸出，左脚在右脚后面以脚尖点地；膝部以上紧紧并拢，并合力支撑住身体；上身略向前倾，臀部自然下垂。第三种叫作单膝点地式。即右腿在前，弯曲下蹲；左脚在后，脚尖点地左膝着地，双腿紧贴，臀部向下，身体的重心落在右腿上。最后一种方法实际上是半蹲半跪，它主要适合穿超短裙者采用。

（七）手势要做到自然、文明、礼貌

手势的含义，或是发出信息，或是表示喜恶、表达感情。能够恰当地运用手势表情达意，会为交际形象增辉。手势辅助说话，可以加重语气，增强感染力，能够为您增添魅力，但要切记手势不宜过多，动作不宜过大，切忌"指手画脚"和"手舞足蹈"。打招呼、致意、告别、欢呼、鼓掌属于手势范围，应该注意其力度的大小、速度的快慢、时间的长短，不可过度。在任何情况下都不要用大拇指指自己的鼻尖和用手指指点他人。谈到自己时，应用手掌轻按自己的左胸，那样会显得端庄、大方、可信。用手指指点他人的手势是不礼貌的。有些手势在使用时应注意区域和各国不同习惯，不可以乱用。因为各地习俗迥异，相同的手势表达的意思，不仅有所不同，而且有的大相径庭。在各种交际场合，都应避免一些不卫生、不稳重、易被误解、失敬于人的手势。如当众搔头皮、掏耳朵、抠鼻孔、剔牙、咬指甲、剜眼屎、搓泥垢等，餐桌上更应注意避免这些不雅行为。

表示"这边请"的意思时，应右手五指并拢、伸直、掌心向上，腕关节伸直，手掌与前臂成一直线，以右手掌尖微指被请之人，然后以之指明方向。在这里，掌心向上，是为了表示虚心和待人的敬意，若

是掌心向下，则有傲慢无礼之嫌。介绍某人或给对方指示方向时，应掌心向上，四指并拢，大拇指张开，以肘关节为轴，前臂自然上抬伸直。指示方向时上体稍向前倾，面带微笑，自己的眼睛看着目标方向并兼顾对方是否意会到。这种手势有诚恳、恭敬之意。打招呼时，右臂举过肩并屈臂，五指伸直，掌心向前，轻轻一摆即可，适于与距离较远的熟人打招呼。"鼓掌"的手势：双手在胸前虎口相对，右手手掌用力拍左手手掌，表示欢迎、祝贺、支持等情感。告别时，右手臂屈肘并举过肩，五指并拢伸直，掌心向前，挥手摆动。

通常手势的使用宜少不宜多，尤其不要一种手势反复地使用，以免使人感到单调、厌烦；使用任何一种手势时，其幅度不宜过大，否则就会显得过分；同时不要下意识地滥用手势，不然会使对方曲解，甚至认为缺乏教养。还有，与人相处时不要以手势动作来"评论"人。在公共场合遇到不相识的人，不应当指指点点，尤其是不应当在其背后这样做。这种动作通常会被理解为对对方评头论足，是非常不友好的。

（八）目光的运用大有讲究

俗话说"眼睛是心灵的窗户"，眼神的千变万化表露着人们丰富多彩的内心世界。美国作家爱默生说："人的眼睛和舌头所说的话一样多，不需要字典，却能从眼睛的语言中了解整个世界。"印度诗人泰戈尔也说："一旦学会了眼睛的语言，表情的变化将是无穷无尽的。"因此，眼神是传递信息十分有效的途径和方式。

眼睛转动的幅度与快慢都必须遵循一个"度"，不要太快或太慢，眼睛转动稍快表示聪明、有活力，但如果太快则表示不诚实、不成熟，给人轻浮、不庄重的印象，如"挤眉弄眼"指的就是这种情况。但是，眼睛也不能转得太慢，否则就是"死鱼眼睛"。眼睛转动的范围也要适度，范围过大给人以白眼多的感觉；过小则显得木讷。不能眯眼、斜视、瞟视、瞥视，总的来说这几种目视方法都是不礼貌的。当对方说了错误的话正在拘谨害羞时，不要马上转移自己的视线，而要用亲切、柔和、理解的目光继续看着对方，否则对方会误认为你高傲，在讽刺和嘲笑他。

不能对关系不熟或一般的人长时间凝视,否则将被视为一种无礼行为,这也是全世界范围内通行的礼仪。与陌生人谈话时,不能不看对方。正确的眼神礼仪是:眼睛看对方眼睛到嘴巴的"三角区",标准注视时间是交谈时间的 30%－60%,这叫"社交注视"。"公务注视区"是双眼至额头之间。注视这一区间给人以严肃认真、不卑不亢的感觉,多用于业务谈判、外事活动等。亲密注视区是双眼至胸部之间。注视这一区间能激发感情,表达爱意,多用于关系密切的人之间。

在正式场合,尤其是面对不太熟悉的人时,有的眼神容易引起误会或麻烦,所以要特别注意。不要盯住对方的某一部位"用力"地看,这是愤怒的最直接表示,有时也暗含挑衅之意;不要浑身上下反复地打量别人,尤其是对陌生人,特别是异性,这种眼神很容易被理解为有意寻衅闹事;不要窥视别人,这是心中有鬼的表现;不要用眼角瞥人,这是一种公认的鄙视他人的目光;不要频繁地眨眼看人,反复地眨眼,看起来心神不定,挤眉弄眼,有失稳重,显得轻浮;不要左顾右盼,东张西望,目光游离不定,否则会让对方觉得用心不专。

(九)递物注意安全便利又尊重对方

递接物品时,应注意尊重、方便、安全、卫生四个基本要求,其中后三点基本要求实质上是要求每个服务人员要学会换位思考,站在对方的立场上考虑问题。"尊重"是指为体现出对对方的尊重,一般双手递物或接物,如果在特定场合下或东西太小不必用双手时,一般用右手递接物品。把现金赤裸裸地递给别人显得不够尊重,妥善的办法是把现金放入信封中,再把装有现金的信封双手递给对方。"方便"是指递接物品时应以方便他人使用为出发点。如递上简历、呈递名片、呈递文件时,都应方便他人阅读。"安全"是指递笔、刀、剪之类尖利的物品时,把尖锐端朝向自己为宜。"卫生"是指递接物品时手的位置,以不影响对方卫生地使用物品的需要为要求。如递水杯时,手部不应接触杯口。

(十)握手虽司空见惯勿随意

行握手礼时有先后次序之分,其次序主要根据握手人双方所处的社会地位、身份、性别等各种条件来确定,较尊者优先。两人握手的一般次序是:上级在先,长辈在先,女士在先;下级、晚辈、男士应先问候,见对方伸出手后,再伸手与对方相握。若一方忽略了握手的先后次序,先伸出了手,对方应立即回握,以免发生尴尬。有客人来访时,主人要主动伸手行握手礼,离开时,则应由客人首先伸手。

标准的握手方式是:握手时,两人相距约一步,上身稍前侧,伸出右手,四指并拢拇指张开,两人的手掌与地面垂直相握,力量适中,上下轻摇,一般握3秒钟左右,如遇见老朋友,握手时间可长一些,握手时注视对方,微笑致意或简单地用言语致意、寒暄。军人戴军帽与对方握手时,应先行举手礼,然后再握手。不要在握手时戴着手套,另一只手也不能放在口袋里。在社交场合,一般只有女士可以戴着薄纱手套与人握手。除长者或女士,坐着与人握手是不礼貌的,只要有可能,都要起身站立。

第二节　服务人员语言礼仪

中国人讲究"听其言,观其行",言谈是服务过程中必不可少的内容,是沟通信息的重要方式。

一、服务基本语言要求

(一)准确简洁

在交谈中,语言必须准确,否则不利于各方之间的沟通。准确就是要把意思准确无误地表达出来,做到吐字清晰、措辞准确、发音正确。乡音浓重、含糊其辞都会影响表达的清晰度。同时要抓住要害,把握要领,漫无边际的交谈会使人不得要领,无所适从。在交谈中,要求发音标准,咬字清晰。读错音,念错字,口齿不清,含含糊糊或者音量过大过小,都让人听着费劲,而且有失身份。在讲话时,语速要快慢适中,语速过快、过慢或忽快忽慢,都会影响效果。声音大小要适当,语调应平和沉稳。音量要适度,以对方听清楚为准,切忌大声说话;语调要平稳,尽量不用或少用语气词,使听者感到亲切自然。交谈还要注意简洁,言简意赅,要点明确,用最简练的语言表达最丰富的内容,传达最多的信息,切忌啰唆重复,少讲、最好不讲废话。在公共场合交谈时,应说标准的普通话,不能说方言。否则,就是不尊重对方。在一般交谈中,应讲中文,讲普通话。无外宾在场,最好慎用外语,否则会有卖弄之嫌。

〰️ **阅读材料** 〰️

你还要饭吗?

某餐厅,一个老年旅游团正在用餐。当服务小姐发现其中一位老年人的饭碗已空时,就轻步上前问道:"先生,您还要饭吗?"那位老先生摇了摇头,服务小姐又问道:"那么先生您完了吗?"只见那位先生冷笑起来:"小姐,我今年已经70多岁了,自食其力,这辈子还没落到要饭吃的地步,怎么会还要饭呢? 我的身体还硬朗得很呢,一下子不会完的。"服务小姐顿时哑口无言。

本案例中,服务小姐尽管"轻步上前柔声问",并用了"请问""先生"等礼貌用语,但由于"要饭""完了"这两个词明显不合服务用语规范,导致了客人的不满。假如服务小姐用礼貌规范的服务用语,如"请问先生还要添加点饭吗""那么,先生您用完饭了吗",就不会出现那么尴尬的场面了。

资料来源:张建宏.饭店服务36计.旅游教育出版社,2008

(二)生动通俗

生动的语言,最有活力,最有感染力。苍白无力、枯燥乏味的语言,是令人生厌的,会令人昏昏欲睡。要使语言生动,首先要口语化,要多运用大众化的语言,不要满口文绉绉的书面语言;同时学会运用一些语言表达手段,可以举例子,打比方,讲故事,用典故,甚至介绍一些有趣见闻、健康笑谈;还要尽量说一些平易通俗的话题,艰深难懂的东西人们难以接受,会拉大与听者的距离。

在服务过程中,出现意见有分歧的难堪场面时,幽默、诙谐便可成为紧张情境中的缓冲剂，使客人摆脱窘境或消除敌意。此外，幽默、诙谐还可用来含蓄地拒绝对方的要求，或进行一种善意的批评。因此，平时应多积攒一些妙趣横生的幽默故事。

（三）文明礼貌

在服务场合，要说文明语言，切勿使用下列不文明言语。

粗话。随口而出"老头儿""老太太""小妞"等称呼，是很失身份的。

脏话。讲起话来骂骂咧咧，非但不文明，而且自我贬低，十分无聊。

黑话。一开口就显得匪气十足，令人反感、厌恶。

荤话。把绯闻、色情、"荤段子"挂在口边，显得趣味低级。

怪话。说话阴阳怪气、黑白颠倒，让人难生好感。

气话。说话时意气用事、发牢骚或指桑骂槐，容易伤害人、得罪人。

用语要谦逊、文雅。在交谈中，说话的口气一定要做到亲切谦和，平等待人。切勿随便教训、指责别人。多使用敬语、谦语和雅语，能体现出一个人的文化素养以及尊重他人的良好品德。称对方应多用敬语，如称呼对方为"您""先生""小姐"等；对自己可多用谦语，加称自己为"学生""晚辈"等。用"贵姓"代替"你姓什么"，用"不新鲜""有异味"代替"发臭"等。要去洗手间，不便直接说"我去厕所"，应说"对不起，我出去一下"，或其他比较容易接受的说法。谈到某人死了，可用"病故""走了"等委婉的语言来表达。在议论某人的长相时，可把"肥胖"改说成"丰满"或"福相"，"瘦"则用"苗条"或"清秀"代之。

交谈中，要经常使用的礼貌用语有：

"您好"是表示问候的礼貌用语。不论是深入交谈，还是打招呼，都应主动向对方先问一声"您好"。若对方先问候了自己，也要以此来回应。

"请"是请托礼貌用语，在要求对方做某件事时，需要用它。这样可以赢得主动，得到对方的好感。

"谢谢"是致谢的礼貌用语,得到帮助、接受服务时,都应当立即向对方道一声"谢谢"。

　　"对不起"是道歉的礼貌用语。当打扰、妨碍、影响了别人时,一定要及时说一声"对不起"。

　　"再见"是道别的礼貌用语。在交谈结束,与人作别之际,道上一句"再见",可以表达惜别之意与恭敬之心。

〜〜 阅读材料 〜〜

慎用否定语

　　晚上 9 点刚过,两位衣着斯文的客人高高兴兴地来到餐厅,刚一推门,就听见服务员说:"不要来了,已经关门了。"乘兴而来的客人,忽然听到这硬邦邦的话语,脸上的笑容立即收敛了,扫兴地离开了餐厅。一位客人进了一家餐厅,想坐在靠窗的座位进餐,就朝那边走过去。服务员看见后,马上对客人说:"不可以哟,这儿已经被预订了。"客人的脸色立即沉下来,嘀咕着说:"哼!餐厅有的是,你以为我非要在这里坐吗?"说完,就头也不回地离开了餐厅。一位客人正在悠闲地喝着咖啡,想抽支烟,刚要点火时,就听见服务员说:"请不要吸烟,这里是禁烟席。"客人只好勉强地将香烟放回烟盒里,脸上露出了不满的神色。

　　本案例中,服务员实际上都在执行餐厅的规定,讲的都是正确的意见,但使用的是全盘否定语,没有给客人留任何余地,让客人很难接受。"不要来了,已经关门了。"这样的话,会影响客人对服务人员和餐厅的印象。可改为说:"实在抱歉,欢迎下次光临。""不可以哟,这儿已经被预订了。"这样的话,可能会让客人更加固执己见:"我就要坐这个位置。"可改为说:"这个位置已经被其他客人事先预订好了,实在抱歉。能不能请您坐那个位置?""请不要吸烟,这里是禁烟席。"可改为:"先生,如果您想吸烟的话,能不能请您坐那个位置?"

　　资料来源:张耀宗.酒店服务员纠错 100 例.北京:现代出版社,

2007.有删改

（四）真诚赞美

马克·吐温曾说过："一句精彩的赞词可以代替我 10 天的口粮。"得到赞美是每个人内心中最迫切的需求之一，恰到好处地赞美别人，自然会得到别人的回应与赞美。在许多场合，适时得当的赞美常常会发挥它的神奇功效。人人都渴望得到赞美，这是人们的共同心理。赞美是一件好事，但绝不是一件易事。总体来说，要想学会正确地赞美别人一般都要注意以下几点：

赞美要有真情实感。虽然人们都喜欢听赞美的话，但并非任何赞美都能使对方高兴。能引起对方好感的只能是那些基于事实、发自内心的赞美。相反，你若无根无据、虚情假意地赞美别人，他不仅会感到莫名其妙，更会觉得你油嘴滑舌、诡诈虚伪。

赞美要翔实具体。赞美对方的时候，要从某个局部、某件具体的事情入手，因为局部、具体的赞美会显得更真诚、更可信。赞扬对方的时候，往往细微之处显真情，当同事、朋友或下级感受到你对他的优点的切实了解时，你也就获得了他们的信任、真诚相待及工作上的积极支持。

赞美要因人而异。人的素质有高低之分，年龄有长幼之别，因人而异，突出个性，有特点的赞美比一般化的赞美能收到更好的效果。

赞美不要过于夸张。在赞美他人时适当地夸张一点有利于表达自己的感情，对方也乐于接受，但过分地夸张就有阿谀奉承、溜须拍马之嫌。言不由衷或言过其实，对方都会怀疑赞美者的真实目的。

背后赞美比当面赞扬更有效。在背后说别人的好话，会被人认为是发自内心、不带私人的动机。其好处除了能给更多的人以榜样的激励作用外，还能使被赞美者在听到别人"传播"过来的好话后，更感到这种赞美的真实和诚意，从而在荣誉感方面得到满足的同时，增强了上进心和对赞美者的信任感。

借用"第三者"的口吻赞美对方。在一般人的观念中,总认为"第三者"所说的话是比较公正的、实在的。因此,以"第三者"的口吻来赞美,更能得到对方的好感和信任。

对事不对人的称赞更客观。这种称赞,可以增强对方的成就感。如:"你今天在会议上提出的维护宾馆声誉的意见很有见地。"这种称赞比较客观,容易被对方接受。同时也使对方感到领导对他的称赞是真诚的。要是我们把赞美的焦点放在了他人所做的事情上,而不是他人本身,他人就会更容易接受称赞,而不会引起尴尬。

随时称赞,语气明确。该称赞的时候即称赞,而且称赞中不要夹杂批评的语言,这种称赞与"趁热打铁"同理,易被对方接受,起到鼓励的作用。比如员工某项工作做得好,老板应及时称赞,如果拖延数周,时过境迁,迟到的表扬已失去了原有的味道,再也不会令人兴奋与激动,称赞就失去了意义。

二、言谈礼仪

言谈礼仪是指人们在交谈活动中应遵循的礼节和应讲究的仪态等。

(一)主题适宜

交谈中选择的主题应适用于双方,可以选一些内容文明、优雅、格调高尚的话题,也可谈一些令人轻松愉快,身心放松,饶有情趣,不觉劳累的话题。对于个人隐私的主题,诽谤人的主题,令人反感的主题,不要谈论,以免引起对方的不快。如果感到与人交谈缺乏内容,话题很少,语言枯燥,可以平时多看报纸、杂志、书籍、电视,关心时事、艺术、体育等等,随时留意周围所发生的事,同时多和他人谈话,谈的次数多了,就可以贮存知识以供将来谈话之用,日积月累,久而久之,一定会感到话题多了,内容充实了,词汇也丰富了。

(二)表情认真

说话本身是用来向人传递思想感情的,所以,说话时的神态、表情都很重要。例如,当你向别人表示祝贺时,如果嘴上说得十分动听,而表情却是冷冰冰的,那对方一定认为你只是在敷衍而已。所以,交谈时要做到表情认真。交谈时,目光应专注,或注视对方,或凝神思考,从而和谐地与交谈进程相配合。眼珠一动不动,眼神呆滞,甚至直愣愣地盯视对方,都是极不礼貌的。目光游离,漫无边际,则是对对方不屑一顾的失礼之举,也是不可取的。如果是多人交谈,就应该不时地用目光与众人交流,以表示交谈是大家的,彼此是平等的。在交谈时可适当运用眉毛、嘴、眼睛在形态上的变化,表达自己对对方所言的赞同、理解、惊讶、迷惑,从而表明自己的专注之情,并促使对方强调重点、解释疑惑,使交谈顺利进行。

(三)举止得体

适度的动作是必要的。例如,发言者可用适当的手势来补充说明其所阐述的具体事由。倾听者则可以点头、微笑来反馈"我正在注意听""我很感兴趣"等信息。可见,适度的举止既可表达敬人之意,又有利于双方的沟通和交流。谈话时也可以适当运用一些手势来加强语气、强调内容。但手势不能太多和幅度过大,这会使人感到不舒服,更忌用手指点对方,这被视作不礼貌的行为。为表达敬人之意,切勿在谈话时左顾右盼,或是双手置于脑后,或是高架"二郎腿",甚至剪指甲、挖耳朵等。交谈时应尽量避免打哈欠,如果实在忍不住,也应侧头掩口,并向他人致歉。尤其应当注意的是,不要在交谈时以手指指人,因为这种动作有轻蔑之意。

谈话的姿态也会反映出一个人的性格和心理。胆怯内向的人,谈话时往往双肩紧并、下垂,腰部弯曲,显示出一副紧张、卑屈的样子。因此,切忌采用这种姿态与人谈话。谈话分站、坐两种。如果站着与人交谈,说话时要挺胸、收腹,全身重量均匀地分配于两足,使重心稳定。这样,会感到自己的肩膀似乎宽了些,人也显得生气勃勃,泰然自若。如果是坐着谈话,要注意谈话距离宜保持在一臂之内。双脚要平放于地面,不宜交叠双腿,在身份高者面前,更不宜跷着"二郎腿";坐时背部要紧靠椅背,肩膀平正,腰部挺直。良好的姿态会使人增强信心的。

(四)礼让对方

在交谈中,应以对方为中心,处处礼让对方,尊重对方,尤其是要注意以下几点：

不要独白。交谈讲究是的双向沟通，因此要多给对方发言的机会。不要自己一个人侃侃而谈，而不给他人开口的机会。

不要冷场。不论交谈的主题与自己是否有关，自己是否有兴趣，都应热情投入，积极参与。万一交谈中出现冷场，应设法打破僵局。常用的解决方法是转移旧话题，引出新话题。

不要插嘴。他人讲话时，不要插嘴。即使要发表个人意见或进行补充，也要等对方把话讲完，或征得对方同意后再说。对陌生人的谈话是绝对不允许打断或插话的。

不要抬杠。交谈中，与人争辩、固执己见、强词夺理的行为是不足取的。自以为是，无理辩三分，得理不让人的做法，有悖交谈的主旨。

不要否定。交谈应当求大同，存小异。如果对方的谈话没有违反伦理道德、辱及国格人格等原则问题，就没有必要当面加以否定。

不要纠正。不同国家、不同地区、不同文化背景的人考虑同一问题，得出的结论未必一致。一个真正有教养的人，是懂得尊重别人的人。尊重别人就是要尊重对方的选择。除了大是大非的问题必须旗帜鲜明地回答外，人际交往中的一般性问题不随便与对方论争是或不是，不要随便去判断，因为对或错是相对的，有些问题很难说清谁对谁错。

不要好为人师。有些人总想显得知道得比对方多，比对方技高一筹。出现这一问题，实际上是没有摆正位置，因为人们站在不同角度，对同一问题的看法会产生很大的差异。

（五）认真倾听

倾听是与交谈过程相伴而行的一个重要环节。据美国俄亥俄州立大学一些学者的研究，成年人在一天时间里，有 7% 用于交流思想。在这 7% 的时间里，有 30% 用于讲，高达 45% 的时间用于听。这说明听在人们的交往中居于非常重要的地位。倾听是一门艺术，善于倾听，是说话成功的一个要诀。

在人际交往中，多听少说，善于倾听别人讲话是一种高雅的素养。因为认真倾听别人讲话，表现了对说话者的尊重，人们也往往会把忠实的听众视作可以信赖的知己。记住一句谚语："用十秒钟的时间讲，用十分钟的时间听。"

聆听别人讲话，必须做到耳到、眼到、心到，同时还要辅以其他的行为和态度。

要抓住对方所要表达的真正东西或实质性问题，不要被他的遮掩或言语技巧方面的缺陷所误。

要注视说话者，保持目光接触，不要东张西望。

单独听对方讲话，身子稍稍前倾。

面部保持自然的微笑，表情随对方谈话内容有相应的变化，恰如其分地频频点头。

适时而恰当地提出问题，配合对方的语气表述自己的意见。

对自己没听懂的话，随时询问。

要避免出现沉默。在听别人说话的过程中，不妨用"嗯"或"是"加以呼应，表示自己在认真倾听。

不离开对方所讲的话题，但可通过巧妙的应答，把对方讲话的内容引向所需的方向和层次。

鼓励、引导对方说下去时，可以采用提问、赞同、简短评论、复述对方话头、表示同意等方法，比如，"再详细谈谈好吗？"

第三节　服务人员待客之道

所谓服务人员待客之道，是指旅游企业员工在岗服务全过程中应具备的基本素质和应遵守的行为规范。

一、行李员待客之道

门童应选择合理站位，站立端正，随时迎候客人。车辆驶近饭店大门时，门童应主动迎上前去，用规范的手势引导车辆停靠在方便客人上下车和行李运送的地方。下雨时，应带着雨伞迎候在无雨棚区域下车的宾客。为客人打开车门时，应站在车门一侧为客人护顶、撑伞。车辆停稳后,门童应按照座次礼仪拉开车门。如果客人乘坐的是出租车,应等客人付账后再拉开车门,微笑着注视客人,亲切地问候客人。客人上下车时,门童应适时为客人护顶,且护顶时应尊重客人的宗教信仰。装卸行李时,应轻拿轻放,数量准确,摆放有序,并得到客人的确认。应保证随身行李不离开客人的视线范围。引领客人前往接待台进行入住登记时,行李员应用外侧手提拿行李,在客人侧前方行走,时常用规范的手势示意客人前行的方向。客人办理入住登记手续时,行李员应站在一米以外,站姿端正,注视客人,随时等候为客人服务。引领客人去客房时,行李员应靠边侧前行,并与客人保持适当的距离。到达客房后,行李员应按照客人的要求摆放行李。行李的正面应朝上,提手应朝外。应让客人确认行李的数量和完好状态。离开客房到门口时,行李员应面对客人退出客房,与客人告别,轻轻关上房门。客人离店需要行李服务时,行李员应准时为客人提拿行李,并将行李整齐摆放在客人指定的地点。

二、前台接待人员待客之道

接待员、收银员见到客人应主动问候。获知客人姓名后,应用姓氏或尊称称呼客人。接待员介绍饭店产品时应实事求是,用恰当的语言,站在客人的角度,为客人提供参考建议。回答客人询问时,应有问必答,态度和蔼。对不了解的事情,应向客人表示歉意,表现出愿意帮助客人的意愿,并提供后续服务。对住店客人和非住店客人应一视同仁,对客人的光临应致以真诚的谢意,感谢客人提问,欢迎客人再次光临。收费结账时,服务员应耐心细致、准确快捷。用现金结账的,应让客人核实收付金额,保证账目准确。收银员应将账单、发票装入信封,用双手呈递给客人,请客人确认。结账完毕,收银员应真诚地向客人表示感谢,欢迎客人再次光临,目送客人离开。

三、客房服务人员待客之道

清洁客房或简单客房维修应选择在客人外出时进行，并尊重客人的住宿习惯。进入客房前应按铃三次并报告本人身份，等候客人开门或确定房内无人再用工作钥匙开门。清洁房间时应开启客房房门。如需当着客人清洁客房，应尽量避免打扰客人，并严格按操作标准提供迅速、快捷的服务。提供相关服务时，应尊重客人隐私和住宿习惯，不翻看客人的文件，不对客人的物品和活动表示好奇。一般不宜改变客人物品的摆放位置。

客人需要洗涤或熨烫衣服时，客房服务员应及时收取客衣，并按时送还，按规定将洗涤好或熨烫好的衣物挂放整齐。客人租借用品时，饭店应热情受理。服务员应向客人礼貌申明相关租借规定。如果无法提供租借用品，应主动提供建议，尽量帮助客人解决问题。

客房送餐车应干净整洁，符合卫生要求。车轮转动灵活，推动方便，无噪声。餐具应与食物匹配，干净、整齐、完好。送餐员应站在离餐车一定距离处介绍菜品。送餐完毕，祝客人用餐愉快。送餐时，如遇客人着装不整，送餐员应在门外等候，等客人穿好衣服后再进房送餐。

公共区域卫生间应干净无异味。服务员见到客人应礼貌问候，适时回避。因清洁工作给客人带来不便时，应向客人致歉。客人离开时，服务员应主动为客人开门。清洁公共区域时，服务员应保持专业的工作状态，步履轻盈，动作熟练。遇到客人应暂停工作，礼貌问候，礼让客人。客人在工作区域谈话时，清洁员应礼貌回避。使用清洁设备时，服务员应保证设备整洁完好，不乱堆乱放。提拿工具应注意避让客人，提拿方式安全、得当，并符合礼仪规范。

住店客人生病时，饭店应派人及时探访，应真诚询问客人状况，按工作程序及时提供必要的帮助。探访人应把握探望时间，尽量不打扰客人休息。客人财物在客房内丢失时，饭店应派人及时到达现场，安抚客人，表示同情，及时为客人提供帮助，并尽快将调查、处理结果通知客人。客人损坏饭店物品时，饭店应派人及时到达现场，首先查看客人是否受伤,然后再检查物品的损坏情况。及时修补或更换被损坏物品,查明物品损坏原因,根据实际情况处理索赔事宜,做到索赔有度。员工损坏客人物品时,饭店应派人及时到达现场,赔礼道歉,安抚客人,然后认真查看物品损坏状况。分清责任后,应就员工的过失再次向客人诚恳致歉,及时与客人协商赔偿事宜,跟踪处理结果。

四、餐饮服务人员待客之道

客人到餐厅用餐,领位员应根据不同客人的就餐需求安排合适的就餐座位并祝客人用餐愉快。引领入座应一步到位,手势规范,走位合理,步幅适度。餐厅应备足酒单、菜单,保证其整洁完好。领位员应选择合理的站位,目视客人,用双手呈递酒单、菜单。服务的次序应符合中西餐就餐程序。客人入座后,餐厅服务员应选择合理的站位,按次序为客人铺放口布。铺放动作应轻巧熟练,方便客人就餐。向客人推荐菜品时,应使用规范的手势,尊重客人的饮食习惯,适度介绍酒水。书写菜肴订单时,服务员应站立端正,将订单放在手中书写。下单前,应向客人重复所点菜品名称,并询问客人有无忌口的食品,有些西式菜品还应征求客人对生、熟程度的要求。

厨房出菜后,餐厅应及时上菜。传菜时应使用托盘。托盘要干净完好,端送平稳。传菜员行走轻盈,步速适当,遇客礼让。西餐的上菜速度应与客人的用餐速度相适宜。热菜和冷菜应分别放入经过加热或冷却处理的餐盘中。值台服务员应根据餐桌、餐位的实际状况,合理确定上菜口。上菜时,应用双手端平放稳,如配小菜和佐料,应与主菜一并上齐。报菜名时应吐字清晰、音量适中。摆放菜肴应实用美观,并尊重客人的选择和饮食习惯。所有菜肴上齐后,应告知客人菜已上齐,并请客人慢用。需要分菜时,服务员应选择合理的站位,手法熟练,操作卫生,分派均匀。服务员应以尽量少打扰客人就餐为原则,选择适当的时机撤盘。撤盘时,应遵循酒店相关工作程序,动作轻巧,规范到位。为客人提供小毛巾服务前,应对毛巾进行消毒,保证毛巾温度、湿度适宜,无异味。服务员应随时巡台，及时撤下客人用过的毛巾。客人抽烟时，服务员应用酒店配备的专用器具及时为客人提供点烟服务。划燃火柴和熄灭火柴应远离客人。如果用打火机点烟，应事先调好火苗的大小。服务员应根据实际情况，以不打扰客人为原则，为抽烟客人适时更换烟灰缸。服务时，应使用托盘，先征询客人意见，得到许可后再服务。餐厅服务员应随时观察客人用餐情况，适时更换骨碟。更换骨碟时，应使用托盘，先征询客人意见，得到许可后再服务。操作手法应干净卫生，撤换路线和新骨碟的摆放位置应方便客人用餐。

服务员应尊重客人的饮食习惯，根据酒水与菜品搭配的原则，向客人适度介绍酒水。下单前，应重复所点酒水名称。多人选择不同饮品的，应做到准确记录，服务时正确无误。斟倒酒水前，服务员应洗净双手，保证饮用器具清洁完好，征得客人同意后，按礼仪次序依次斟倒。斟酒量应适宜。续斟时，应再次征得客人同意。服务酒水时，服务员应询问客人对酒水的要求及相关注意事项，然后再提供相关服务。服务整瓶出售的酒品时，应先向客人展示所点酒品，经确认后再当众开瓶。斟倒饮料时，应使用托盘。调酒员面客服务时，应做到操作卫生，手法娴熟。客人间谈话时，调酒员应适时回避。客人对所调制的酒水不满意时，应向客人致歉，争取为客人提供满意的服务。服务热饮或冷饮时，应事先预热杯具或提前为杯子降温，保证饮品口味纯正。服务冰镇饮料时，应擦干杯壁上凝结的水滴，防止水滴滴落到桌子上或客人衣服上。服务无色无味的饮料时，应当着客人的面开瓶并斟倒。

服务员应随时留意客人的用餐情况，客人示意结账时，应及时提供服务。账单应正确无误，呈递动作标准、规范。客人付账时，服务员应与客人保持一定距离，客人准备好钱款后再上前收取。收取现金时应当面点验。结账完毕，服务员应向客人致谢，欢迎客人再次光临。结账后客人继续交谈的，服务员应继续提供相关服务。

接待要求比较特殊的客人时，服务人员应耐心、诚恳。客人对服务工作提出意见和建议时，应真诚地向客人致谢。提供后续服务时，应保证服务态度和服务质量的一致性。有急事的客人用餐时，服务员应提供迅速便捷的服务,向客人介绍容易制作、符合口味的菜品,告知客人每道菜品所需的制作时间,并做好随时结账的准备。服务员因工作原因导致客人衣物污损,应真诚地向客人道歉并立即报告上级。酒店在征求客人意见后,应及时为客人提供免费洗衣服务,并尽快将洗好的衣物送还客人。

第四节　服务人员涉外礼仪

涉外交往礼仪是维护自身形象,向外宾表示尊重、友好的交际形式,如果能得体地运用,必然会对对外交往活动产生积极的作用。

一、涉外交往礼仪基本原则

涉外礼仪包括的内容非常广泛,涉及世界各地不同民族的礼仪习俗。学习、应用涉外礼仪,有必要在宏观上掌握一些具有普遍性、共同性和指导性的礼仪原则。以下这些基本原则,是对有关国际交往惯例的高度概括,对参与涉外交往的中国人具有普遍的指导意义。

维护形象。在参与涉外交往活动时,应时刻意识到自己在外国人眼里,不仅仅是个人,同时也是单位、民族、国家的代表。因此,更要时刻注意维护自身形象。

不卑不亢。在外国人面前,既不应该表现得畏惧自卑、低三下四,也不应该表现得自大狂傲、放肆嚣张。

真诚平等。真诚,指的是真心真意的友善表现,实事求是的客观态度。无论双方的身份、背景、民族及所代表的企业等有何种差异,在交往过程中,都要一视同仁,给予同等礼遇,

求同存异。由于不同国家的社会制度不同,文化习俗有别,思维方式与理解角度也往往差别较大。在对外交往时,应理解对方、尊重对方。当发现我们的接待方式不适应客人时,可适当地采用对方习惯的礼节、礼仪,让客人感觉舒服自在,有"宾至如归"的感觉,以表示对客人的体贴和尊重。

入乡随俗。当我们作为客人参加涉外活动时，不能一味地我行我素，给主人增添麻烦，或让主人无所适从。而应"客随主便"，做到"入乡随俗"。尊重外国友人所特有的习俗，容易增进中外双方之间的理解和沟通，有助于更好地、恰如其分地向外国友人表达我方的亲善友好之意。

信守约定。古今中外人士都推崇做人应该诚信，小到约会的时间，大到生意往来，都要讲信用，守承诺，不随便许愿，失信于人。西方人常常把信誉、商誉和荣誉连在一块。如有难以抗拒的因素而引发"失约"，因事先说明，及早通报，并主动承担给对方造成的物质损失。

尊重隐私。与外国友人相处时，应当自觉回避对对方个人隐私的任何形式的涉及。因为外国人普遍认为，要尊重交往对象的个性独立，维护其个人尊严，就要尊重其个人隐私。即使是家人、亲戚、朋友之间，也必须相互尊重个人隐私。

热情有度。中国人待人接物一般讲究含蓄和委婉，还特别客套、热情，而西方人则一般较外向且讲究实事求是。因此在涉外交往中，我们还要把握好热情友好的分寸，以使对方感到亲切、自然，否则会事与愿违，过犹不及。

不必过谦。中国传统文化形成的谦逊美德，在国际交往待人接物中必须有所"适度"。在国际交往中涉及自我评价时，虽然不应该自吹自擂，自我标榜，一味地抬高自己，但是也不要过度地谦虚、客套。

女士优先。这被称为国际社交场合的"第一礼俗"。其核心是要求在一切社交场合（有些公务场合除外），成年男子都有义务主动自觉地以自己的实际行为去尊重妇女，关心妇女，保护妇女，并尽心竭力地去为妇女排忧解难。

以右为尊。我国传统上是"以左为尊"，但在正式的国际交往中，依照国际惯例，将多人进行并排排列时，最基本的规则是"以右为尊"。

爱护环境。不可毁损自然环境，不可虐待动物，不可损坏公物，不可乱堆乱挂私人物品，不可乱扔乱丢废弃物品，不可随地吐痰，不可到处随意吸烟，不可任意制造噪声。

不宜先为。每到一个国家或接待来自某一国的客人，都要事先了解该国的礼俗；当碰上一些本人尚未经历的场面，或是难以处置之事时，最好的方法就是静观一下他人的做法，努力"从众"，与大家保持一致。

二、涉外交往礼仪要点

(一)如何安排礼宾次序

礼宾次序是一个极为敏感的问题，在涉外接待工作中，必须反复对此加以推敲。

职务排列。按身份和职务的高低排列是礼宾次序排列的主要根据。一般的官方活动，经常是按身份与职务的高低安排礼宾次序。

字母排列。多边活动中的礼宾次序有时按参加国国名字母顺序排列，一般以英文字母排列居多，也有按其他语种字母顺序排列的。这种方法多见于国际会议、国际体育比赛等。

日期排列。在一些国家举行的多边活动中，按通知代表团的日期先后排列，也是礼宾次序经常采用的方法之一。

不做排列。不进行任何正式的顺序排列，有时还要特别注明"排名不分先后"。实际上，它也是一种特殊形式的排列。此种排列方式主要适用于如下两种情况：一是没有必要进行排列，二是实在难以进行任何方式的排列。

(二)如何称呼外宾

在国际交往中，因为国情、民族、宗教、文化背景的不同，称呼就显得千差万别。一是要掌握一般性规律，二是要注意国别差异。

认识之人的称呼。对于自己已经认识的人多以"Mr""Ms"或"Mrs"等加在姓氏之前称呼，如 Mr. Chang、Mrs. Huang 等，千万不可以用名代姓。以美国国父乔治·华盛顿为例，人们一定称之为华盛顿总统、华盛顿先生，因为这是他的姓。在英国、美国、加拿大、澳大利亚、新西兰等讲英语的国家里，姓名一般由两个部分构成，通常名字在前，姓氏在后。对于关系密切的，不论辈份可以直呼其名而不称姓。

重要人物的称呼。对于重要人物最好加上他的头衔，如校长、大使、参议员、教授等，以示尊重，当然也如前述，是以头衔之后加上其人之全名或姓氏称呼之。

不认识之人的称呼。可以"Sir"和"Madam"称呼之。国人有不少人一见外国人就称"Sir"，这是不对的。只有对看起来明显十分年长者或是虽不知其姓名但显然是十分重要的人士才适用，当然面对正在执行公务的官员、警员等也可以用"Sir"称呼以表尊敬。而相对于女士则一律以"Madam"称呼之，不论她是否已婚。

年轻人的称呼。年轻男孩可以称之为"young man"，年轻女孩则称为"young lady"，小孩子可以昵称为"kid(s)"，较礼貌地称之为young master。在此，"master"并非主人之意，有点类似汉语的"少爷"之类的称呼法。

（三）如何同外宾打招呼

对外国朋友，要按他们国家的习惯用外语打招呼，如与英美等国家朋友初次见面时，可用"How do you do?"熟人可用"How are you?"有时直接用"Hi!"来打招呼。根据中国的风俗民情，见面打招呼常用"吃了吗?""上哪儿去?"但用这种方式向西方国家朋友打招呼会引起误会，他们会以为你要请他去吃饭，或干涉他的私事。

（四）涉外交谈中，忌谈哪些话题

与外宾交谈最好先了解对方的国家、民族、宗教的习惯与禁忌。谈话内容不宜涉及政治、意识分歧、宗教等敏感话题。切不可按自己的习惯向外国客人问长问短，不能深究其个人隐私。事实上，由于文化传统、风俗习惯的不同，中国人平常所爱谈论的许多内容都是被外国人视为个人隐私的。人们在交谈中，要注意下述"八不问"。

不问收入支出。收入与支出问题，实际上与个人的能力相关，并事关个人脸面。交谈时一旦涉及此点，便让交谈之人没有平等与尊严可言。

不问年龄大小。在国际社会里,人们普遍将本人的年龄视为"核心机密",并且讳言年老。西方的白领丽人们,特别讲究这一点。

不问恋爱婚姻。谈论婚恋问题,在国外不仅被视为无聊,而且还有可能被视为故意令人难堪,或是对交谈对象进行"性骚扰"。

不问身体健康。每个人的身体状况与健康状况,均为其立足于社会的重要"资本",所以轻易不会将其实情告之于人。

不问家庭住址。家庭被外国人看作私人领地,故此对外绝不公开。即便私宅电话的号码,也通常不会对外界公开。

不问个人经历。外国人主张"英雄莫问出处",反之则往往会被看作居心不良,或少调失教。

不问信仰政见。在国际社会里,国与国、人与人之间都提倡"超意识形态合作",所以对交往对象的信仰政见不应冒昧地打探。

不问所忙何事。"所忙何事",在外国人心中绝对属于个人隐私。向其询问此点,肯定会被视为"没话找话"。

(六)涉外赠礼要注意些什么

涉外赠礼要注意"八不送"。第一类是一定数额的现金、有价证券。不少国家规定,在对外交往中拒收现金和有价证券。第二类是天然珠宝和贵金属首饰。第三类是药品和营养品。第四类是广告性、宣传性物品。第五类是易引起异性误会的物品。第六类是为受礼人所忌讳的物品。第七类是涉及国家机密或商业秘密的物品。第八类是法律法规禁止流通的物品。

(七)涉外交往的禁忌主要有哪些

左手忌。在许多国家,如泰国、缅甸、印度、马来西亚、印尼和阿拉伯各国等认为左手是肮脏的,忌讳用左手拿食物、接触别人或给别人传递东西。否则,这将被别人误会是轻蔑。

扶老忌。西方的老人忌讳由别人搀扶着,他们认为这有失体面,是受轻视的表现。

拉手忌。在许多拉美国家街道上,同性之间忌讳勾肩搭手。

衣物忌。西方人对自己的衣物及行装,有随意乱放的习惯,但忌讳别人乱动。

谈话忌。忌以手指人，手舞足蹈，姿势歪斜，演"独角戏"，随意插话。

摸头忌。亚洲许多信佛教的国家及地区，忌讳摸别人的头顶。即使大人对小孩抚爱，也不摸小孩头顶。

数字忌。英语国家忌数字 13。由此，饭店里没有 13 号房间，请客忌讳 13 人，重要活动避开每月的 13 日。

第五章　展服务风采

当下的旅游行业,正处于一个以服务缔造竞争优势的时代,作为服务载体的服务人员,服务水平的高低不仅体现了个人的素质,他们本身还是旅游企业形象的"代言人"。杭州旅游企业服务人员要努力提升自身的服务技能,在杭州亚运会期间,应向亚洲乃至世界各国的游客展示"中国服务"的风采。

第一节　导游服务技能

庄子曰:"判天地之美,析万物之理。"这就是哲学,就是科学,就是艺术。如果放之旅游,就是导游的最高标准。

导游是景区的"第二道风景线",因为人作为活生生的旅游吸引物,其感染力是不言而喻的。为了给游客留下良好的第一印象,在带团前,导游要做好形象准备工作。

作为导游,女士发型应该是活泼开朗、朝气蓬勃、干净利落、持重端庄。切不可把头发染成红色或多色,并佩戴色泽鲜艳的发饰。男士鬓发不能盖过耳部,头发不能触及后衣领,也不允许烫发和染发。女导游化妆要少而精,要强调和突出本身所具有的自然美部分,一般以浅妆、淡妆为佳,不能浓妆浓抹,还要避免使用气味浓烈的化妆品。导游因为要经常说话,所以要特别注意牙齿的清洁。

导游衣着要整洁、得体,衣着打扮不能太光艳,以免抢了客人的风头,引起他人的不快;也不能太随便,导致游客的不满。在参观自然景观时,无论是粗犷的塞北风光,还是柔美的江南景色,导游的着装应以休闲装运动装为主,表现出着装者的轻松自在及与大自然的和谐一致。在参观人文景观时,如仰韶遗址、长城等积淀着丰富历史内涵和人文精神的景观,导游应多选择着套装(正装),若色彩偏暗,应搭配鲜艳的领带和衬衣。年轻人组成的旅游团队,导游应选择活泼简明的款式,颜色也以暖色为宜;老年人组成的团队,导游应选择朴素、淡雅的款式,颜色应柔和不抢眼。带客人在山顶上观看日出,宜穿运动服;与客人一起参加篝火晚会,则宜穿休闲装。

阅读材料

同性相斥?

　　某旅行社的小孙是一个漂亮阳光的女导游,长得亭亭玉立、楚楚动人。有一次,她接了一个从 A 市来的 16 人团,团员平均年龄大约在 30 岁左右,有好几对夫妻。小孙早就听说 A 市的女人很会打扮,于是在接团前,她也精心打扮了一番。当小孙以良好的形象出现在游客面前时,团里的女士却对她冷冷淡淡的。在游览过程中,小孙的讲解生动形象,为人亲切,服务周到,可不知为什么,那些年轻的女性游客,总不愿与她在一起。下团后,小孙向社里的老导游老方诉苦:"这个团怎么那么难带啊,难道真是同性相斥吗?"

　　资料来源:徐云松.旅行社服务案例分析.高等教育出版社,2007.有删改

　　神态风度在第一次亮相中起着十分重要的作用。一个精神饱满、乐观自信、端庄诚恳、风度潇洒的导游必定会给游客"先入为主"的好感,有利于之后和游客的相处。导游要善于提供微笑服务,一个不会微笑的导游,不论你的讲解内容如何丝丝入扣,有理有据,你与客人心与心的距离仍将相去甚远,谁也不希望出门遇到一个只会板着脸背讲解词的导游。心理学家认为,人在见到对方向自己微笑的时候,心理间的距离将会拉近 10 倍。微笑可以使两个陌生人成为朋友,可以使郁闷的心情得到放松,更可以使游客对你产生信任感,从而将你所带领的团队牢牢拧成一股绳。俗话说:"伸手不打笑脸人。"旅游活动中遇到不高兴的事情总会让客人非常恼火,但看到导游礼貌、真挚的微笑,游客火气就会小一些。

"爱祖国、爱家乡、爱岗位、爱游客"是导游最重要的职业情感。爱因斯坦说"热爱是最好的老师",只有热爱它,才能做到"全情投入"。既然选择了导游这个工作,就一定要热爱它;同时,这个职业的特殊性也要求从业人员时时刻刻都要饱含对祖国、对人民、对家乡的热爱和深情。试想,如果导游自己都不热爱这片土地,怎么可能为游客提供感情深厚的讲解呢?游客又怎么可能通过导游来认识、了解并爱上这里的山山水水呢?有人说,一位好导游,不在于他能够挣多少钱,不在于他能够为旅行社带来多高收入,而在于这名导游是否真正做到了宣传介绍自己的家乡。从事导游这个职业需要有高度的责任心,游客的食、住、行、游、购、娱都由导游负责,他们的安全和满意与导游的工作密切相关,所以导游的责任心尤为重要。它不仅体现在一个团队行程中的每一个细微之处,还包含着对国家、对社会的责任感。

阅读材料

英雄导游

2008 年 5·12 汶川地震发生前,浙江省义乌市顺风旅行社导游蒋群英正带着 11 名义乌游客从成都前往九寨沟游览。地震发生时,一块庞大的石头正好砸中旅游车,当场造成 2 名游客死亡,1 名游客被压,蒋群英的腰部也被击中。受伤后的蒋群英忍着剧痛,迅速组织其他游客和附近村民进行救援,成功救出被石头压着的游客。之后,她带领游客步行 8 个多小时找到了救援部队。19 日凌晨 3 时许,蒋群英带领游客安全回到了杭州。但这时,蒋群英再也坚持不住,一下飞机,就被紧急送进了浙医一院急诊室。检查显示,蒋群英胸椎伤势相当严重,有可能导致压迫脊髓造成瘫痪。连经验丰富的医生看了拍片结果都难以置信,这么多天来,身负重伤的蒋群英居然一直在奔波和行走。

资料来源:http://zjnews.zjol.com.cn/05zjnews/system/2008/06/03/009580612.shtml.有删改

　　导游行业是一个"青春行业"，但是只要你还在导游工作岗位上，无论有多大年纪，你都必须以青春的热情对待你的工作，对待你的团队和客人。要知道，青春也是可以"传染"人的！导游分为全陪和地陪，做全陪可以全国各地跑。做地陪总跑一条线，相对辛苦单调一点。常年走在同样的线路上，做着同样的服务工作，看到同样的风景，重复着大同小异的讲解……但相比较工厂等单位来说，工作环境还是要丰富多彩得多！试想一般人谁能看遍西湖四季的美景？谁能一年几十次去上海购物？谁又能常不花钱去玩苏州乐园？其实，如果导游把每次带团都当成自己第一次上团，这样工作起来自然更有冲劲、更有激情。

　　有道是"知己知彼，百战不殆"。导游接到出团任务后，应认真研读出团计划书，了解游客的地域、年龄与职业构成。由于受地域文化的影响，各地域游客往往会形成各自不同的喜好及消费习惯。导游要善于根据不同地域的游客要求提供差异化服务。不同年龄的游客对讲解内容与服务的要求也存在一定的差异，如遇到老年团与亲子团则需要给予特别的关注。不同职业的游客其关注点、兴趣点往往也存在很大的差异，如商人往往会对当地的经济状况、消费状况、商业中心等感兴趣；农民则喜欢一些轻松的话题，喜欢听没听过的趣事。此外，导游还要熟悉旅游地的风景名胜、文化资源、风土人情及法律法规等情况。

　　导游见到游客时，应笑脸相迎，点头致意，主动打招呼，如"您好""早上好"。若是刚刚抵达的游客，还应说一两句慰问和欢迎的话，如"旅途辛苦了""欢迎来本地旅游"。问候时，目光正视对方，微笑点头，双手自然下垂，语气柔和，动作稳重，节奏不要太快，以表示对宾客的致意。

　　导游的欢迎词应当包括向客人问候、自我介绍和介绍驾驶员，代表旅行社向他们表示欢迎，介绍自己的服务宗旨，尽可能满足他们的要求，祝客人旅途愉快，等等。但如果欢迎词仅仅只是这些内容，而且各地导游都千篇一律这么说，就会变成"例行公事"，是达不到预期目的的。要时刻牢记，"真诚"是导游致欢迎词的精髓；了解客人,有针对性地讲话是欢迎词的出发点。导游在介绍主要景点时,要留有余地,切记"宣传八分饱",否则期望越大,失望也越大。

〜〜〜 阅读材料 〜〜〜

导游大赛选手自我介绍精选

"邢家有女初长成,琦语轻言透婀娜。"我的名字就取自此诗中的三个字:邢琦娜。我是一名导游,深爱着泉城叮咚的泉水、婀娜的柳姿和淡淡的荷香。这个夏天我拥有了一方绚丽的舞台,为梦想插上翅膀,您还在等什么,随我开始今天的泉城之旅吧。

尊敬的各位评委、各位观众,大家好!您别看我憨厚老实,我可是有名的"黑导"!您看,我皮肤黑,带团起早贪黑,我还像黑脸包公一样维护游客的利益。可见,我是黑得有文化,黑得有个性,黑得有境界!现场的朋友们,我就是您要找的最好的导游,孙慧煜。谢谢!

用美丽代言旅游,让生活爱上广东。尊敬的各位评委老师,大家好!我是63号选手,我叫梁秀莹。我热爱祖先给我们留下的辉煌,我希望通过我的介绍,让更多的人了解博大精深的岭南文化。有人说,导游就像魔术师,能变换出绚彩的世界,现在,魔术开始了……

资料来源:徐慧慧.比赛就要拿金牌.中国旅游出版社,2014.有删改

沿途导游词应涵盖问候、寒暄、气象、新闻、路线、行程、关怀等内容,尤其在游客一天旅游开始之际,这些内容一点不能少。另外,还应有以下特点:1.车是流动的,经过景物,转瞬即逝,语速要快、准、短、精。2.导游与游客相对而视,运用方位词要准。由于车厢前后的音量大小有别,导游可以适度地从车厢前部走到车厢中部,让后边的客人能够看清楚你的讲解过程中的表情,这对加强与客人的交流是有好处的。

导游语言是一种具有丰富表现力、生动活泼的、清爽雅洁的口

头语。换句话说,导游语言应当平易近人,如促膝谈心,故友叙怀,亲切自然,随意天成。切忌居高临下,如教师爷;死板呆滞,如背台词;故弄玄虚,夸夸其谈,如江湖卖艺。贴近生活不是简单化、庸俗化,而是生活化、深情化,从平凡中熨帖出隽永的意味,从朴实中流溢出人性的真诚。

导游应能创作具有一定文化性和艺术性的导游词,编写导游词一般应有假设对象。导游词不是以一代百、千篇一律的。它必须是从实际以发,因人、因时而异,要有的放矢,即根据不同的游客以及当时的情绪和周围的环境进行导游讲解之用。有专家认为,一个好导游,对同一个景点,起码要准备 5 种以上的不同讲法,才能适应不同客人的不同需要。

导游应具备较好的活动组织能力和娱乐表演能力,能在旅途中用各种娱乐形式营造轻松愉快的氛围。这就要求导游不但要能讲解,还要会表演,多才多艺。导游应发掘自身潜力,通过自己的勤学苦练,在某一技巧上达到较高水平,如唱歌、唱戏、说笑话等;在开展游戏时能自己带头,并有一定节目储备,如唱歌要有 3 首以上较拿手的歌曲,避免游客热情相邀时无歌可唱的尴尬。学会并熟练、自然地使用 5 种以上实用的旅游游戏,如唱歌、唱地方戏、吃螃蟹、成语接龙、讲笑话、说绕口令、脑筋急转弯、猜谜语、旅行操等。能针对本团游客特点,开展丰富多彩、生动有趣、易于参与、耗时省力的游戏,鼓励不断创新、发明新的游戏形式。

阅读材料

旅途游戏“吃螃蟹”

“吃螃蟹”就是让游客轮流说出自己喜欢吃的螃蟹的某个部位或器官。这个游戏很有趣,参与性极高,而且游客思想非常集中,要记住前面人说过的内容。导游要讲清楚游戏规则:不能重复,前面人说过的后面人不能再说,否则表演节目;不能笼统说某个大部位,要拆分到最小单位,如不能笼统地说螃蟹腿,要说出左边或右边第几条腿的第几截，这样可以让更多的人参与，打发时间；要说螃蟹有的器官，有时会因为有没有某器官而讨论争执很久。这种游戏也可以结合地方特产换成其他动物，如吃鸡（常熟叫花鸡）、吃鸭（南京盐水鸭）等，待客人在餐桌上吃到这道菜时还会津津乐道游戏的内容。

资料来源：胡强. 华东线导游实训教程. 旅游教育出版社，2017. 有删改

　　在带团过程中，导游应尊重游客的宗教信仰、风俗习惯，特别注意他们的宗教习惯和禁忌。对游客应一视同仁，不厚此薄彼，但对于旅游团中的长者、女士、幼童及残疾游客等特殊人员应给予更多的关照，做到体贴有加而非同情、怜悯。对重要客人的接待服务应把握好分寸，做到不卑不亢。对随团的其他工作人员（如领队或全陪）也应给予应有的尊重，遇事多沟通，多主动听取意见，以礼待人。

　　旅游行业是"人的行业"，旅游服务工作从本质上来说是一种"与人打交道"的工作，是通过人际沟通和服务来实现的。导游应善于在旅行途中主动与游客进行礼貌、亲切的沟通，了解游客的兴趣爱好及需求，并提供相应的人性化服务，营造温馨惬意的旅途生活。游客可能会忘却某一次旅游经历中看过的景物、住过的宾馆，但他永远忘不了导游真挚的关切。有时为游客所做的一件小事，一个细微、礼貌的动作，一句暖人的话都会给异乡异地的游客留下深刻的印象，甚至收到意想不到的效果。如在一次跳竹竿舞时一位女游客的鞋跟掉了，看似小事，如果导游能设法帮助，游客心里定会产生感激之情。再譬如，老人上山时，导游拉一把，不平路扶一把，这些细微的动作导游是不经意间做出的，却能温暖游客的心。细微、不经意间做的事才是本心，才是真情的流露，而人世间最令人难忘却的正是这种情。在导游与游客短暂的交往之中，游客常常并不需要前思后想，而是在一瞬间便对服务的好坏做出自己的判断。这样的瞬间在服务工作中成为"真实的瞬间"，这些"真实的瞬间"通常不是旅游功能性服务产生的结果，而是心理服务过程给游客带来的感受和体验。

　　游客的性格各异，要求五花八门。对于合理的要求，导游应尽量予以满足；而对于一些不得不拒绝的不合理要求，导游也不能过于直截了当地拒绝，微笑不语可谓是不错的选择。满怀歉意地微笑不语，本身就向客人表达了一种"我真的想帮你，但是我无能为力"的信号。

　　购物本身就是旅游六要素之一，属于旅游活动的重要组成部分。有些时候即使导游一句有关促销的话都没说，游客也同样具有强烈的购买欲望。"满载而归"也是游客的一种常见心理。所以导游促销词的内容主体，不应该是用夸大其词的泛泛之谈来向游客推销，或者编造一些不切实际的故事来蒙蔽游客，而在于如何针对游客的需求，对其消费进行理性、正确的引导。要设身处地为游客着想，思考不同年龄、不同职业、不同地区、不同收入、不同爱好的游客都有什么需要，再逐一满足他们的需要。

　　审美修养是导游非常重要的修养。如果导游不具有审美眼光，就没法向客人展示美，传播美。每到各景点，都会有客人要拍照，导游要能给客人建议一个最好的拍摄角度，拍下来最美。

　　导游应具有较好的旅行生活服务能力，承担旅行团（者）的安全保卫和生活照料责任。对旅行途中旅游安全隐患有一定的预见性，并能做好合理的提醒和预防工作。临时出现了未曾预料到的情况，能沉着应对并灵活有效地处置。游客来自天南地北，五湖四海。他们具有不同的气质性格，风俗习惯，因此旅游时往往会有不同的需求，甚至提出一些难以解决的问题，这时导游一定要以平静耐心的态度对游客进行解释和说服以此得到游客的谅解。如遇到游客出言不逊甚至恶意谩骂中伤时，导游并不能唇枪舌剑、针锋相对，而是应该耐心劝说疏导，动之以情晓之以理。个别实在不能解决的问题可以暂时搁置在一边，同时可以向上级及有关部门反映，绝对不能使矛盾激化。

　　导游应善于向游客学习。游客来自各个不同岗位，许多客人是某一方面的专家、行家，年长的客人有很丰富的阅历，他们能向导游提供许多书本上学不到的知识。

导游工作只是整体旅游接待工作的一个组成部分。如果没有其他相关人员，尤其是随团的汽车司机，还有旅游景点、购物商场及酒店等一系列为游客提供直接和间接服务的工作者的大力支持与通力合作，导游服务接待工作就无法圆满完成。为此，尊重每位旅游服务工作者，体谅他们的工作处境与困难，积极配合他们的工作，是做好导游服务工作的前提保障，也是导游良好礼仪素养的又一体现。

导游在致欢送词时，不妨更平易亲切一点，有时还可以考虑酌情使用一点幽默语言。幽默，是语言的调料、智慧的火花、高雅的情致，是良好心理素质和出色语言艺术的重要特征，具有沟通情感的神奇而美妙的魅力。

每一次行程结束后，导游还应把不足的地方进行总结并改正，在闲暇时多多地查阅资料充实自己，以便为下一批客人提供更好的服务。

第二节　景区讲解技能

众所周知，"口才"是一个景区讲解员必备的基本功之一，一个讲解员口才的好坏直接影响到旅游者在景区游玩的质量。身为一个讲解员，仅仅能说、敢说是远远不够的，讲解员的才华应当体现在会说、善于说、能说别人不能说的上。讲解员是一个特殊的职业，能说而不乱说是一个讲解员应当掌握的度，而会说并说得有理、有味、有情、有调，又是讲解员应当争取达到的境界。

讲解一定要以准确无误的事实做基础，而不能人云亦云，亦步亦趋。一切要向客人讲的东西都要经过自己的头脑过滤、思考，然后精心取舍。应尽量减少失误，尤其是一些"硬伤"。不然，很快就会失去客人的信任，从怀疑局部失实到怀疑全部失实。在讲解自然景观时，很多地方的讲解员很喜欢讲一些连自己都不相信的民间故事和传说。自然，故事和传说没有真实衡量的标准，但艺术的真实呢？讲解员在讲述民间故事和传说时一定要慎重取舍，注意格调和突显主题。

讲解的核心不是全面，而是深入，是异于别人的独特的感受，这样才能打动人。许多讲解员很愿意使用别人现成的讲解词。但讲解词是那一位讲解员的独特感受，每个人的个性、知识结构、语言表述方式不同，客人的现场需要各异，完全照搬往往使讲解词显得僵硬和刻板。哪怕是很成功的讲解词，也需要讲解员自己的消化，然后根据客人现场的情况，用自己的语言表述出来。

讲解不可"庸俗化"。随着各阶层的游客不断涌入，也便出现了一些文化素养较差的客人，他们追求低级趣味，追求庸俗笑料，追求听觉上的刺激和满足。一些讲解员迎合这类客人的心理，搜集一些海内外花边消息、偷情妙语以及黄色幽默、低级故事，改头换面加工合成，冠之以当时当地某先生某太太之名，一次次贩卖出去，倒也有一定的市场，能收获一定的掌声，但结果只能让人感到低级趣味。

讲解员在讲解景点时，要注意化"异"为同。心理学中有所谓"差异原理"，不是太熟悉又不是太不熟悉的变异，能唤起知觉的新鲜刺激而感到愉快。那种与旧经验有联系有差异的新经验，最易产生审美愉快。

在知识的运用上，讲解除了要注意知识的广度和深度之外，还要注意融会贯通，即把外国的和中国的、古代的和现代的、游客熟悉的和陌生的各个方面熔于一炉，用自己通俗的语言讲出来，尤其要注意把游客已经看到的但还没有意识到或没有感觉到的东西讲出来，才会使讲解员的讲解深入一步。

讲解员在与游客交谈时，应当注意"该讲什么，不该讲什么"。游客在与讲解员熟悉之前，往往抱有较强的戒备心理，交谈时极少涉及个人的内容，而对于天气和饮食的变化则比较敏感，因此谈论这两个话题比较合适。一个地方的文化最直观的表现，往往是在当地特有的语言——方言上。在外地人听来，方言总是充满了神秘性和趣味性，因此聊一些与本地方言有关的话题也是大多数游客不会拒绝的，甚至还可以专门教游客一些有趣的方言。在和外国游客初次相识时，下列话题应列入"不该讲"的范畴：你多大年纪了？你的职业是什么？你有孩子吗？你的工资有多少？你往哪儿去？等等。

面对外国游客讲解时，有许多话题政策性很强，如民族政策、宗教政策、计划生育政策等，在大的方针政策之下，尚有处理各类具体问题的具体做法，在不同的地区和不同的时期，做法也不尽相同。要解释好这类问题，必须注重平时的政策学习，随意将那些流言传闻道与游客的做法是极不负责的，至少它没能让游客了解到一个真实的中国，弄得不好，甚至会成为西方舆论歪曲攻击中国的口实，因为，景区讲解员代表了中国，别有用心的人会把讲解员的话当作来自当地的第一手材料加以利用。在这个严肃的问题上，必须有一个清醒的认识。一个讲解员必须有一颗赤诚的爱国之心，有强烈的民族自豪感和国家主人翁意识。

第三节　酒店服务技能

酒店产品包括有形产品与无形产品；有形产品主要指酒店装饰、服务环境、各种菜品等，无形产品则主要指服务。纵然酒店能够向宾客展现赏心悦目的豪华大堂，温馨宁静的客房，令人垂涎三尺的餐厅美味，以及引人入胜的休闲娱乐设施。然而，这些都需要经过服务员的精心的工作、热情的服务和熟练的服务技巧去体现与完成，否则等于虚设。因此，酒店能否提供一流的服务，关键取决于酒店服务人员的素质及其服务技能，即无形服务水平。

一、酒店前厅服务

礼宾服务是酒店前厅服务的"窗口"，礼宾服务人员就是酒店的形象代表，礼宾服务人员的礼貌和工作效率，在一定程度上能代表酒店的服务水平，对客人"第一印象"和"最后印象"的形成起着重要作用。因此，礼宾人员要注重礼节、服务周到，同时还应做到准确无误，真正做好酒店的形象大使。

◦☙ 阅读材料 ❧◦

服务到位未到家

某公司董事长林老先生和办公室主任李小姐搭乘的白色高级轿车在酒店门口一停稳，头戴小圆帽的门童就急忙跑来。门童以优雅姿态和职业性动作，先为前排的李小姐打开车门，做好护顶姿势，并目视她，礼貌亲切地问候，动作麻利而规范、一气呵成。关好车门后，门童迅速走向后门，以同样的礼仪迎接林老先生下车。

就本案例中的所描述的情景，很多人会认为该酒店的门童服务还是非常到位的，但仔细推敲，门童的服务还是有问题的。通常情况下，一行人出行时为了表达主人对客人的尊重，会让客人坐在汽车后座。所以，门童的开门顺序应该是先开后门，再开前门。虽然轿车前面坐着一位女士，但车后同时坐着的是一位长者，所以门童做法欠妥，可能会使长者感到不高兴。

资料来源：作者整理

目前，国内外许多著名的酒店规定：在为客人办理入住登记时，至少要称呼客人名字3次。前台员工要熟记酒店VIP的名字，尽可能多地了解他们的资料，争取在他们来店自报家门之前，就称呼他们的名字，当再次见到他们时能直称其名。如连续10多年被评为世界第一的泰国曼谷东方大饭店，其引以为荣的主要服务特色之一就是能够对每一位预订客人和住店客人做到以姓氏相称，增加亲切感和客人对酒店的认同感和归属感。

前台接待服务人员要坚持站立服务，客人朝前台走来时，应马上自然地微笑，礼貌接待每一位客人；掌握客房周转情况，了解客房预订情况，合理安排房间，保证排房无差错；如果房间数量允许，尽量根据客人喜好分配房间；婉言拒绝不符合规定者的开房要求，如无身份证等；特别留意常客，记住其喜好等；准确迅速地办理好客人的入住登记手续，避免让客人等候太久。

二、酒店客房服务

酒店的客房服务，它不但是宾馆的拳头产品之一，也是最能体现酒店服务质量的重要环节。当客人返回房间时，发现自己随意弃置在床上或沙发上的衣服，或已整齐地叠好放进了衣柜，或已熨烫一新挂在衣架上；留在房间的皮鞋已被擦得铮亮；看过的书已被夹上书签放在书桌的一边……客人看到这一切不但会觉得惊喜，更有一种归家的感觉。确实，当服务员走近客人，细心观察，站在客人角度，去看待、评析、处理问题时，服务一定会收到实效。

阅读材料

客房服务中的"魔鬼"细节

绝大多数客人晚上休息时，喜欢将客房的遮光窗帘拉合好，才会睡得香甜，因而客房服务程序中规定对住客房间开夜床。然而有的客人却因一天的工作劳累，常常一觉到天明，为了不影响第二天的繁忙工作，希望将遮光窗帘中间留出一条缝，这就需要细心的服务员发现、评析、判断，在夜床服务时提供客人满意的服务。

服务员早上清扫房间时发现，客人将开夜床时已折叠好的床单盖在床上的毛毯上，再看空调是 23℃。这时服务员立即主动加一张毛毯给客人，并交代中班服务员，夜床服务时将温度调到 26℃ 左右。

服务清扫房间时，发现一张靠背椅靠在床边，服务员继续观察，才发现床上垫着一块小塑料布，卫生间还晾着小孩衣裤，服务员这才明白，母亲怕婴儿睡觉时掉到地上。服务员随即为客人准备好婴儿床放入房间。

服务员清扫房间时，发现床单、毛毯、床垫等各处都有不同程度的秽污。服务员马上意识到，是客人外出游览因饮食不慎引起肠胃失调，应将所有脏的物品更换一新，还应通过楼层主管及时与导游联系，并通知医生及时治疗，让客人得以康复。

服务员发现客房中放有西瓜，想必是旅客想品尝一下当地的西瓜，绝对不会是千里迢迢带个西瓜回家留作纪念。所以服务员主动为客人准备好了托盘、水果刀和牙签。

资料来源：作者整理

由于客房具有高度私密性，一些人往往会利用这一点在客房内从事违法乱纪的活动，诸如吸毒、赌博等，为了防止这类事件发生，酒店应做好相应的预防和处理工作。要加强服务人员的安全意识，提高服务人员识别、判断和处理问题的能力。在"宾客须知"中，要明确规定住客在客房内的哪些行为是被禁止的，以起到警示作用。楼层服务人员既要对住客给予关心和帮助，又要进行监督和控制，发现问题及时报告。

阅读材料

警惕假冒客房房客的盗窃行为

宾馆客房服务员在获得了基本素质和基本技能的培训后，对于一般的犯罪，通常都有较为警惕的敏感度。但如果犯罪人采用蒙蔽手段或实施一些心理上的障眼法等伎俩，客房服务员就往往容易"中招"。

某宾馆客房服务员小张正在 809 房间打扫卫生，房门开着，这时一位男子走了进来，此人身材魁梧，衣着讲究，一幅生意人的派头，一进来就冲小张喊道："怎么我的房间卫生还没搞好？一会儿我的客人要来，快点打扫！"说着随手打开冰箱，拿出一瓶饮料坦然自若地喝了起来。在这位"客人"的催促下，小张急急忙忙搞完卫生就离开了房间。下午，住在 809 房间的客人前来报案，说在客房内丢失了 5000 元人民币和一件高级名牌 T 恤衫。通过宾馆内部的监控录像发现有一男子曾多次在宾馆大堂和客房楼道闲逛，最后在 8 楼客房找到了偷盗作案的目标，经服务员小张辨认，此人正是她碰到的那位"客人"。

上面案例告诉我们,小疏忽也会酿成大错,作为服务员,任何时候都不能放松警惕,要多记忆、多思考、多观察、多置疑,在遇到类似情况时,一定要先委婉地核对客人的身份,验证房卡或请其出示有效证件,切忌过于主观,盲目判断。作为服务员,一定要训练自己迅速熟记每一位住客外貌特征和房号的本领,这是做好本职工作的基本要求。另外,还要尽可能记住客人的姓名甚至偏好,这是个性化优质服务的要求。其次要提高识别判断能力。服务工作既要用心也要用脑,遇事要有起码的判断能力。

资料来源:作者整理

　　客人在入住酒店的时候,最担心的就是对周围的环境和居住地的陌生感。所以,在得到客人需要入住的信息后,服务员要尽快地获取客人的信息,包括客人来自哪个地方、当地的生活习惯和风俗、所在地与当地的时间差,尤其是接待酒店 VIP 时。这样,在为客人服务时才能以最高效率满足客人需求,拉近与客人间的距离,为他们营造出一个真正的"家外之家"。

三、酒店康乐服务

　　酒店康乐服务人员要熟悉并掌握具体康乐项目的相关知识与竞技娱乐规则、比赛方式,甚至其本身也要掌握娴熟的运动技艺,能对客人提供专项服务、专项咨询、保护服务及陪练陪打服务。

◝◝◝ 阅读材料 ◟◟◟

输赢要有分寸

　　这一天,饭店台球厅是服务员小李当班。一位初学的客人要求提供陪打和指导服务,小李很有礼貌地和这位先生打了招呼,就开始打球了。小李在台球厅一向以技艺精湛著称。今天小李遇到的客人不是很会打球,一会儿小李就稳操胜券了。"左上角那个绿6的位置不错。"小李善意提醒客人。"我试试。"客人带着满脸紧张的神色说。"Yeah,进了。"客人兴奋得像个孩子。一来一往间,小李和客人的水平好像不分伯仲,两人之间的谈话越来越多,仿佛是久未谋面的老朋友。

林先生是马来西亚人,受聘于一家外资企业,常住饭店。一天繁忙的工作之余,他总喜欢来到 Q 饭店台球室与服务员打上两三个小时,他和服务员们都很熟。在这里,除了能像老朋友似的聊天,他总感觉自己的台球技艺在不断长进,每回都与对手不相上下。某日,接待他的是一个刚来不久的年轻实习生,小伙子热情接待林先生并答应陪打服务。但是,短短的一个多小时,小伙子干净利落地以大比分赢了林先生两局,让林先生觉得自己与他根本不在一个级别上。他沮丧地提早买了单,并索然无味地离开了台球室。好一阵子,林先生再没来打台球,后来才知道他之后经常出入另一家保龄球馆。

饭店台球厅的服务人员应熟悉台球厅工作内容和服务程序,掌握台球比赛的规则和记分方法,有一定的示范指导能力。顾客需要陪打服务时,陪打员应认真对待,并能根据顾客的水平与心理,掌握好输赢尺度,让客人玩得尽兴。

资料来源:李舟.饭店康乐中心服务案例解析.旅游教育出版社,2007.有删改

客人不会使用健身器材时,应主动热情地讲解各种运动器具的性能、作用和使用方法,推荐适合客人需要的运动器材,并为客人进行必要的示范、操练。对以减肥为锻炼目的的客人要提示他们先称好体重,以便经过一段时间的锻炼后进行比较,从而增强锻炼的兴趣和信心;对年老体弱的客人,要提醒他们休息。劝阻客人使用超过力所能及的运动器械做超负荷运动。

桑拿服务员对初次洗桑拿的客人,要耐心介绍桑拿浴须知,留心蒸房内的异样情况,等等。一旦出现紧急情况,要及时组织抢救,要掌握一些诸如人工呼吸、止血、治疗筋骨拉伤等医护常识,争取第一时间抢救客人。

在服务当中,既要坚持原则,又要保持一定的灵活性。康乐部的日常服务当中,经常会遇到一些较为特殊的服务案例:如在歌厅、舞厅遇到兴致较高又醉酒的客人的过分要求;在运动当中,遇见不按规则进行不当运动的客人;在棋牌室遇见赌博闹事的客人;等等。

阅读材料

有皮肤病的客人

一天晚上,某饭店桑拿室的服务员小王为一女宾提供更衣服务时,突然发现该女宾的腰间有一圈色泽鲜红的小疹子。小王怀疑该女宾有传染性皮肤病,因此担心其他客人有意见。虽然本桑拿室有规定谢绝接待患有皮肤病和传染病的客人,但小王觉得不便直接阻止客人进入。经过思考,小王婉转地询问该女宾"最近皮肤是否有什么不舒服"。在与该女宾聊天的过程中,顺便告诉该女宾自己家里以前曾有人得过这种病,桑拿浴可能会加重病情,对身体不好,在治疗期间不适合到公共场所洗桑拿浴,等等。然后小王给客人端上一杯冷饮,请客人考虑一下是否还要进入桑拿室。经过小王礼貌周到的服务与劝说,该女宾打消了进入桑拿室的念头,临走时还向小王表示了感谢。

服务员小王在为宾客提供服务的过程中,能够成功化解和宾客可能发生的矛盾,并坚持了自己的工作原则,其中有几点做法是值得推荐的:一是细心观察,发现问题;二是坚持岗位原则,没有盲目以客为尊;三是注重积累生活常识;四是服务到位,善于沟通。

资料来源:李舟.饭店康乐中心服务案例解析.旅游教育出版社,2007.有删改

如遇见客人利用酒店康乐项目进行非法活动时,应上前进行劝阻,不应听之任之,并根据宾客须知中有关条款,及时制止这种非法活动,引导客人进行正常的消费活动。若无法劝止应立即通知场地值班经理,甚至可以中止客人的消费行为。客人提出要租用场地进

行非法活动时,服务人员应婉言谢绝,而不应为了追求利益而做违法的事情。

四、酒店会议服务

当有会议接待服务时,服务员要了解、掌握当日的会议和接待情况,按服务规范和要求,做好每次会议的接待服务工作,确保各项工作高效、优质、无差错。

会议开始前 30 分钟,服务员要各就其位准备迎接会议宾客。如果与会者是住在本酒店的客人,只需在会议室入口处设迎宾员;如果与会者不在此住宿,还应在本酒店大厅门口处设迎宾员欢迎宾客,并为客人引路。宾客到来时,服务员要精神饱满、热情礼貌地站在会议室的入口处迎接客人,配合会务组人员的工作,请宾客签到、发放资料、引领宾客就座。然后送上香巾、茶水。为客人上茶时,茶杯把要朝向客人右手一侧;服务员为客人倒水,应注意不要倒得过满,一般七八分满为宜;会议进行期间,要适时续水。

在会议进行中,服务员要注意观察会议室内的动静,宾主有事招呼,要随时回应。会议结束时,服务员要及时提醒客人带好自己的东西。宾客全部离开会场后,服务员要检查会场有无客人遗忘的物品。如发现宾客的遗留物品要及时与会务组联系,尽快转交失主。清理会场要不留死角,特别留意有无未熄灭的烟头,避免留下事故隐患。清扫卫生,桌椅归位,撤下会议所用之物,分类码放整齐。关闭电源、关好窗,再巡视一遍,确认无误后撤出、锁门。

五、酒店后台部门服务礼仪

酒店不直接对客服务的部门,如财务部、工程部等,我们统称为后台部门。酒店后台部门与客人接触时间相对少些,他们最主要的任务是为前台员工服务。许多酒店存在这样一些现象:客房物品报修,要待客房服务员哀求半天,工程部员工才来维修;客房领用消耗品要等仓库保管员空闲时进行;现金报销仅限每周一次;等等。有类似事例存在的酒店,在管理上无疑忽略了后台部门的服务功能。

此外,在必要情况下,后台部门员工也要承担起直接对客服务的任务。酒店员工必须有意识培养自己的团结协作精神,具体体现为:认识到共同目标的实现,需要每一位员工的努力和相互的支持;互利互让,发扬奉献精神;勇于承担责任,养成严于律己、宽以待人的高尚品质;学习相关技能,在企业需要时可以迅速补位。

案例

一个拨错的电话

　　某宾馆,一位客人打电话给大堂副理,要求送一壶开水到房间,大堂副理答应马上送去,同时提醒客人如果还有什么需求,可以拨打大堂电话或直接拨打楼层电话。客人闻听此言,立即大声嚷道:"别提了! 我刚才已经打了楼层的电话,可是电话里的一个男的,却叫我打大堂电话。"在向客人道歉后,大堂副理立即着手调查此事。客房部楼层并无男服务员,刚才也没有接到有人代楼层服务员接听电话的消息,可能是客人拨错电话号码,将电话打到宾馆的后台部门。此事的起因虽然是客人拨错了号码,但接听电话的那位员工处理问题的方法却欠妥。宾馆提倡的优质服务是一个整体,需要每一位员工的努力和付出。另外,宾馆的分工不同是针对员工而言,对客人来说,每位员工都代表着宾馆的整体形象,因此,后台员工也必须树立良好的对客服务意识,这样才能使宾馆的整体服务保持较高的水准。

　　资料来源:张建宏.饭店服务36计.旅游教育出版社,2008.有删改

第四节　餐饮服务技能

　　如今的"吃",早已超越了原来的团餐、大众餐饮,也不再是简单

的"吃"，而是已经把体验经济玩到了极致。吃的形式、吃的内容、吃的过程都发生了重大改变。人们在外地旅游或进行商务活动的同时，也在享受和体验异地饮食文化的特色。在餐饮服务的过程中，服务工作者要时时、处处体现出热情大方，并通过语言、表情、动作将当地的饮食文化及传统传达、呈现给客人。

阅读材料

不要卖牛排，要卖滋滋声

美国营销大师爱玛·赫伊拉曾说："不要卖牛排，要卖滋滋声。"餐厅完全可以将某道菜肴的烹制过程面向食客开放，或是将菜肴的最后一个烹制环节放在餐厅进行，让客人看到形、观到色、闻到香，获得全方位的感官体验。成都某酒店餐厅，服务员会先端上来一个玻璃缸，里面盛有一半液体。接下来厨师会上场，为在场的众多食客做一道"沸腾羊肉"。原来玻璃缸里盛的是热油。只见厨师将羊肉片和香菜一起放进玻璃缸，刚刚平静的热油，立刻沸腾起来，一串串气泡直冒，噼里啪啦的声音响起来，香气四下乱蹿。客人们顿时胃口大开。

资料来源：作者据有关资料整理

餐饮服务是一门艺术，从某种意义上讲，餐饮服务工作者也就是艺术工作者。在服务领域，中国人所追求的"精益求精"的文化传统达到了极高的境界。《随园食单》在须知单中提出了既全且严的20个操作要求，在戒单中提出了14个注意事项。《茶经》将对茶的追求细化到种茶、制茶、茶具、茶法等多个层面，共 3 卷 10 篇精细无匹。中国餐饮服务业要继承这种传统，为客人提供精致化的服务，向全世界展示"中国服务"的风采。

庖丁解牛

《庄子·养生主》中有这样一段话:"庖丁为文惠君解牛,手之所触,肩之所倚,足之所履,膝之所踦,砉然响然,奏刀騞然,莫不中音。"这哪里是解牛,分明就是一场艺术表演,宰牛剖肉还能和着音律和节奏,真是神了。或许是庖丁开了个好头,厨师的绝活表演还真就成了艺术表演的一种。2014 年 11 月 10 日晚,北京 APEC 峰会欢迎晚宴在水立方举行。上北京烤鸭时,厨师展现了片鸭技艺。只见厨师手中的刀快速舞动,现场响起一片赞叹声。而后,厨师将餐盘端起,以 45 度角向全场展示。只见 16 片鸭肉片组成了一朵中国名花牡丹,再配以丝瓜苗做成的枝叶,雍容华贵,栩栩如生。在河南省举办的"全猪宴"活动上,一位厨师为食客们表演了一道叫作"功夫耳丝"的菜品。普通的猪耳朵,经过厨师的妙手,切得如同发丝一般粗细,再拌上葱丝,已然分不出哪些是猪耳朵、哪些是葱丝。雪白的一道菜,夹上一筷子,葱花的微辣和猪肉的香气混合在一起,只觉得口齿生津,食欲大增。河南小伙小冯是位面点师傅,他能把手中的那团面玩到炉火纯青的地步。凭借高超的技术,他曾被阿联酋某家顶级酒店聘用。在那里,某位国外政要入住时,听说小冯能把面条拉到从针眼儿穿过 20 根那么细,怎么都不敢相信,找到小冯请他现场表演。结果,小冯做到了。

资料来源:傅琴琴,张建宏.希望的田野:返乡农民工创办农家乐指南,河南大学出版社,2016.有删改

　　餐饮服务文化不仅仅是基于产品的服务行为规范,更需要情感的投入。有了情感的服务,才能让人们把爱心、善良、正义注入人们的经济交往规范中去,使服务具备鲜活的生命。在对客服务中,热情不能少,真情更可贵,反对华而不实、做作。意大利学者利玛窦·墨特里尼认为:情感是最高明的诈骗集团,每一秒都在让我们做出

不可思议的行为。左右购物决策的往往不是合理的判断,而是情感。经济出于人性,认识情绪才能成为聪明的商家和消费者。比如杭州某酒店,为了深入挖掘地方民间特色美食,通过电话、微博、电子邮箱、微信等方式,征集了 80 余道民间菜肴。大厨们在吸取民间意见及传统理念的基础上,融入酒店的餐饮特色,烹制成 10 多道精选民间菜肴。此后不久,一个海外华侨旅游团入住该酒店。酒店方面了解到这些华侨的原籍大多在杭州,用餐时,就向他们重点推荐了这些民间菜肴。当服务员送上这些美食时,年逾花甲的老人们像孩子一样欢呼起来,菜肴瞬间被一扫而空。

阅读材料

乡土美食,让客人找回儿时记忆

当代诗人、美食家二毛在《民国吃家》里写道:"一个人的童年饮食习惯往往决定了其一生口味的基调,一个人成年后的所谓美食,往往也只是在'找回童年的味蕾记忆'而已。"在美国旅居 30 多年的王阿姨,虽然经常到唐人街吃中餐,但还是觉得不过瘾。为了找回熟悉的味道,她会为了买一袋绿豆面跑遍纽约,也会为了酿一缸合格的泡菜在家中守候一天调试温度。有时,她干脆飞回福建泉州,去吃地道的泉州传统美食——"土笋冻",以解乡愁。改革开放之初,香港船王包玉刚回故乡宁波省亲,当地政府在宁波的一家高档酒楼为包先生接风洗尘。酒楼准备了各种精美的菜肴,但包先生却点名要尝"臭冬瓜",弄得酒楼接待人员措手不及。当时,人们都认为"臭冬瓜"难登大雅之堂,别说高档酒楼,就是一般餐馆也不备这道菜。据说,酒店方面费尽周折,终于在宁波乡下的一位老妪家中寻得了"臭冬瓜"。包先生吃了以后很是激动,感慨道:"我在香港想'臭冬瓜'40 多年了,今天终于如愿以偿……"

"臭冬瓜""土笋冻",这些食物放在当年其实很普通,但经过岁月的沉淀,这些食物的味道已化为乡愁的一部分。乡土菜品朴实无华、清闲恬淡,是中国菜的源头。吸取民间乡土风味之精华,充分利用乡土原材料来制作新菜品，是菜品创新的好方法。扬州炒饭、四川回锅肉、广东炒田螺、山西猫耳朵、河南烙饼、湖南蒸钵炉子等菜品，都是源自民间，落户酒店，成为人人喜爱的美食。总之，民间蕴藏着无穷的宝藏，乡土民间菜有许多耐人寻味的好素材，这是现代烹饪采掘不尽的源泉。只要努力吸取，敢于利用，并迎合当地客人，进行适当的改良，创新菜就会应运而生。

资料来源：傅琴琴，张建宏.希望的田野：返乡农民工创办农家乐指南.河南大学出版社，2016.有删改

　　餐饮服务的特点之一是直接性，即由服务人员面对面地为客人提供服务。因此，服务本身就是服务企业的商品，既然是商品就必然存在质量问题。服务质量由服务态度、服务知识和服务技能三方面构成。在这三方面中，尤其以服务态度最为重要，服务态度的标准就是热情、主动、耐心、周到、谦恭，其核心就是对宾客的尊重与友好，也就是注重礼貌讲究礼节。客人希望自己是企业和服务人员欢迎的人，希望见到服务人员热情的笑脸，希望自己被尊重，希望服务人员尊重自己的意愿。服务企业员工应该有这样的观念：凡是在我们企业消费的，无论富贫、贵贱、职位高低，无论年龄、种族、宗教信仰、政治背景有何差异，都是我们的客人，都应该受到公平、平等的对待，都应该得到优质的服务。

꧁ 阅读材料 ꧂

中国古代的"店小二"服务

　　古装剧里，"店小二"这一角色很常见，其和颜悦色、恭敬周到的服务态度经常给人留下深刻的影响。总结"店小二"的服务，应该有这样几个特点：一是嘴甜腿勤，主动热情。"客官，里面请""客官，您吃点啥""客官，请慢用""客官，您走好"……从客人进门到离开，总是和颜悦色，随叫随到，善始善终。二是待客以礼，一视同仁。"来的都是客"，不管是达官贵人，还是贩夫走卒，客人要的酒菜或有不

同，自己的服务绝无两样。三是谦恭包容，有礼有节。尽心尽力让客人满意，做得好是分内之事，理所应当，做得不好主动认错，努力改进。当好"店小二"，核心是做好服务，让客人满意。近年来，政府部门也在强调"店小二"服务精神。

资料来源：作者据有关资料整理

餐饮服务企业一般都为客人提供"双重服务"，即："功能服务"和"心理服务"。功能服务满足消费者的实际需要，而"心理服务"就是除了满足消费者的实际需要以外，还要能使消费者得到一种"经历"。从某种意义上讲，客人就是花钱"买经历"的消费者。餐饮服务行业基本上都可以说是"人的行业"，服务工作从本质上来说是一种"与人打交道"的工作，是通过人际沟通和服务来实现的。客人在服务企业处得到的经历，其中一个重要的组成部分，就是他们在这里所经历的人际交往，特别是他们与服务人员之间的交往。这种交往，常常对客人是否轻松愉快，能否带走美好的回忆，起着决定性的作用。

阅读材料

服务带来的美好

有人说："没有快乐的员工，就没有快乐的客人；没有快乐的客人，就没有快乐的员工。"此言不虚。有个小男孩来到冰激凌店，问一个大冰激凌多少钱，服务员和气地告诉他是 65 美分，男孩又问小冰激凌是多少钱，回答是 55 美分。于是小男孩花 55 美分买了个小冰激凌，并给了服务员 10 美分的小费。服务员很奇怪，为什么不买大的，男孩回答说，如果他买了大的就没钱付小费了。服务员很感动，说无论有无小费他都乐意为男孩服务，并真诚地表示感谢。男孩却说，正是服务员的良好服务让他觉得一定要付小费，最后男孩和服务员的感受都非常好。

资料来源：殷生.完美服务之路.电子工业出版社，2002.有删改

在社会大舞台上,每个人都像演戏一样,在不断变换着自己扮演的角色。例如,在工作场合扮演提供服务者的人,休闲度假时也会扮演客人的角色。在社会生活中,人与人之间的关系是平等的,这里指的是人格上的平等,人们应该相互尊重。但是,这并不意味着他们所扮演的角色也应当是平等的。社会分工允许并要求角色之间有合理的不平等。在餐饮行业中有一句顺口溜:"客人坐着你站着,客人吃着你看着,客人玩着你干着。"这是"服务者"与"客人"这两种角色之间合理的、必要的不平等,是社会分工的要求。当然,角色之间的不平等并不意味着作为角色扮演者的人是不平等的。

当客人进入餐厅,服务人员要热情、主动地将客人带到座位。客人不愿意把时间花在等待服务上,这是情理之中的事情。在某些情况下,客人对服务质量在时效方面的需求甚至重于在物质和精神方面的需求。在某些服务过程中,可以通过一些办法先缓解客人等待着急的心情,如上菜之前送巾上茶、打开电视等。尊重顾客的宗教、民族习惯,要主动询问是否有忌口或其他的用餐习惯。当顾客对菜肴不甚了解时,应及时给予详细的解释,并适当地给出合理的点餐建议。顾客点餐时,不反复推荐客人不点的菜肴。在介绍具体的菜肴时,服务员如果能够不仅仅限于食材、烹饪方法,还能插入诗句、典故,夹叙夹议,将会大有情趣。不要当着客人的面做挖鼻孔、掏耳朵、脱鞋、整理衣裤等动作。

〰️ **阅读材料** 〰️

急中生智

某餐厅出菜太慢,客人不耐烦地问服务员:"我的菜还没有做好吗?"服务员说:"您点的是什么菜?""炸蜗牛。我等了半小时了。"服务员幽默地说:"噢,这是因为蜗牛是行动迟缓的动物。"客人一听,不禁哈哈大笑起来。

一家以"鸭金席"闻名的酒楼,一位食客慕名随众前往。女服务员小晶上菜道道有名堂：这是鸭掌，这是酱油鸭膀，这是香酥鸭腿，服务员的伶牙俐齿，使"鸭金席"生辉不少。又一道菜上来，食客犀利的眼光一辨，是鸡。他下箸夹起一块，不无讥讽地问："这是什么？"小晶一时语噎："这是……""是什么？"食客紧追不放，小晶急中生智，笑容可掬地回答："这是鸭的朋友。"

资料来源：张建宏.饭店服务 36 技.化学工业出版社，2009.有删改

　　客人的虚荣心实际上是自尊心的一种表现。虚荣心尽管不好，但对服务员来说也应给予保护。在餐饮服务工作中，常见到一些有虚荣心的客人，本来经济不宽裕，但遇到有好的菜品时，却以冠冕堂皇的话说自己"不喜欢吃"来掩饰内心的欲望。其实，服务员能够明确地看出是客人的财力不足所致。在此情况下，服务员若以"吃不起"把客人不愿说的话说出来，或变相说"这个菜便宜点"，等于揭穿了客人的老底，客人会不满意的。因此，对服务员来说，能看穿，但不要"说穿"。如果服务员再巧妙地用"这个菜更适合您的胃口"之类的话为客人解脱，客人定会对你的服务留下一个好印象。在服务中，如果见到一位服饰漂亮或衣着奇特的客人，服务员千万不要当面议论，最好是表示羡慕或把他（她）引到引人注目的地方就座，以满足其心理愿望。

　　客人离去时，提醒顾客不要遗忘所带物品，并表示感谢，欢迎再次光临。结账时，宜低声向结账者报出所收、找的钱数。如果为客人完成某种服务之后，再主动为其提供与之相关并未规定要完成的服务，会使客人感到惊喜或感动。

阅读材料

延伸服务

　　30 多年前，张先生随中国代表团赴西欧卢森堡访问。一次，在一家中国人开的"孔夫子酒店"用餐，该酒店的服务员是中国人。吃

过饭以后,他们想去看电影,于是找来餐馆的服务员,请他指示去电影院的路径,这位服务员说:"我已经到了下班时间,等我换下工作服带你们去电影院。"于是他换好衣服,又开着自己的私车把他们送到电影院。由于他们不会讲卢森堡语或德语,那位服务员自己掏钱为他们买了电影票,并执意不收他们的电影票钱。时隔30多年,当时看过电影的人甚至已将电影的情节淡忘了,但对那位提供了超常服务的餐馆服务员却念念不忘,记忆十分美好。

资料来源:刘哲.康乐服务与管理.旅游教育出版社,2014

下篇　培训案例

第六章 旅游饭店服务案例

第一节 前厅服务

任何客人一进饭店,都会对大堂的环境艺术、装饰布置、设备设施和前厅员工的仪容仪表、服务质量、工作效率等产生深刻的"第一印象"。而这种"第一印象"在客人对饭店的认知中会起到非常重要的作用,它产生于瞬间,但却会长时间保留在人们的记忆表象中。客人入住期满离店时,也要经由大堂,前厅服务人员在为客人办理结算手续、送别客人时的工作表现,会给客人留下"最后印象",优质的服务将使客人对饭店产生依恋之情。

案例

如此门卫

暗访星级宾馆服务质量的两位记者来到了杭州某三星级宾馆,当他们乘坐的出租车停在该宾馆门前时,只见门卫双手插兜立在门前,和一名同事正在闲聊,对他们的到来丝毫没有理会。无奈之下,他们只好自己开车门下车。记者没有进入宾馆,而是到对面的一家小饭店逗留了一会儿。半小时后,记者再次来到该宾馆。当记者踏上台阶时,门卫突然使劲地将一口痰吐在了离记者只有几步的地上。记者惊奇地看了他一眼,没想到,他竟毫不示弱地怒目回视。记者走进大厅后,感到"如芒在背",回头一看,那门卫竟扭头冲着他们行"注目礼",让人感觉像警察正盯着小偷。

评析：

本案例中，作为宾馆"门面"的门卫，担负着迎接宾客的重要任务。门卫在岗时，无论室外气温有多高，他们着装都要整齐，站立要挺直，不可叉腰、弯腰、靠物，走路要自然、稳重、雄健，要做到仪表堂堂、目光炯炯。载客车辆到店，应迅速走向车辆，微笑着为客人打开车门，向客人表示欢迎。凡来宾馆的车辆停在正门时，必须趋前开启车门，迎接客人下车。一般先开启右车门，用右手挡住车门的上方，提醒客人不要碰头。但需要注意的是，对信仰佛教和伊斯兰教的客人不能为其护顶。当客人的汽车停放好后，应提醒客人将车窗关好锁住，贵重物品不可摆放在车内，特别要查看一下汽车内是否有外露的贵重物品。一些看似和宾馆无关的服务却可以增加客人对宾馆的好感，例如门卫帮客人记下出入宾馆所乘坐出租车的车牌号码以备查询。

案例

请出示身份证

Y 公司与 W 宾馆是关系单位。一天，Y 公司办公室孙主任陪同两位外地客户来到总台，登记入住。服务员要求两位客人出示身份证，但两位客人的身份证不便取出。这时，孙主任提出，能否先请客人进入房间，然后由他在总台办理手续，但服务员称不符合规定，不同意。客人感到十分不满。

评析：

本案例中，按照宾馆规定，每位客人入住都应填写住宿登记表，并出示身份证，这是常规。但两位客人是关系单位带来的，可做例外处理。可由该公司办公室主任代办住宿手续，并留下其身份证号码，为客人担保。即使是普通客人，如入住时正值开餐时间，客人急于入房，也可先请客人进房间休息，或到餐厅用餐，等客人回房后补办手续。

案例

客人要求房价打折

一位客人来到总台,在办理入住手续时向服务员提出房价打7折的要求。按宾馆规定,只向住房6次以上的常住客提供7折优惠。这位客人声称自己也曾多次住店,服务员马上在电脑上查找核对,结果没有发现这位先生名字。当服务员把调查结果当众道出时,这位先生顿时恼怒起来。此时正值总台入住登记高峰期,他的恼怒、叫喊,引来了许多不明事由者好奇的目光。

评析:

处理本案例所述的类似事件时,应按以下几点进行:1.总台服务人员遇到这种情况,应及时请示部门经理,不宜当众揭穿客人的谎言,避免客人当众难堪,恼羞成怒。2.由前厅经理或前厅管理人员将客人带离现场,或请客人到茶座、酒吧小坐。3.先听取客人意见,然后再做细致耐心的疏导工作。4.坚持宾馆规定7折优惠的条件,但对这位客人也要享受优惠的心情表示理解和同情。5.在宾馆内部规定允许的范围内,对这位客人给予适当照顾和帮助。6.对客人能够理解、支持宾馆的规章制度,表示诚挚的谢意。服务人员在处理类似问题时要特别注意的是:凡通过电脑核查、显示的结果不要张扬,特别是对不符合优惠条件的客人,要由专人个别处理,避免不愉快的事情发生。

案例

"老外"并不"外"

一天,有位东南亚客人来到某宾馆下榻。前厅接待员为之办理住店手续。由于确认客人身份,核对证件耽搁了一些时间,客人有些不耐烦。于是接待员便用中文向客人的陪同进行解释。言语中他随口以"老外"二字称呼客人,可巧这位陪同正是客人的妻子,结果引起客人极大的不满。

评析:

本案例中,接待员在对客服务中,不注意使用礼貌语言。他误认为,外国客人不懂中文,称"老外"无所谓。其实"老外"有时并不"外",一旦客人听到你以不礼貌的语言称呼他,心里肯定不会愉快。

案例

能不能换个说法?

一天下午,因公出差的黄女士住进了某宾馆的 425 房间。由于她出来之前,就把具体行程在电话中告诉了她在当地工作的大学同学戴女士。所以,进门不一会儿,她就接到了老同学戴女士打来的电话,说马上来宾馆看她。黄女士放下电话,换好衣服,就直奔大堂等候同学的光临。七八分钟过去了,仍未见同学的身影,她按捺不住,不由得向宾馆大堂外走去。这时门童为她开门时,很有礼貌地说了一句"您慢走,欢迎下次光临",她听着不由一愣,但看到门童微笑自然的表情,她明白是他误解了她走出大堂的目的,所以这句不合时宜的送行问候并没有让她觉得有什么不妥。由于外面的天气不太好,风比较大,好像还要下雨,加之黄女士盼友心切,所以她一会儿在大堂内等候,一会儿又到门外翘盼。这样往返了 3 次,但每次她出门时都能听到门童机械的"您慢走,欢迎下次光临"的问候,进门时则是"您好,欢迎光临"。这种语不达意的"礼貌"听一次尚能接受,听多了反而让人觉得不舒服。为了能少听到一次这样的"问候",黄女士只好收住脚步,耐心地在大堂等候她的客人。

评析：

在实际工作中,服务员往往容易因为使用"模式语言"欠灵活,接待客人时,语言表达不够艺术,以至于惹得客人不愉快,甚至投诉。礼貌规范服务用语标志着一家宾馆的服务水平,员工们不但要会讲,而且还要会灵活运用。向进门的客人说"您好,欢迎光临",向出门的客人说"您慢走,欢迎下次光临",是宾馆门童的规范用语。这对于正常进出宾馆的客人来说,不会觉得有什么不妥。但问题是,黄女士因为盼友心切,在很短的时间内,进出宾馆3次,门童均使用同样的问候用语,黄女士当然会觉得不舒服。门童不仅要规范服务,更要尽可能地了解客人的特点,针对不同的客人,给予适宜的恰到好处的问候和服务。比如,对提行李进店的道一声"欢迎光临",对带行李出店的说一声"欢迎下次再来",对外出的道一声"您慢走",对归来的说一句"您回来啦",对探亲访友的说一声"请进"或"请里面等",对携带老人或小孩进店用餐、娱乐的,除了道一声"欢迎"外,还应主动地帮助指点行走路线,等等。如果本案例中的门童在服务过程中多用心观察,对黄女士不是机械刻板地使用规范问候语,而是在黄女士第二次、第三次进出时,换一个说法,如"您等朋友啊,别急,她一定会来的""外面风大,您还是到里面等吧!"相信黄女士一定会是另一种感受。

🏯 案例

语言的艺术

事例1:总台人员在办理入住时让同行的客人出示证件,而客人只愿出示其中一人的身份证,服务员这样对客人说:1."住店客人必须登记,这是酒店(或公安局)的规定。"2."为了便于各位出入房间和在宾馆签单,同时也为方便你们的朋友查询,请大家出示一下证件,我们帮您登记。"

事例2:有些司机送客下车后喜欢将车停在车道两侧,这样会影响车道的畅通。礼宾在通知司机将车停到停车场时,不同的说法会起到不同的效果。1."对不起,这里不允许停车,请将车停到停车场。" 2."对不起,这里是行驶车道,为了您车身的安全,请将您的车停到停车场。"

评析:

事例1:第一种说法以"规定"来强制客人出示,让人不易接受,相反会产生抵触心理。第二种说法让客人感觉到登记是为了方便客人在宾馆的活动,是站在客人的角度着想的,也就容易接受了。

事例2:第一种说法虽然事先表示了歉意,但有一些命令的语气,对一些不太好说话的司机,可能起不到太好的效果。第二种说法让司机感觉到,宾馆是为他车子的安全考虑,自然配合礼宾的工作。

案例

行规能不能变通?

一天中午,来A市出差的郭先生,提着一个沉重的行李箱和两个手袋,满头大汗地寻找着饭馆。"我昨晚8点住进宾馆,上午办完事买了下午的返程车票。但宾馆要求中午12点退房,否则就加收房费。我只好先把房间退了,找个饭馆边吃午饭,边等待。"小郭擦着汗无奈地说。一位记者随郭先生来到了他头天晚上入住的宾馆。宾馆前台工作人员告诉记者,"中午12点退房"是行规,A市大部分旅游宾馆都是这样操作的。她还透露,如果顾客是该宾馆的会员,则可推迟1小时退房,否则只能按惯例办理。

评析:

本案例中提到的宾馆中午12点退房结账是经过上百年实践所形成的世界公认的惯例。因为宾馆业除了要考虑离店消费者的利益,也要考虑入住消费者的利益。宾馆最重要的作用是给客人住宿过夜,所以宾馆行业所谓的"1天"必须包括整个夜晚。于是,宾馆业采用以中午12点为分隔点的方式,最终形成"行业国际惯例"。中国旅游宾馆业协会也已将这一惯例写入了行规。但必须承认,该惯例的实施的确会给一些顾客带来不便,最明显的是由于12点正是午饭时间,许多顾客不得不在退房之后,提着大包小包找饭馆。在实际操作中,一些旅游宾馆业并没有就"中午12点退房结账"采取一刀切的方法。其中,不少宾馆都采取这样的做法:如果客人有特殊情况要延迟退房,只要房间宽裕,宾馆大多可以让客人延长1至2小时的结账时间。面对宾馆业惯例的"松动",这并非是旅游宾馆业的"让步",而是一种以人为本服务理念的体现。"中午12点退房"惯例原本是建立在为了保障大多数人权益的基础上的,而大多数人既包括了离店客人,也包括了入住客人,因此,对于"中午12点退房"制,宾馆应当在条件允许的范围内,尽可能地采取更多的人性化服务举措,最终达到一种和谐。

案例

记不住贵宾的名字

一位贵宾入住后,对服务员不直接称呼其姓氏表示不满,认为自己是宾馆的贵宾,服务员无论在接听电话或见到自己时为了表示尊重,都应该直接称呼"×先生",而不是统称"先生"。宾馆各岗位服务员接受投诉后立即整改,客人表示满意。

评析:

到高档宾馆消费的宾客,除看重其物质性需求外,更注重其精神性需求,即表现在他们渴望得到尊重,他们希望置身于一个友好、温馨、亲切的环境里。姓名识别服务可以满足客人的精神性需求。称呼客人的姓氏,对客人来讲是一句美妙的问候语。对长住客人,特别是对 VIP 客人来讲，不称呼客人的姓氏会显得陌生和疏远。客人如果在宾馆各处都能听到"××先生(小姐)您好"的有具体指称的问候语，内心肯定倍感亲切和温馨。所以对客人的服务，特别是对 VIP 客人的服务，在可能的情况下都应该称呼其姓氏。这样，客人才有被视作贵宾的感觉，才会认为住店的消费物有所值。

在为客人服务时能否直接称呼客人的姓氏，反映了一家宾馆、一个岗位、一名员工的服务意识和服务水平。服务员对此可能没有深切的感受，而宾客则非常重视这一点。因为，对于每一个人来说，姓名都是自己百听不厌、百看不凡的最美妙的词汇。牢记交往对象的姓名这件事本身就直接意味着对对方重视有加。反之，连一名重要的 VIP 客人或常来常往的客人姓名都记不住，恐怕是难言重视的。知道、记住和称呼客人的姓氏并不是一件难事，关键是要有心、关心和用心。同时，服务人员在牢记服务对象姓名的时候必须注意：一是不要记错服务对象的姓名。将服务对象的姓名记错或张冠李戴，无疑都会使双方感到尴尬。二是绝对不要读错了服务对象的名字。将服务对象的名字读错了不但会失敬于对方，而且还会让自己十分难堪。

目前，国内外许多著名的酒店规定：在为客人办理入住登记时，至少要称呼客人名字 3 次。前台员工要熟记 VIP 的名字，尽可能多地了解他们的资料，争取在他们来店自报家门之前，就称呼他们的名字，当再次见到他们时能直称其名。如连续 10 多年被评为世界第一的泰国曼谷东方酒店，其引以为荣的主要服务特色之一就是能够对每一位预订客人和住店客人做到以姓氏相称，增加亲切感和客人对酒店的认同感和归属感。我国许多高档宾馆也要求其员工对每一位住店客人以姓氏相称。当客人办理完入住登记手续后，总台人员会迅速将客人的资料传递到有关接待部门，如行李服务处、客房楼层、宾客服务中心、电话总机等，以便这些部门的员工在为客人提供服务时，能够对客人以姓氏相称，增强人情味和个性化色彩，拉近宾馆与客人之间的距离，增加亲切感。

第二节　客房服务

　　饭店是一个"以人为中心"的服务企业,每天发生的事情,基本上都是"人"的故事。饭店生产出来的产品都是需要人的劳作和服务的产品。所以饭店的产品有别于一般企业的产品,需要我们用心来做,而客房服务在所有环节中,至关重要。

案例

半卷卫生纸

　　一位外国客商刚刚住进某宾馆一会儿,该宾馆客房部便接到他从房间打来的电话,要求派人去其房间,有事相烦。服务员小陈被派前往。小陈来到客人门前,轻轻敲门。只听客人大喊一声:"进来!"小陈轻轻推开房门,不料,一卷卫生纸突然朝她脸上飞来,不偏不倚打个正着。小陈顿时被打蒙了,定睛一看,客人怒容满面,像只好斗的公鸡。原来他刚跨进卫生间,发现卫生纸只有半卷,顿觉被怠慢,便大发脾气。小陈捡起卫生纸,心想这是清洁员粗心造成的,忙向客人道歉:"对不起,先生,是我们工作的失误。"小陈回到工作间,想到自己所受的委屈,泪水不禁夺眶而出。但她很快冷静下来,一手拿着一卷完整的卫生纸,一手端着一盆鲜花,带着笑容重新跨进这位外国客商的房间,将鲜花与卫生纸分别安放妥当。

评析:

　　客人对宾馆服务的评价,不是简单针对某一事项、某一位服务员的,不满意也是对宾馆的不满意。本案例中,负责清洁整理客房的服务员没有按照客房的清洁整理规范进行操作,重新配置新的卫生纸,而是将前一位客人没有用完的半卷卫生纸继续留用。让新住客使用别人留剩的东西,使新住客感到是对其人格尊严的冒犯,难怪客人会怒不可遏，做出反常的举动。从表面看，外国客商不做调查了解，不问青红皂白，在尚未弄清谁是过失责任人的情况下，便做出用半卷手纸扔服务员小陈的过激行为，显然有错。但是，客人注重效果和感受。把个别员工的服务过失视为宾馆的服务质量差，并将对宾馆服务质量问题的愤慨，针对某个无辜的服务员撒气，也无可厚非。因此，宾馆每一位员工都应清楚地认识到：他们的服务绝不只是个人行为，而是代表宾馆。不管在任何岗位上碰到任何问题，都必须站在宾馆的整体立场上，满足宾客的需求，这就是服务的整体意识。试想，服务员小陈如果当着客人的面把责任推给卫生服务员，对客人的过激举止痛斥一番，结果只会是火上浇油、扩大事态。

案例

"麻烦"的客人

因工作需要，刘先生决定在某宾馆长住一年，该宾馆没有单人间，刘先生就租用了一间标准间。一周后，刘先生觉得床太小，两张床又占地方，就向客房部提出给他换张大床。客房部认为客人的要求是合理的，就专门购置了大床，满足了刘先生的需求。又一周后，刘先生提出能否给他的房间加一个衣柜，因为一年四季的衣服在壁橱里放不下。客房部认为刘先生要求有道理，就给他专门添置了衣柜。再一周后，刘先生又要求借一块烫衣板和一只熨斗。他说："每次我刚借来熨斗，你们的服务员就来催问什么时候还，我总想在自己最方便的时候熨衣服。"客房经理想了想，就对刘先生说："我会通知服务员满足您的要求。"刘先生离开后，客房经理就在嘟哝："那么麻烦的客人，还不如不接！"

评析：

其实，本案例中的刘先生并没有过多的要求。对于长住客人来说,宾馆就是他的家,许多客人还会把家人一同带过来,因此他们对"家"的要求较高,所需的物品也是必要的,宾馆应该提前为客人想到。时下,部分高星级宾馆便努力为长住客人营造家的氛围。比如有的宾馆会为部分长住客人"定做"房间,如在套房里"开辟"一个厨房,或提供一些书架、洗衣机等小家具、电器等。

宾馆的住店客人基本上分长住客人、商务客人和散客三部分。其中,商务客人和散客流动性较大,不太稳定,所以对宾馆来说,长住客人是支撑宾馆入住率的一个重要因素。据了解,在高星级宾馆,长住客人占宾馆入住率的 15%—20%。怎样才算是长住客人?一般而言,入住时间需在 60 天或 90 天以上,当然在宾馆里住三年五载的客人,也大有人在。对于长住客人,宾馆房价会便宜很多,餐饮消费也有一定折扣,有些宾馆的健身器材也可免费供长住客人使用。对每一位长住客人,宾馆内上到老总、下到普通员工都十分熟悉。一到周末或节日,宾馆还会为长住客人举行酒会,请他们出去旅游或是专门让员工陪同逛街。

案例

过头的玩笑

某宾馆有位长住客人,楼层服务员与其也较为熟悉。某次,服务员打扫房间时,一推门看见是他,就开玩笑地说:"早知道是你在这里,就不来打扫了"。结果,这句话就引起了客人的不快与不满,马上向经理投诉服务员不尊重他。

评析:

在服务过程中,经常会遇到这样的情况:由于和长住客人相处时间久了,员工与客人从"过于熟悉"进而到了"过于随便",于是引发了问题。这说明无论员工与客人多么熟悉,都应该始终掌握以下两个尺度:

一是客人永远是客人。客人住店是付钱的，即使住店时间再长，这一点也改变不了，绝不能因为互相太熟悉，太了解，就放松对他们的服务。相反，越熟悉就越应该服务得更细致、更个性化。客人住店时间越长，说明他们离开家的时间也越长，宾馆就应该让他们感受到像家一样的温暖和亲切，特别要注意的是这个"像"字的存在，有没有是绝不相同的。有句时髦的话"距离产生美"，用在这里是非常恰当的。无论与客人多熟悉，宾主之间的距离一定要保持。

二是坚持规范和服务标准。宾馆的工作就是为客人服务，包括长住客人在内。长住客人比一般客人容易接近，应该充分利用和他们熟悉的方便，经常主动地向他们了解、征求意见，以便改进宾馆的服务工作，从这个意义来说，更不应该降低服务质量，不能马虎了之、随随便便对待他们，过分的随便就是对客人的不尊重。再说，宾馆的服务规程中也没有规定可以对长住客人降低服务标准的条款。

案例

"小姐"还是"太太"？

一天，一位来自西方国家，看上去有 50 多岁的 VIP 客人丽莎入住某宾馆。在入住登记时，服务员发现这天正是她的生日，于是她将这一信息马上传递给宾馆大堂副理。宾馆方面决定为客人送一个生日蛋糕。生日蛋糕做好后，服务员小姐按地址到宾馆客房送生日蛋糕。对上房号后，她轻轻敲门，一位女士开门出来，服务员小姐有礼貌地说："请问，您是丽莎太太吗？"那女士愣了愣，不高兴地说："你找错门了，这里没有太太！"服务员小姐一听，丈二和尚摸不着头脑，抬头看看门牌号，与订单上记的一样。在与总台核对房间号码后，她重返客房，再敲一遍门。房门打开了，她又见到先前那位女士，服务员小姐怕再错过机会，马上大声地对她说："没错，丽莎太太，今天是您的生日，这是我们宾馆专门为您提供的蛋糕。"那女士气恼地大声说："我告诉你错了就是错了！这里只有丽莎小姐，没有丽莎太太。"啪一声，门大力关上。

评析：

　　本案例中，造成丽莎小姐不高兴的就是错误的称呼。在西方，特别是女士，很重视正确的称呼。如果搞错了，会引起对方的不快，往往好事就变成坏事。因为西方女性十分忌讳别人认为她老。一般来说，国外对身份高的已婚女子称她们为"夫人"，对已婚女子都称为"太太"，对未婚女子统称"小姐"，对职业女性可称"女士"。但这里要特别注意的是，如果你不知道对方是否已经结婚，不管她年纪多大，你都要称呼她"小姐"，千万别称呼"太太"。西方女子即便已婚，你仍称之为"小姐"，被认为是一种可愉快接受的过错，而未结婚被称为"太太"，就是不可接受的错误。

案例

"您出去啊？"

　　某宾馆一位客房服务员在值班时，碰上一位略懂中文的外国留学生小姐装扮停当，从房间出来准备外出。服务员便有礼貌地招呼道："小姐，您好，您出去啊？"不料这句中国人之间常用的问候语却让那位对中文似懂非懂的留学生小姐误解了，她当即用中文反问道："您刚才说的是什么意思？您说的'您好'我知道是问候，那么'您出去啊'的意思我就不明白啦"。服务员赶紧解释："在中国，朋友之间说'您出去啊''您去公园啊''您去工作啊'等和'您好'一样，都是问候的意思。"不曾想，越是解释，那位留学生小姐越发不明白了，因为她听懂了"您去公园工作啊"几个词，认为这是说她要在公园工作，是当妓女。文化的差异，语言的不畅，造成了沟通的困难，留学生小姐不禁勃然大怒，平地起了一场风波。

评析：

不同国家、地区和个人，都有自己独特的习俗、嗜好与忌讳，这些都是长时期逐渐养成的，一时很难改变的行为、习惯与风俗。若宾馆饭店员工在迎宾待客中，不了解或不掌握，就可能闹出笑话，发生误会，严重的还会引起客人疑心，甚至形成双方纠纷。

在我国，熟人见面习惯性的问候，对方听后会感到亲切友好。但同样的问候，对于美、英等国的人来说，可能会引起误解并产生不悦。本案例中，女服务员在向外国留学生小姐问候时，习惯性地问候了句"您出去呀"，服务员认为这是对客人的关心，但客人却不懂其意，而"您去公园工作啊"更被客人理解为当妓女。究其原因，在于女服务员问候时，未意识到不同文化背景的人有不同的问候方式。

案例

客人的朝拜毯被改变了方向

一位中东客人在房间里摆放了朝拜用的方毯，服务员在清扫房间时由于不了解民族习惯而将朝拜毯挪动了方向和位置，遭到客人的投诉。

评析：

本案例说明服务员在为客人服务时，一定要了解客人的国别和民族，尊重客人的生活习惯和宗教信仰，否则，服务就有可能出现差错，招致投诉。伊斯兰教客人的朝拜毯的方向是有其特定意义、特殊要求的，是不能随便挪动方向的。信仰伊斯兰教的客人一般要定时定向做"礼拜"。"礼拜"的阿拉伯语音译为"撒拉特"，是伊斯兰教的"五功"之一，是穆斯林朝向麦加而诵经、祈祷、跪拜等宗教仪式的总称。麦加是伊斯兰教的第一圣地，它坐落在沙特阿拉伯西部的撒拉特山区一条狭窄的山谷里，公元623年穆罕默德在此创立和传播伊斯兰教。因此,穆斯林在做礼拜时都朝向麦加方向。

案例

酒变成了水

一天,某宾馆1704房间的董先生正天南地北、兴高采烈地与朋友聊天,董先生打开迷你吧里的一瓶洋酒请朋友饮用,朋友喝了一口感觉味道不对,再喝一口发现瓶中之物不是酒,原来瓶中洋酒已被换成了水。主人觉得非常没面子,有被宾馆愚弄的感觉,并就此事进行投诉。经查,瓶中之酒是被离店的客人饮用后灌注了水,服务员在查房时未发现。

评析:

此例虽属个案,且在查房中又不易被发现,但影响极坏,既让董先生觉得很没面子,也有损宾馆形象。我们不能要求住店的客人的素质如何,只能通过细致地做好自己的工作,杜绝此类情况发生。服务员一定要接受此类教训,在查走客房时应更加仔细认真,对迷你吧的酒水要注意核对封口和酒水颜色。楼层经理(主管)和查房员(领班)在查房时应重点检查员工平常最容易忽视的地方。

案例

迎接"小巨人"

2006年斯坦科维奇杯篮球赛,姚明是本次比赛的焦点人物,为了让这位"星中之星"能够有个舒适的比赛环境,国家队所下榻的古南都饭店的工作人员对姚明入住的房间和每日饮食都进行了特殊的准备。姚明确实非同一般,饭店方面也将破例为他搞点"特殊化"。据饭店工作人员介绍,姚明住的房间有85平方米,属于较为豪华的套房,这样的房间平时标价是3000元人民币/晚,房间床长有2.40米。此外,饭店还为姚明专门配备了贴身管家,只要姚明离开房间,就会有工作人员前去打扫,24小时贴身服务。姚明到底喜欢吃什么?球迷很关心,其实饭店的餐饮部方面更为关心。餐饮部在网上搜了半天,只得到一个信息,那就是姚明不吃鱼翅。还好,最后姚明的铁杆球迷在网上给了餐饮部一份"答案":不吃鱼翅,不喜欢吃油炸食品和冰淇淋,不太吃辣,喜欢吃土豆炖肉、大虾、烤鸭、青菜,喜欢妈妈做的虫草炖鸭,晚餐最重要的是汤。

上海浦东香格里拉大酒店32楼的3258房是一间拥有"360度无敌黄浦江景观"的总统套房,一晚的价格高达43500元(加15%服务费)。2007年8月6日,该间房门上贴着一个大大的"喜"字。当晚,这里成为我国著名篮球运动员姚明、叶莉的新婚洞房。面对姚明这样的特殊客户,香格里拉大酒店自然早早就做好准备,房间里的大床原本长2.20米,在普通人看来已经很宽大了,但对身高2.26米的姚明来说,仍然不够,所以酒店工作人员赶在姚明入住前3天赶制出一张适合姚明身高的婚床,床加长近30厘米,达到约2.50米,好在总统套房面积达到了250平方米,足够容纳这样一张超级大床。

床小了能改,但是冲浪浴缸就没办法了。总统套房用的是TOTO最好的带冲浪按摩的浴缸,更具特色的是,浴缸边上的大窗就直接对着金茂大厦,客人能够在这里一边沐浴一边欣赏浦东夜景。但对小巨人姚明来说,这样的浴缸实在是没办法享受了,别说是他,就连1.90米的新娘叶莉身高都超过了浴缸的设计尺寸。

婚后不久,姚明访问台湾地区,下榻在台北西华饭店。为接待这位"小巨人",西华饭店方面同样费尽了心思:准备了7.7万元新台币一晚的豪华套房、价值18万元新台币的绒毛熊玩具。为了适应姚明2.26米的身高,饭店为他准备了一张"King Size"大床,能让"小巨人"睡个好觉。房间床头还放着姚明和叶莉的结婚照,另外还有一张预祝姚明9月12日生日快乐的卡片。此外在姚明的卧室里,还摆放着全台北唯一一个高1.70米的绒毛熊玩具,接待人员表示:"姚太太没来,希望姚明能抱着太太最喜欢的绒毛熊玩具,一觉睡到天亮。"为了让姚明在访问间隙得到彻底的放松,房间里甚至还准备了 PS3、PSP、Wii 等全套电子游戏设备……

评析:

姚明这样的客人,在饭店里被称为 VIP,他们的身份、地位、知名度等较高,对饭店有较大的影响力。饭店 VIP 的范围包括:对饭店的发展有极大帮助者,可能给饭店带来大量业务者,国家首脑,著名的政治家、外交家、国际友人、学者、演艺界明星等,饭店上级主管部门的高级职员或负责人,本系统的高级职员,同行业的总经理等,饭店董事会高级成员,媒体大力宣传的社会热点人物、英雄模范等。

"来的都是客",在现代宾馆饭店的经营理念中,已经比较淡化 VIP 这一概念,所有客人都应是饭店的贵宾,饭店都应该为客人奉上最优质的服务,让客人感受到家的温馨。但是对于每个饭店来讲,都有其自身的社会、政治、商业等各个意识形态的上层建筑,而接待好 VIP,有助于显示饭店的接待能力和服务水准,提高饭店的经济效益,提升饭店的形象,扩大饭店的知名度。因此,饭店往往在接待礼仪和服务规格标准上,必须要将 VIP 区别于普通的客人,令其感到"格外关照",以显示对他们特殊的礼遇。

🏛 案例

细心服务,绿茶变红茶

宾馆的客房内,按常规要为客人准备一种茶叶。上海虹桥宾馆(现更名为"虹桥郁锦香宾馆")依据大多数客人的习惯,在客房内统一放上绿茶。一次,一位香港客人住进了上海虹桥宾馆,几天后离店时,无意中说道他不喜欢绿茶。不久,该客人第二次入住上海虹桥宾馆,走进房间意外地发现准备的是红茶,他十分高兴。一连几天,服务员每次都给他放上红茶。他住了 3 天,临行前的晚上,他对该楼层的服务员说:"你们怎么在我房内始终放红茶,而你们服务车上均是绿茶?"服务员答道:"你上次住这时说过不喜欢绿茶,喜欢红茶。我们就在您的客史档案上加了一笔。"这位香港客人惊喜地说:"你们的工作真细致! 这样高水平的服务,虹桥宾馆肯定发财!"

评析:

本案例中的服务员细心地捕捉到客人的个性要求,将客人喜欢红茶的信息载入客史档案,待到客人再次入住,即根据客史档案,投其所好,虽然仅一包红茶,却为宾客留下了深深的印象。我们所有服务人员都应像上海虹桥宾馆的这位服务员一样,不满足于一般规范化的服务,而是针对每位客人的特殊要求提供个性服务,这样才能满足客人个别的、特殊的要求,从而最大限度地赢得客人的满意。

案例

如何面对客人的"尴尬"?

例1:一天清晨,客房服务员小曹刚上班,就听到有人抱怨:"我住的那屋里很冷,昨天可把我冻坏了。"投诉者是 15 岁的小客人,而当晚当地刚下了雪,气温骤降到 0℃ 以下! 小曹立即通知工程部同事检查暖气,却发现暖气正常,原来是孩子没开暖气!"面对这么小的客人,我们为什么服务不能更细致,到房间告诉孩子有关暖气的使用?"小曹反思着。"是我们工作上的失职。给你添麻烦了。十分抱歉!"小曹向孩子鞠了一躬。

例2:某宾馆,客房服务员小刘正在走廊上吸尘,6402 房的门打开了,周先生从房间里走了出来,来到小刘的面前,小刘微笑着向周先生问好,周先生对小刘说:"你给我拿一瓶热水来。"小刘颇有些奇怪:宾馆客房内已经配备了电热水壶,客人可以随时烧开水,只需要几分钟就可以,客人为什么要一瓶热水呢? 难道是电热水壶坏了? 但小刘还是立刻微笑着对客人说:"周先生,请您稍等,我马上给您拿来。"小刘正准备去工作间拿热水瓶,6402 房的另一位客人出现在门口,对着小刘和周先生说:"不用拿热水瓶了,我知道这电热水壶怎么用了,我们没开插座的开关。"周先生顿时显得有些尴尬,不知道说什么好,小刘仍然自自然然地对周先生微笑着说:"我们这电热水壶是太复杂了些,连我们有时为客人烧开水时,也会忘记打开插座开关。"周先生听了小刘的话后,感到释然了,对小刘说:"那么热水瓶不要了,谢谢你。"

评析:

宾馆业常常走在时代的前列,一些新技术、新发明总是比较早地在宾馆中得以运用。案例 1 中的暖气片,北方客人比较熟悉,但很多南方客人根本不知道其为何物。这些设施设备和物品,不是每个客人都熟悉或清楚其使用方法的。宾馆所采用的一些新设施设备,别说是没住过宾馆的客人,即使常住宾馆的客人,对新东西也要有一个适应过程。因此,作为宾馆的服务人员,应善于指导客人,尽量避免使客人因为对宾馆设备用品的不熟悉而感到尴尬。

例 2 中,宾馆的小刘做得非常好。当周先生因为被知道不会用电热水壶而显得尴尬时,能够主动为客人打圆场,解释是宾馆的电热水壶操作太过于复杂,弄错是一件极为正常的事情,让客人感到释然,而没有不合时宜地笑客人连电热水壶都不会使用。一句"……我们也会忘记打开插座开关",对客人而言就是一味宽慰剂。

第三节　安全服务

缺乏安全性的饭店产品,不仅满足不了客人的最基本需求,还会对客人的安全造成威胁,同时也会给饭店带来无法弥补的损失。饭店员工必须保障宾客的人身、财产、隐私安全,尽一切可能使宾客获得安全感。同时,饭店还必须保障员工的人身和财产安全。

案例

门童的"火眼金睛"

一天,某宾馆来了一位时髦性感女郎,说话是外地口音,却没带任何行李,这引起了门童小王的注意。第二天上午,只见这位女郎出门时,手里提了个小皮箱,她尽管强装出十分镇定的样子,但还是掩饰不住惊慌。小王马上意识到这女孩有问题。于是就很有礼貌地对她说:"小姐请留步,刚才服务员打来电话说,可能您在房间里忘拿了什么东西。""没有,没有,绝对没有!"她一边很不耐烦地朝小王挥挥手,一边疾步向停在宾馆门口的出租车走去。看到她那种急于脱身的样子,小王就更加证实了自己的判断。于是,他果断地找了个借口,将她"请"进了保安室。原来这是位"风尘女子",她不仅"卖色"而且"劫财"。

评析:

门童尽管不是保安,但却可以做宾馆的"第一道防线"。对于"三陪小姐",必须坚决挡在门外,若稍不留神让这些风流女子溜进来,轻者会影响宾馆的声誉,重者她们甚至会寻机偷窃客人的财物。门童应掌握此类"客人"的基本特征:1.大多为年轻女性;2.穿着入时,比较暴露;3.经常出入宾馆;4.在宾馆住宿时间比较长;5.用小恩小惠拉拢腐蚀服务员;等等。此外,对于举止异常,有损宾馆形象的人或物,门童应随机应变,机智处理,阻止其入内。对进入店内的宾客,门童首先要熟悉其特征,要尽快记忆,做到短时间内能够辨认。这就要求门童有较强的记忆力。记人,主要是抓住每位宾客的特征,这样记忆起来就很容易。人的特征主要有几个方面:1.外部特征。身高、体型(胖、瘦、上下身的比例)、脸形(长、长方、方、圆、正反瓜子型)、脸色、五官(眼、眉、鼻、嘴、耳)、头型及其他。2.人的姓氏特征。特殊的名字,特殊的姓氏。3.特定的口音。我国地广人多,不同的地区有不同的方言,不同的发音,有不同的语音特色。比如:我国北方最有特色的方言是天津话、东北话、唐山话,南方最有特色的方言是广东话、四川话,这些地区的人只要一说话,几乎人人都能辨认。

案例

警惕假冒客房房客的盗窃行为

一天,犯罪嫌疑人张某来到一家宾馆大堂内,经过观察,张某见有一帮客人开房,就跟着他们上了15楼。等客人放下行李下去后,张某就选择了其中一间房,在走廊大声叫服务员。服务员听见后,以为是房客有需要,就问张某有何事。张某告诉其房间要加一双拖鞋。等服务员拿了拖鞋过来时,张某谎称房门被锁了,房卡放在房间内没带出来,让服务员帮他开门。服务员一时大意,就给张某开了门。张某堂而皇之地进入房间,窃取了房客的一台手提电脑(鉴定价值6330元)。两个月后,张某终被公安机关抓获。

某宾馆,服务员小王把房务工作车停在6215房间门口,然后按要求顺序清理房间。在清理卫生间时,一位西装革履的青年男子推开工作车,进入房间,小王慌忙抬头问好,男子面露不悦:"怎么还没做完? 快一点,过一会儿,还有我朋友来访呢。"小王本来要向客人索要房卡核实身份,看到客人不高兴,害怕会被训斥,就打消了念头。男子进入房间一两分钟后,就拿了一只公文包离开,临走时还督促服务员动作快一点。中午时分,外出返回房间的韩国客人发现自己的手机、信用卡、现金等大宗财物在房内失窃,而他正是6215房间的真正客人。

某日早晨,客房服务员小杨正在5014房打扫卫生。"服务员,送一包茶叶到5018房间,快点!"突然从门外传来一位客人的声音。"马上就来。"小杨一边应答客人,一边放下手中的工作。这时她看见一名男士在5018房门旁打电话,并向小杨挥手示意。她马上从工作车上拿来一包茶叶,看见5018房关着门,便拿自己的楼层卡,将门打开并把茶叶放在茶几上,门口的男士也随后进了房间。"先生,你好,这是您要的茶叶。请问还有什么需要吗?"小杨礼貌地问询客人。"不用了。"客人说道。小杨礼貌地与客人道别，走出房间继续到 5014 打扫卫生……等到 5018 房的一对老年夫妇用完早餐，回到房间才发现钱财被盗，而此时那位男子早已不见踪影。

某宾馆客房服务员小张正在打扫客房，这时，一位身穿西装的男子进来说："小姐，我是房主，请你暂时不要搞卫生了，我要着急准备一些资料，你过一会再来好吗？"小张未加思索地向那位男子微笑道"好的"，在未核实其身份的情况下就离开了。下午，真正的房主回来却发现自己的行李不见了。

某宾馆客房服务员小张正在 809 房间打扫卫生，房门开着，这时一位男子走了进来，此人身材魁梧，衣着讲究，一幅生意人的派头，一进来就冲小张喊道："怎么我的房间卫生还没搞好？一会儿我的客人要来，快点打扫！"说着随手打开冰箱，拿出一瓶饮料坦然自若地喝了起来。在这位"客人"的催促下，小张急急忙忙搞完卫生就离开了房间。下午，住在 809 房间的客人前来报案，说在客房内丢失了 5000 元人民币和一件高级名牌 T 恤衫。通过宾馆内部的监控录像发现有一男子曾多次在宾馆大堂和客房闲逛，最后在 8 楼客房找到了偷盗作案的目标，经服务员小张辨认，此人正是她碰到的那位"客人"。

评析：

在宾馆客房服务员获得了基本素质和基本技能的培训后，对于一般的犯罪，一般都有较为警惕的敏感度。但如果犯罪人采用蒙蔽手段以及实施一些心理上的障眼法等伎俩，客房服务员就往往容易"中招"。上面 5 个这方面的例子，希望能够引起客房服务员警惕。这些案例告诉我们，小疏忽也会酿成大错，作为服务员，任何时候都不能放松警惕，要多记忆、多思考、多观察、多质疑，在遇到类似情况时，一定要先委婉地核对客人的身份，验证房卡或请其出示有效证件，切忌过于主观，盲目判断。作为服务员，一定要训练自己迅速熟记每一位住客外貌特征和房号的本领，这是做好本职工作的基本要求。另外，还要尽可能记住客人的姓名甚至偏好，这是个性化优质服务的要求。其次要提高识别判断能力。服务工作既要用心也要用脑,遇事要有起码的判断能力。

案例

女工从二楼坠落

一天上午 10 时许,某饭店的一名女服务员从二楼窗口坠落,头部磕在一楼的台阶上,口腔部位缝合数针。目击者称该服务员坠楼时"正在擦玻璃",而饭店负责人则说她是在"探出身子取东西"。

评析:

本案例中,女服务员不管当时是在擦玻璃还是取东西,都不影响工伤认定和享受工伤待遇。因为法律规定,只要不是犯罪、违反治安管理条例,或者醉酒、自残、自杀,只要是在工作时间、工作地点因工作遭受的伤害或者患上职业病的,不论职工本人在工伤事故中是否违背有关工作制度,都应认定为工伤。工伤事故的发生与员工的劳动保护意识密切相关,在很多时候,只要适当加以注意,能够及时发现可能酿成事故的隐患,并能够及时加以控制,许多事故都是可以避免的。在职业安全培训中,这方面的问题也应加以关注:1. 如需取高处物品,应使用梯架。在公共区域登梯操作,必须有人扶,高空作业时一定要系安全带。2. 当进行高空抹窗工作或在公共区域的地板落蜡时,必须放置警示牌,让过往行人小心留意。3. 应特别留意是否有危险工作情况,如公共走廊或楼梯照明不良或清洁设备损坏等,如发现应尽快通知工程维修人员修理,以免发生危险。如工作区域湿滑或有油污,应立即抹干、抹净,以防客人或其他员工滑倒。4. 不可将手伸进垃圾桶或垃圾袋内,以防垃圾桶内有碎玻璃或尖利物品刺伤手。清洁卫生间时要注意有无用过的剃须刀片,如有发现应妥善处理。5. 如发现玻璃或镜子崩裂,必须马上向上级报告,并通知工程部立即更换,不能立即更换的,必须要用强力胶纸贴上,以防有坠落的危险。如发现客房内的玻璃杯或茶杯有裂痕,应立即更换并做处理。处理时应与垃圾分开,用箱子装好,另作处理,以免伤到其他人。6.在公共区域的大块玻璃上的显眼处,应贴上醒目的警示牌,以防客人或员工不慎撞伤。7.不稳之台、椅或床,须尽快修理。家具或地毯如有尖钉,须马上拔去,以防刺伤客人或员工。8.放置清洁剂及杀虫剂的仓库应与放食品的仓库分开,并做明显标志,以免弄错。9.洗地毯或洗地时,应留意是否弄湿插座,以免触电。在公共区域放置的工作车、吸尘器、洗地机或洗地毯机等,须尽量靠边放置并留意有无电线绊脚的可能性。

案例

如何应对客人的骚扰

一天晚上,某宾馆客房服务员小陈按照日常服务流程为1606房间的客人开夜床,做小整理服务。当时,客人也在房间内。在打扫过程中,客人不断和她说话,一再称赞她漂亮,并表示很喜欢她。小陈感到很不自在,想借故离开房间。但客人指出卫生间还未整理,书桌上的烟灰缸也未清理,要求她继续清理。小陈生怕引起客人投诉,只得硬着头皮拿取茶几上的烟灰缸准备清理。此时,坐在沙发上的客人突然拉住小陈的手,并欲将她按倒在沙发上。小陈高声呼救,奋力挣脱,冲出房间,飞速跑到保安部门报案。宾馆保安部门立即赶到1606房间,对客人进行调查,核实情况后,报派出所对客人进行了制裁。

评析：

在星级宾馆的顾客中,客观地存在着一个低素质的消费群体。重庆市妇女儿童权益法律服务中心的一份调查显示,服务行业是性骚扰的高发行业,该市饭店、餐饮、娱乐等服务业7成以上的女性从业人员受到过不同形式的性骚扰。因此,宾馆业的从业人员一定注意维护自尊,善于自我保护。

对客人可能做出的不文明行为,服务人员要增强防范意识。具体到上面案例中的客房服务,服务人员就应注意以下几点:1.半夜时分客人如有服务要求,女服务员一般不进入客房,特殊情况应两人同行或通知保安、维修人员配合;2.如果服务员单独进入房间,应让房门一直敞开,如果是清洁整理房间,应将房务工作车停在打开的客房门口,成为醒目的标志,同时也给那些有不良企图的客人以暗示,使其打消恶念;3.服务员在房间为客人服务时,应站立服务,并与客人保持距离,不要坐房间的椅子,更不要坐在床上,以免引起客人的误解;4.发生被客人要流氓的事时要高声呼喊,尽力反抗,摆脱不了客人的纠缠时,可按铃报警求救。总之,如果遇到侵犯骚扰事件,服务员一定要沉着、冷静、机智,勇于同坏人做斗争,并利用一切有利条件保护自己,必要时,可以拿起法律的"武器"。

我国刑法明文规定了正当防卫这种排除犯罪的事由。排除犯罪的事由,是指行为虽然在客观上造成了一定损害结果,表面上符合某些犯罪的客观条件,但实际上并没有犯罪的社会危害性,不符合犯罪构成,依法不成立犯罪的事由。正当防卫是指为了保护国家、公共利益、本人或者他人的人身、财产和其他权利免受正在进行的不法侵害人损害的方法,制止不法侵害的行为。正当防卫的成立条件包括:1.有实际的不法侵害行为存在,这是正当防卫的前提条件。2.不法侵害必须正在进行。即不法侵害人已经着手实施侵害行为且侵害行为尚未结束。不法侵害行为开始和存续的时间,就是行为人实施正当防卫的时间。3.目的是使国家、公共利益、本人或者他人的人身、财产和其他权利免受不法侵害。4.防卫行为必须针对不法侵害人进行,这是正当防卫的对象条件。5.防卫行为没有明显超过必要限度,造成重大损害,这是正当防卫的行为和结果限度条件。正当防卫的法律责任:防卫明显超过必要限度,造成重大损害的行为,是防卫过当。重大损害是指防卫人明显超过必要限度的防卫行为造成不法侵害人或者其他人的人身伤亡,或者造成其他能够避免的严重损害。防卫过当应当负刑事责任,但是应当酌情减轻或者免除处罚。为了鼓励公民积极同犯罪做斗争，有效地制止严重暴力犯罪，《中华人民共和国刑法》第二十条第三款规定："对正在进行行凶、杀人、抢劫、强奸、绑架以及其他严重危及人身安全的暴力犯罪，采取防卫行为，造成不法侵害人伤亡的，不属于防卫过当，不负刑事责任。"

案例

服务员巧"脱身"

一天晚上，客房服务中心的电话响了起来。值班文员接起电话："您好，这里是客房服务中心。"原来是住在 1005 房间的客人想要洗衣服。文员放下电话，用对讲机通知了晚班服务员小赵。小赵听到呼叫，立刻来到了 1005 房间，规范地敲了敲房门。客人打开房门，住在该房间的客人是一位男宾。小赵礼貌地向客人问了好："晚上好，先生。"客人对小赵说："请进，我这里有一些衣服要洗。"边说边要顺手关门。客人在说话中带有明显的酒气。

小赵礼貌地说："您请坐，我来吧。"然后随手把客房门打开，轻推至吸门器。随后小赵进入房间，询问客人对洗衣的要求。在帮助客人清点核对后，小赵把衣服装入了洗衣袋，将洗衣单和笔递到客人面前，请客人签字确认。客人接过洗衣单和笔时，笑着对小赵说："哎呀，小姐的手好白，皮肤好细呀。"客人说话中带有明显的挑逗成分。小赵平静而礼貌地对客人说："先生，如果没有其他事情，请您在洗衣单上面签一下字。"客人又问："小姐几点下班？等你下班以后，我请你去歌厅唱歌吧。"这时，小赵的内心有些紧张。但有经验的小赵，仍以不卑不亢、平静而不失礼貌的语气对客人说："对不起，先生，谢谢您的邀请。下班后我们必须回宿舍，宿舍要点名的。另外明天还要上班。如果没有什么事情，请您早一点休息吧。您的衣服我们会按照您的要求洗好后，给您送回房间。"客人站起身来，走到小赵面前说："没关系的，只是出去放松放松嘛。"

正在小赵有些不知所措的时候，小赵手中的对讲机响了起来：
"小赵，我是服务中心，你那里的客人还有什么需要帮忙的吗？完事
后请马上回服务中心，这里有客人需要送开水，听到请回答。""那好
吧，先生，我这里还有工作，祝您晚安。"小赵马上借机走出了 1005
房间。

回到客房服务中心，小赵问值班文员哪个房间的客人要送水。
文员说："没有客人需要开水，我是看你去 1005 房间时间比较长了。
这个房间住的是一位男客人，我怕出什么问题，就呼叫。"小赵听了，
为文员的细心和机智使自己及时脱身而感到敬佩和感激。

评析：

本事例中的服务员小赵，就表现得非常机智。在客人要关门的
时候，小赵"随手"把门打开推至吸门器。当客人用语言试探和挑逗
时，小赵用转移目标请客人签字、说下班后宿舍点名、明天要上班等
方式拒绝，不给对方机会。外面同事的协作配合也是恰到好处，比
如服务中心对小赵的工作去向非常清楚，小赵到客人房间时间比较
长了，用对讲机呼叫，告之有其他工作，也使小赵得以及时"脱身"，
并且时机、理由恰当，使同事避免受到"骚扰"。如果呼叫没有回应，
服务中心应派人前去查看。

第四节　综合服务

饭店产品包括有形产品与无形产品；有形产品主要指酒店装
饰、服务环境、各种菜品等，无形产品则主要指服务。纵然饭店能够
向宾客展现赏心悦目的豪华大堂，温馨宁静的客房，令人垂涎三尺
的餐厅美味，以及引人入胜的休闲娱乐设施。然而，这些都需要经
过服务员精心的工作、热情的服务和熟练的服务技巧去体现与完
成，否则等于虚设。

案例

利欲熏心

住在某宾馆 1111 号房间的钱先生要退房离开宾馆,服务员小杨被派去查房。小杨来到钱先生房间时,发现床头柜上放着一块手表和一枚闪闪发光的钻戒,而钱先生却收拾好行李离开了房间。见财起意的小杨将钻戒藏起,等钱先生走后给前台打电话说客人将手表忘在客房里了。这时,电梯里的钱先生也想起忘了拿手表和钻戒,遂匆匆返回房间。小杨将手表交给钱先生,钱先生戴上手表后,问钻戒在哪里,小杨说自己只看见手表,还假意帮钱先生查找一番。看见钱先生对自己起了疑心,小杨连忙离开了房间。钱先生报案后,小杨在民警的盘问下交代了盗窃钻戒的事实。法院经审理,认为小杨的行为已构成盗窃罪,所盗窃的钻戒经鉴定价值 29.66 万元,小杨的盗窃数额特别巨大,依法应予惩处,最后法院依法判处小杨有期徒刑 10 年。

一天早晨,某宾馆客房部的同事议论纷纷:"听说小婷被炒了。""不会吧!她工作可认真了,怎么会呢?"事情是这样的,前一天晚上,她上夜班,一个人看一层楼。在深夜 23 点左右,612 房间的客人突然发现自己一个价值 8000 多元的钻石项链不见了。可在这个时间内,客人只离开了 10 分钟。当值班经理问小婷的时候,她坚决否认曾进入客房。然而,闭路电视显示在这 10 分钟内,小婷曾两次进入 612 房间,前后间隔不到 4 分钟。后来,值班经理在她的布草车上找到了钻石项链,而小婷也当场被炒。

A 客人将床单弄脏,在结账时赔偿了 50 元,但宾馆前台收银员并未让客人在赔偿单上签字,也没有将 50 元入账,而是将钱放进了自己的口袋。客人离开几分钟后,该名员工打电话给客房说客人不肯赔偿,已经离开;B 客人 12:15 分来到前台结账,收银员告诉客人要加收半天房费 114 元,一番口舌之后,客人不大情愿地支付了这笔费用。但客人结账离开后,这笔钱又落到了员工自己的手里。

评析：

在宾馆服务岗位上，服务人员接触的人多，社会上各个层次的无所不有，也经常会见到某些所谓的"大款"一掷千金，与自己的工作报酬形成了强烈的反差。对此，服务员必须时常提醒自己，不可过分追求私欲，失去理智，不可利用工作之便贪污或去偷、去骗，甚至出卖灵魂和肉体，落得可耻的下场，当处在犯罪与法律、道德的天平上时，不能心存侥幸，一时冲动而自己失去控制，走上犯罪道路。本案例中，服务员没有控制私欲的过分膨胀，做出了"一失足成千古恨"的事。

在现实生活中，"德"往往容易被忽视，人们总是自觉或不自觉地以业务能力作为唯一的评价标准。其实，道德修养对于宾馆员工来说十分重要。一个宾馆或饭店员工，如果没有长期培养而成的正派作风，没有严格的道德行为准则，没有坚定的为人原则，是很容易走上歧途的。因为宾馆员工常会遇到各种金钱、奢华生活方式的诱惑，对于刚刚踏上生活之路，工资不高，对未来充满幻想的年轻人来说，有时这些诱惑是难以抵御的。个别宾馆服务员会因此弄虚作假，以权谋私。这种行为一方面损害了客人的权益，降低了顾客对宾馆的满意度；另一方面，这也损害了宾馆的利益，滋生了不正之风，容易让整个宾馆失去生命力。

案例

拾金不昧的打工女

月工资只有 600 元的打工女，独自一人面对别人丢失的近 20 万元巨款，会做出什么样的选择？打工女小朱的选择是：毫不犹豫地归还失主。2007 年的一天晚上，在某饭店餐饮部当服务员的朱萍在打扫卫生时，发现一个大手提袋。打开一看，里面除一串轿车钥匙外全都是钱。她连忙跑到楼下向饭店负责人报告。为找到失主，众人一起打开手提袋，发现里面的现金竟有 19.84 万元。手提袋里没有任何线索,他们又反复查询饭店的订餐电话。经过 1 个小时的查找,终于与失主取得了联系。小朱和丈夫都在市区饭店打工,夫妇俩一月工资不足 1600 元。他们刚结婚半年,朱萍是为了还结婚时欠的钱才到城里打工的。当感激万分的失主执意拿出 2000 元钱表示感谢时,朱萍如是拒绝:"我又没有做什么,只不过捡了一个包。"面对记者的提问,25 岁的小朱红着脸说:"我也丢过钱,我只想到失主丢这么多钱,多着急呢!""赚钱不易,但我不想拿别人的血汗钱!""说实在的,我从来没有见过这么多钱。从小到大,身为农民的父母总是告诫我做人要厚道,要有良心。饭店也多次跟我们讲,拾到客人的物品要上交。其他同事捡到手机等物都上交了,我也不能例外。"

评析:

　　拾金不昧是中华民族的传统纯粹道德,文明礼貌、助人为乐则是现时《公民道德建设实施纲要》界定倡导的公民社会公德。也就是说,捡到近 20 万元,自觉归还失主应当是一个公民的起码道德和底线文明。但问题是,打工女不是"圣女"。近 20 万元对只有 600 元月薪的打工女是个什么概念?是她 28 年的工资,换言之,将近是她工作到退休的一辈子血汗钱,是足以让她改变命运的天上掉下的"馅饼",是"人无横财不发"的飞来"横财"……但她没有动心。如果说捡到近 20 万元归还失主是文明社会公民理所当然的应然行为(往往并非当下现实中的实然行为),那么理直气壮收下对方自觉付出的 2000 元酬金也应当是无可厚非理所当然的应然举动。而且,毕竟 2000 元也是打工女 3 个月的薪水,然而她的举动又一次出人意料。"我又没有做什么,只不过捡了一个包",小朱朴素语言的背后,我们看到的是她"宁可穷而有志,不可富而失节"的人品操守和"保持尊严地忍受贫穷,是贤智之士所固有的特性(德谟克利特语)"的大智若愚。如此举动,难能可贵,让人不禁肃然起敬。

案例

贴身紧逼,逼走客人

到 A 市旅游的小龚一家在启程回家前,来到了所住宾馆大堂里的商品部,想买一点纪念品带回家去。他们一进商品部,就迎面走来一位服务员,她一直跟着小龚,喋喋不休地推荐商品。小龚听得有些不耐烦了,因为她没完没了地介绍,影响了他们家人之间的交流。于是,小龚对服务员说:"我们需要的时候再叫你,好吗?"可她说:"不行,我必须陪着你们,这是我们宾馆商场定的规矩。"小龚的家人也说:"我们不需要你,你还跟着我们?"服务员不高兴了,不说话了,但还是跟着,弄得小龚一家没买任何东西,就赶紧溜之大吉,跟做贼似的。

评析:

"客人是上帝"这句口号喊了好多年,如今总算卓见成效。"后娘的面孔"在服务行业中越来越少见,"热情服务"已成为服务行业众多从业者或自觉或不自觉遵守的服务行为规范。但凡事总要有一个度。过分的热情,一方面会影响客人的自主判断和选择,另一方面会让许多客人面对笑脸就生疑,继而反感。更有甚者,一些服务员付出的热情和笑脸如果得不到"上帝"的回报,翻脸简直比翻书还要快,讥笑、辱骂客人,生拉硬扯、死搅蛮缠的事情时有发生。本案例中,宾馆商场的服务员应先咨询客人是否需要服务,客人需要的时候,再出现在客人的身边,并按照客人的思路提供相关信息服务;不需要的时候,就把"自由空间"留给客人。这就是所谓的"无干扰服务"。这可谓是根据顾客购物、消费心理,而推出的一种优质服务。在客人不需要服务的时候,让客人充分享受他那自由的权利,充分地让他自主地选择,不予以主观的诱导。并随时准备给顾客提供其他所需的服务,一旦顾客需要,就尽最大努力去回答顾客的问题,直到OK 为止。"无干扰服务",正是对热情服务"度"的一种正确把握。它既给顾客创造了和谐、宽松、舒心的环境,不失热情服务的原则,也是对服务技巧的更高的要求,是"用嘴服务"到"用心服务"的转变。

案例

如此"好心"要不得

某宾馆大堂的商品部来了一位矮矮胖胖的中年男士，服务员小王立刻上前问候并热情接待。这位客人想买一件短袖T恤衫，小王便向他推荐了一件深色竖条纹的T恤衫，并请客人试穿。在试衣镜前，中年男士似乎对T恤衫的颜色并不满意，于是又选了一件浅色横条纹的T恤衫。站在一旁的另一位服务员小朱走上前来，好心地对客人说："先生，那件深色T恤衫您穿挺合适的。这件颜色浅，又是横条纹，不适合您的身材。"当时，周围还有不少客人，有几位客人听见了这话，便不经意地回头看了看这位中年男士。客人顿感不自在，干脆把手中的T恤衫一放，扭头便走。小朱却一片茫然，不知道为什么会这样。

评析：

本案例中，客人因为体型较特殊，不愿被人当众指出，这是人之常情。然而，服务员小朱却并未意识到客人的心理，好心的一句建议，倒使客人很尴尬，伤害了他的自尊心，导致衣服没能推销出去。应该看到的是，我们在服务过程中只要不让客人有失身份和伤脸面，就是保护了客人的自尊心。保护了客人的自尊心实质上就是对客人的一种尊重。值得强调的是，保护客人的自尊心要求我们必须处处小心，事事、时时留意。

案例

卫生间需要这样的服务吗？

小彭来到市中心一家五星级宾馆放松心情。他在宾馆大堂的酒吧吃了一些墨西哥玉米饼，喝了几瓶饮料，然后向洗手间走去。但是突然间，轻松休闲的气氛被搅和了。"您好，先生！"一位穿着得体的洗手间服务生在小彭走进小隔间时和他打招呼。当他从小隔间出来时,服务生马上把洗手液喷到他手上,为他打开水龙头。就在客人洗手的瞬间,服务员已转身到了客人的身后,一阵敲背拿捏。小彭知道他不得不给点小费。"你可以脏着手并且省10元钱,"小彭说,"但如果你想洗手,就不得不经过服务生这个环节。而经过这些服务,你不给小费的话,心里多少有点过意不去。"

评析:

现在的宾馆服务行业,都在围绕"服务"设置程序,但是再好的程序如果没有服务的灵魂,就不能算是好服务。试想一下,一位客人正想上洗手间,一名服务员走上前,热情地又递毛巾又送茶水。另一名察言观色的服务员感觉客人有所不悦,马上询问客人有何需要,并引领客人走进洗手间。哪个服务更好? 显然,前者尽管周到、热情,却并不是客人所真正需要的,这只是一个机械的程序。后者的服务是用心判断客人的需求,这才是好的服务。美国肯塔基州企业家蔡兹·沃德总结了其曾在洗手间工作"数千个小时"的经验,得出了一套关于洗手间服务员为什么让人们觉得尴尬的理论。沃德说:"人们在日常生活中没有得到足够的尊重。"当他们走进洗手间时,突然有服务员递给他们手巾、薄荷糖,给他们喷巴黎香水。沃德说:"这就好比以前从来没有人对他们说过爱他们,而现在突然听到有人说他们是别人爱恋的对象。"

案例

当客人被关在电梯

某宾馆的常客张先生兴冲冲地乘电梯回房,同往常一样,他按了标有30层的键,电梯迅速上升。当电梯运行到一半时,意外发生了,电梯停在15层楼处不动了,张先生赶紧按警铃求援。1分钟、2分钟……10分钟过去了,电梯仍然一动不动。张先生显得十分紧张,先前的兴致全没了,疲劳感和饥饿感一阵阵袭来,继而又都转化为怒气。大概又过了 10 多分钟，电梯动了一下，门在 15 层打开了，张先生走了出来。这时的张先生心中十分不满，在被关的 20 多分钟里，他没有得到店方的任何解释和安慰，出了电梯又无人接应，张先生此时愤愤然再乘电梯下楼直奔大堂，在大堂副理处投诉……

评析：

本案例中，这起电梯"关人"事件引起客人投诉，问题在于宾馆服务员缺少对客人应有的关心。倘若在接到电梯故障报警后，宾馆服务员能以最快的速度与客人沟通，告诉他："我们已经知道发生故障，现正在排除，请稍候。"这样一来，客人会感到他受重视，处于被人保护的安全环境之中，相信不会因为被"关住"而怒气冲冲了，即使排除故障时间稍长一点也会谅解。

本章资料来源

[1]傅琴琴,张建宏.希望的田野:返乡农民工创办农家乐指南,郑州:河南大学出版社,2016.

[2]张永宁.饭店服务教学案例.北京:中国旅游出版社,1999.

[3]杨富荣.旅游饭店服务教学案例分析.北京:高等教育出版社,2000.

[4]陈文生.酒店经营管理案例精选.北京:旅游教育出版社,2007.

[5]张建宏.饭店服务 36 计.北京:旅游教育出版社,2008.

[6]张建宏.饭店服务 36 技.北京:化学工业出版社,2009.

[7]全国旅游星级饭店评定委员会办公室.星级饭店经典服务案例及评析.北京:中国旅游出版社,2008.

[8]蒋一帆.酒店管理 180 例.北京:东方出版中心,1998.

[9]宋晓玲.饭店服务常见案例 570 则.北京:中国旅游出版社,2001.

[10]孔永生.前厅与客房细微服务.北京:中国旅游出版社,2007.

第七章　旅游餐饮服务案例

第一节　服务知识

餐饮产品知识是餐饮业所有从业人员必须掌握的最基本知识，离开这些基本知识，再灵活的服务技巧也是非常苍白无力的。作为一名餐饮服务人员，首先应熟悉本企业的产品知识，这是每位员工必须掌握的最基本知识。

案例

龙虾的颜色因产地而异

在某酒店中餐厅，一桌客人订菜时点了一只澳洲龙虾，龙虾做好上桌后，客人发现龙虾颜色不对，就问服务员："小姐，上次我在这儿吃的龙虾肉是白色的。怎么今天的龙虾肉是粉色的？是不是不新鲜呀？""这不可能，应该是龙虾的品种不同吧。"服务员回答。"你们这供应的不都是澳洲龙虾吗？"客人又问。"这……"服务小姐一下子被问住了。

评析：

在接待服务中，经常会遇到客人提出类似的问题，如有的客人甚至会问道："武昌鱼有多少根鱼刺？"等等。看似古怪的问题，其实包含着丰富的知识。本案例中，客人提出关于龙虾的问题，作为餐厅服务员应该清楚。龙虾虽产自澳洲，但也有东澳、西澳之分。产地不同其肉颜色也不同。服务员应将具体产地不同颜色的区别讲给客人听。

案例

"佛跳墙"的来历

在某酒店餐厅,客人指着菜谱问道:"'佛跳墙'是什么菜?怎么那么贵?""好的东西都放在瓦罐里煲,很鲜的。"服务员比较含糊地回答了问题。"那'海鲜佛跳墙'与'迷你佛跳墙'有什么区别?"客人要有所选择。服务员嗫嚅了。客人不悦地对服务员说:"算了,算了,你讲不清楚,我们也怕花冤枉钱,那就点别的菜吧。"

评析:

本案例中,餐厅服务员因为不熟悉菜肴知识,失去了一次推销高价菜的机会。餐厅服务员如果广泛学习各种菜点知识,就能准确应对客人提出的问题,从而增加客人食趣,使得客人满意。"佛跳墙"是闽菜中居首位的传统名肴,原名"福寿全"。据传,此菜起源于清朝末年,福州一官员在家中宴请福建布政使周莲。为表示对客人的尊重,官员夫人亲自下厨,她用绍兴酒坛装鸡、鸭、羊肉、猪肚、鸽蛋及海产品等 10 多种原、辅料,煨制成一道菜,取名福寿全。周莲尝后,赞不绝口。后来,御厨郑春发学成烹制此菜方法后,在用料上加以改革,多用海鲜,少用肉类,效果尤胜前者。一天,一批文人墨客来到郑春发开设的"聚春园"菜馆品尝此菜,当"福寿全"上席,坛盖揭开,满堂荤香。其中一位秀才不由得诗兴大发,吟道:"坛启荤香飘四邻,佛闻弃禅跳墙来。"从此,此菜改名为"佛跳墙"。

案例

日本客人忌讳荷花

几位日本客人来到餐厅用餐,领位员小徐把他们引进了夏荷包厢,一位客人边说边用手指了指墙上带有荷花图案的壁画,并示意同伴离开……这时翻译连忙告知迎宾员客人忌讳荷花,小徐急忙向他们道歉,并将客人带到另一个较优雅的包厢,桌上的花瓶里摆的是火红的玫瑰,客人们面带喜色地入座了。

评析:

　　本案例提示我们:"千里不同风,百里不同俗,"世界各国和地区有不同的风俗习惯、宗教信仰、民俗礼仪、饮食习惯和生活禁忌等。对于涉及外宾的接待与服务,餐饮企业如果在某一细节上稍有疏忽,违反了他国的习俗或触犯了客人的忌讳,都可能招来客人的怨言、强烈不满乃至投诉,后果将不堪设想。所以,在服务中,服务员要对不同国家与地区客人的风俗习惯有所了解,对不同的客人要用不同的接待方式,特别是对少数民族客人和有宗教信仰的客人,接待时尤其要注意掌握他们的生活习惯,尊重他们的风俗。

案例
美国人不吃淡水鱼及动物内脏

　　一对美国夫妇常住山东某饭店,长期以来他们只吃西餐。一天,夫妇俩可能是为了换换口味,第一次踏进了饭店的中餐厅。入座后,小姐为他们端来了茶水、面巾和四碟小菜。客人奇怪地问服务小姐,为什么没点菜就摆上小菜。小姐微笑地告诉他们,这是吃中餐时的一种礼仪规格,为了表示餐厅对客人的欢迎,茶水和小菜都是免费的。他们听了小姐的解释非常高兴,表示要好好吃一顿正宗的中国菜,并请小姐为他们点几个最有代表性的中国菜。小姐寻思着,中国有八大菜系,到了山东当然得品尝鲁菜。于是,她就对客人说,中国正式宴都会上的一道菜,就是鱼。不同的地方,吃不同的鱼。到了山东,一定要吃"黄河鲤鱼"。接着,小姐还对他们讲了"鲤鱼跳龙门"的典故。没想到客人听了后,连连摇头,表示他们不吃鲤鱼。有些纳闷的小姐接着向客人推荐了"九转大肠",这回,客人更是头摇得像拨浪鼓,他们告诉小姐,美国人一般不吃动物内脏。连续两个菜都遭到了客人的否定,小姐一时间竟"无语"。

评析：

星级饭店餐厅服务员在为不同的宾客进行点菜时，一定要熟悉不同地区和民族的饮食习惯。只有根据不同宾客的要求、习惯、特点进行有针对性的服务，才能取得理想的服务效果。本案例介绍了一些美国客人的饮食习惯。在实际工作中，我们还会遇到信仰佛教、伊斯兰教的客人或素食客人等。如果不了解这些客人的饮食习惯和特点，就会在工作中出现被动、误解、冲突等现象。因此，熟悉不同客人的饮食习惯是点菜服务中的重要内容。服务员要加强对不同饮食文化知识的积累，了解主要客源市场的饮食习惯、程序、方法，掌握其有关的饮食特点。

第二节　服务规范

"没有规矩，不成方圆"，规范化服务就是为了向不同的客人提供相应的服务，而在服务质量、规格等方面制定的统一技术标准。规范的操作规程是餐饮企业正常运行的支撑点和生存的基石，餐饮企业的所有经营管理活动都应该首先围绕规范化服务进行。

案例

未按销售程序操作致客人跑单

某酒店餐厅，一位客人向实习生小云连连招手。实习生小云赶快走了过去，客人说要喝五粮液酒，并要求赶快上。于是，小云赶紧跑到吧台取酒，对吧台服务员说某号桌急要一瓶五粮液。吧台服务员立刻取了一瓶五粮液给小云，小云立马给客人送去了。当时正值用餐高峰，客人很多，小云接着又忙着为其他客人服务去了。第二天，餐厅领班一查账，酒单竟然没有开，让客人白喝了一瓶五粮液。

评析：

　　本案例中，一瓶价值几百元的五粮液跑了账，事故是严重的。跑账的原因之一是实习生小云未按规定的餐饮销售控制程序操作，没有先开单后取酒，而是急于取酒送给客人。原因之二是吧台服务员不严格遵守凭单出酒水的手续制度，只凭服务员口头要求轻易出酒，造成五粮液跑单。此案例中所出的事故是可以避免的，正确的做法是：小云依规程先开单，然后送交收银台验收盖印章后，将副联送到吧台，然后吧台凭单出酒水，就可以避免跑单的差错。工作中，无论多忙，操作程序不能违反，规章制度不可不遵守，手续一定不能省略。餐厅中每天接待那么多客人，不知得做多少笔交易，账款成千上万，光凭脑子怎么记得过来，只有认真地开好每张单子才是最可靠、最科学的办法。

案例

切忌将固体酒精直接倒入炉中罐

　　一天，冯小姐与几位朋友在某酒店餐厅吃火锅，大家吃得很开心。吃了一阵，火锅的酒精炉火苗小了下来，显然是炉中的固体酒精所剩无几了。这时，冯小姐向站在远处的一位服务员招手并扯开嗓门喊："服务员，酒精没了！"不一会儿，这位服务员带来一个装着固体酒精的小铁罐。服务员为了尽快完成任务，竟没有取出原来炉中还有火苗的装酒精的铁罐，就将固体酒精直接倒入炉中罐里。"忽"的一下，一团火焰顿时往上蹿，火星四溅，吓得几位客人往后躲。其中一颗较大的火星不偏不倚飞落在冯小姐头上，冯小姐被灼伤了，本来气氛不错的一餐饭，被这突如其来的"火星事件"搅得吃兴全无。

评析：

　　本案例中，按照服务规程，服务员应先取出原有酒精罐换上新的,或将原有罐中火苗熄灭再添上新的酒精。但服务员急于完成任务,没有按服务规程操作,造成了"火星事件"。

案例

开启啤酒有讲究

午餐时分,李先生与王先生来到某酒店中餐厅。中餐厅迎宾员热情地向两位客人问候致意,将他们引领入座。服务员小吴马上为客人送上香茶和香巾,并递上菜单,请客人订菜。客人接过菜单,时而互相交谈,时而翻看菜单,看上去似乎很熟悉中餐菜点。果然,他们招呼一直站立在旁边的服务员小吴,将他们选定的菜点一一告诉他。小吴在订菜单上迅速地记录着。最后,小吴主动询问客人想要哪种酒水,客人一致选了"青岛"牌啤酒。小吴便把客人的订菜单交给了传菜员,自己去为客人取啤酒。他来到酒水柜台旁,送上订单,酒水服务员递给小吴两瓶啤酒。小吴习惯地摸了摸工服口袋,却未掏出开瓶器,便叫酒水服务员开启了啤酒,然后,他拿着已开启的啤酒来到餐桌旁,正要斟酒,却被李先生拦住了。李先生面带愠怒地问他:"这两瓶啤酒是刚刚开启的吗? 是不是卖不出去又给了我们? 我们不要这两瓶啤酒。"虽经服务员小吴一再解释,但客人仍坚持更换啤酒,否则,他们要找餐厅经理投诉。餐厅经理闻讯后,马上让小吴更换啤酒,亲自走到餐桌旁,向客人表示歉意,并当着客人的面开启了啤酒。

评析:

本案例中,客人之所以坚持要更换啤酒,主要是服务员小吴未事先让客人过目酒水品种,未征得客人同意便擅自将啤酒开启。这种鲁莽的服务会伤及客人的自尊,是违反餐厅服务规程的行为。餐饮服务规程要求服务员在客人订酒后,首先要请客人过目他所订酒水或饮料的品种、标牌或数量,然后再征求客人意见,是否立即开启。另外,在开瓶时,应将身体转向一侧,打开酒瓶后,用随手携带的口布将瓶口轻轻擦拭,最后按先宾后主、先女客后男客的顺序一一斟酒。因此,作为餐厅服务员,在为客人服务过程中,应首先坚持"规程服务",不能任意简单或鲁莽操作,更不能违反规程,规程服务是优质服务的首要标准和前提。

案例

不能让客人久等

某餐厅来了几位客人,一入座就催促服务员赶紧把点菜单拿来。服务员小李赶紧把菜单双手送到客人面前,客人点了6个菜和一盘花生米。服务员送单子时,客人说道:"服务员,麻烦快点,我们要赶时间。"很快,一盘花生米上来了。但15分钟过去了,第二道菜还是没上来,客人们显然不耐烦了,一位客人大声说道:"你们怎么回事?这么慢,耽误了我们的事,我要找你们索赔。"大约过了20分钟,第二道菜终于上来了。

评析:

一项抽样调查显示,46.37%的人可能在等上菜时大发雷霆。等15—30分钟,顾客一般都还耐心,30分钟是道分界线。服务效率是服务工作的时间概念,也是向顾客提供某种服务的时限。它不仅体现出服务人员的业务素质,也体现了餐厅的管理效率,尤其在当今社会"时间就是生命,效率就是财富"的时间价值观念下,服务效率高不仅能够为顾客节省时间,而且能够为客人带来利益。

据业内人士介绍,客人步入餐厅就座以后,餐厅服务员最迟要在2分钟之内前来接待客人,为客人点菜。当客人点菜以后,一般要在10分钟内上第一道热菜,一桌菜(以10个菜为例)应该在45分钟到1个小时内全部上齐(除非客人有特别安排)。超过这个时段就说明管理存在问题,可看作食品出现质量问题处理。

案例

服务员要向客人说清烹饪时间较长的菜肴

一天晚上8点多,一位客人到某餐厅吃饭。"先生,您需要用些什么?"服务员赶紧迎了上去。"鱼香肉丝、红烧鲈鱼、番茄蛋汤、一碗米饭,快点上啊。"很快,鱼香肉丝、番茄蛋汤、一碗米饭就端上来了。但等到客人把桌上的饭菜基本扫光了,红烧鲈鱼却迟迟不见上来。客人气愤地要求买单。服务员把账单递上来,客人更生气了——原来红烧鲈鱼还是被计入了账单。"先生,红烧鲈鱼马上就做好,你可以再等等或者带走。"听了服务员的解释,客人反问道:"我是来吃饭的,还是来买饭的?"

评析:

本案例中,餐厅并没有"慢待"客人,因为红烧鲈鱼的烹饪时间是比较长的,但遗憾的是,服务员并没有把这一情况告知客人。对需要特殊处理、烹饪时间较长的菜肴,在点单时,服务员必须向客人说清楚,这样客人可以选择要或不要,在炒菜过程中如果发生情况,延误菜肴上桌,服务员也该及时告知客人,让客人能够选择。有法律界人士认为,如果餐厅不尽告知义务,又拖延了菜肴上桌的合理时间,那么消费者有权拒绝为该菜买单。至于"合理"的上菜时间,以一顿饭的三分之二时间为宜,假如吃1个小时的饭,40分钟后才上的菜可以视作上晚了,餐厅不能强制让顾客吃不上带走。

案例

服务员应为客人催菜

有一对情侣来餐厅用餐,点了几个菜,还要了一瓶红酒。写完菜单,服务员小玉为客人送上毛巾后,随手上了一碟小食。5分钟后,小玉拿来了红酒,给客人验完酒后,便为他们倒酒。过了半小时,菜还没有上来,那位小姐显然很不满地对小玉说:"服务员,为什么我们点的菜半天都没上呀? 你让我们就吃这碟小食? 请催一下吧!"小玉望一望桌上,除了红酒,就只有一碟小食,小玉忙向他们表示歉意:"对不起,请……"那位男客人不容她说完,就马上接口说:"别说'对不起',我们已经稍等了好长时间了,快点儿上菜!"小玉尴尬地住了口,随后就跑进了厨房。想来也是,客人也许肚子饿了,刚来餐厅就餐,最急于解决的问题,就是要立即填饱肚子。这种情况下,过多的解释更会让客人觉得烦。所以小玉立即到厨房告诉传菜部主管,请他催一下厨房,先上这桌的菜。很快,客人的菜炒好了,小玉将菜端上,以为这下客人该满意了。谁知,客人只看菜而不动餐具,而且满脸不悦。小玉忙问:"有什么问题吗?""我们点的不是这个菜!"客人不满地回答道。这可急坏了小玉,不知如何向他们解释,便立刻把主管找来。主管听完之后,态度诚恳地说:"真的很抱歉,这是我们的失误。我马上去把菜给您换了,怎么样?"客人已经气得满脸通红了:"算了,我们的肚子可不能再等。""那好吧,为表示歉意我们免费送您一份什锦果盘,您看如何?"尽管主管对一再失误表示歉意,可客人没有任何表示,只是吃他们的饭。客人就餐完毕,买了单后,急匆匆离去。

评析:

　　本案例中,造成客人长时间等菜的主要原因是:在客人开单后,服务员没能及时巡台,不知客人所点菜的上菜情况,因此没能及时去后台联系、催菜而造成上菜慢。此时若光向客人道歉,使用致歉语"对不起""很抱歉""请稍等"等,已不起作用,当务之急不是道歉,而是想办法把菜催来。仅仅是一个劲儿地道歉,而客人的菜就是上不了桌,仍会激怒客人,发生纠纷或投诉。就餐服务过程中,服务员要随机应变。在开单时就要对加工时间较长的菜品做些说明;开单后,要不断巡台、观察并掌握各桌客人点菜、菜肴上桌的情况。发现问题及时处理。若有的桌位菜品上得慢,应及时与后台联系、催菜。

若客人很多，厨房压案而造成上菜的速度慢时，可以采取各桌穿插上菜的办法，使每桌菜都不空台。这样可避免有的桌菜肴一股脑儿全上，而有的桌却坐着干等这种不均衡的现象发生。

案例

微笑服务要始终坚持

某餐厅新员工小张是个开朗活泼的女孩，阳光般的微笑总是洋溢在她脸上。正式上岗后的前几天，她总是带着甜美微笑向客人问候，为客人提供周到细致的服务。领班非常满意她的微笑服务，正准备借机表扬她时，突然发现，小张脸上的微笑不见了。问起原因，小张的回答是："遇到客人，我都非常热情地问候，可是有些客人理也不理。他们不理我，我也觉得没意思。"

评析：

本案例中，小张的问题其实是新员工当中存在的普遍现象，小张知晓微笑在服务过程中的重要性，但只能说她停留在这样一个表面的状态，没能真正理解，以至于在运用过程中产生错误的思想。客人是来店里享受服务的，客人的任何态度，都不能影响员工将要为客人提供热情主动的服务。员工与客人所处的角度与位置不同，客人无论以何种态度回应，员工都不能让微笑消失。当客人态度不好时，员工更应该用热情、主动的服务，消除客人的不快。

案例

微笑要合时宜

一位台胞的母亲不幸去世了。这位台胞在他所下榻的酒店餐厅，安排了四桌丧宴以表示对亲友的谢意。服务员在为这几桌客人服务时，依然面带微笑。席间客人虽有含蓄提醒，但该服务员还是浑然不知，微笑如故。用餐完毕，这位台湾地区客人找经理投诉，他只愿付一半的餐费。他说："这顿饭我吃得很痛苦，我母亲去世办丧席，服务员却不时幸灾乐祸地朝我笑，难道他们都不是父母所生？他们都是没有感情的冷血动物？"

评析：

　　本案例说明，微笑服务也不是放之四海而皆准的"万能钥匙"。虽然微笑是人们交往中最有吸引力、最有价值的面部表情，但微笑不能随心所欲、不加节制，微笑要讲分寸、看场合。得体、适度的微笑，才能充分表达友善、诚信、和蔼、融洽等美好的情感。

案例

警惕"微笑型抑郁症"

　　"无论遇到什么情况，一定要将微笑挂在脸上。"在一家高档酒楼工作的周女士，一直遵守着这个职业准则。工作中，她时刻保持着具有亲和力的微笑，即使自己心情很郁闷或是遇到蛮不讲理的顾客时。周到的服务和适时送上的微笑，也确实为她赢得了众多顾客的交口称赞，为此，她多次被酒楼评为"微笑大使"。然而，上班时笑靥如花的她，下班后却想笑都笑不出来。她不止一次与好朋友说起："很多人都觉得我和蔼可亲，脸上总是喜气洋洋，但我却觉得莫名其妙的无奈，每天下班后，觉得心情很沉重，一天笑下来，脸部常常会觉得要抽筋。"其实，她很想卸下面具，给自己的情绪和心情有个释放的机会。但是，酒楼有酒楼的服务准则——"客人总是对的"。所以在工作时间内，她除了服从还是服从，除了微笑还是微笑。她觉得累，却不能露出疲倦；她觉得烦躁，却依然要保持优雅；她感到紧张，却只能表现从容。无奈，为了不让自己完全崩溃，她只能把郁闷和一切不如意向丈夫发泄，因为和婆婆同住，她在婆婆面前还得忍着。

评析：

　　像周女士这种人前强颜欢笑，回家后却恍然孤独、无名火起的人，正是"微笑型抑郁症"的受害者。"微笑型抑郁症"的根源是患者无法正当地处理外界压力，他们的共同点是不愿意倾诉、不愿意放弃"尊严"。建议从事餐饮服务行业工作的人员，要特别注意培养自己对生活和工作的兴趣，不要将微笑当成是被迫的。应保持开阔的胸襟，将顾客当朋友，用心去感受生活中的每一份新鲜。让微笑发自内心，就不会觉得累。下班后，不妨参加一些自己喜欢的活动，以分散注意力，缓解压力。

案例

不要当众报出付款额

　　一天，小李和他的一位朋友相约来到市中心一家新开的餐厅就餐。餐厅的环境不错，服务热情周到，菜肴色、香、味、形、饰也都无可挑剔，两位客人非常满意。然而，就在他们酒足饭饱准备付账之际，一位仪态大方的服务小姐款款而至，樱桃小口之中冒出了这样一句话："两位先生今晚一共消费了220元，请问哪位买单？"此时，小李面露不悦之色，当着朋友的面对服务小姐说："请你不要大声嚷嚷好不好？我不会赖账的！"服务小姐听到客人这么说，一时惊得手足无措。

评析：

　　本案例中，服务员结账的方式欠妥，从而破坏了客人用餐的情绪。一般来说，付款的客人都不希望别人知道自己付款的金额，因此，服务员应该替客人保密。从服务心理学的角度来看，做东的客人很讲面子，一般不愿服务员当众报出付款额，以免引起其他宾客对他的看法。因此，服务员在为客人结账时，一方面要等候客人自己提出来，另一方面则应为客人保守秘密。

在我国香港、广东等地,账单也称为"埋单",即账单送来时,将其埋在餐巾里、茶杯下面或别人看不见的地方,这能让人免生许多尴尬,是值得推广的一种做法。另外,服务员在结账的时候,还要注意当面算清钱款,把消费的细单与客人确认,尽量不用很旧的纸币和很零碎的钞票找给客人,以示对客人的尊重。

案例
上错菜只因一个服务环节出差错

一天晚上9点左右,罗先生一行人来某酒店餐厅207包厢用餐。由于他们来得比较晚,就很快点了菜,并说一起上,要快点。在出菜的时候,由于厨房应客人要求出菜比较集中,传菜员将不属于207包厢的"姜葱膏蟹"放在了207包厢的窗口,负责包厢服务的小谢在没有核对点菜卡的情况下,就将"姜葱膏蟹"端上了207包厢客人的桌上,客人当时没有什么反应,也没有说什么,就把上的"姜葱膏蟹"吃了。但"姜葱膏蟹"本来是大厅16号桌客人的,客人快吃完了,他们所点的"姜葱膏蟹"还没有上,就催菜。催菜时发现这道菜已经出了,经过查实,才知道上错了,而那个时候,海鲜池的膏蟹已经售完,没有办法再出此道菜。酒店经过和16号桌客人解释后取消了此菜,但16号桌的客人还是很不满意,带着满腔的不快离去。

评析:

从客人点菜直到上菜,中间有许多环节,无论哪个环节上稍有偏差,送去的菜可能就不是客人所需要的,这样就造成了服务质量问题。本案例中的事件之所以发生,问题的确出在某个环节上。一般说来,服务员接受点菜时应该复述一遍,以免记录有误,当然也不能排除厨房接单时读错或服务员送菜时误拿等可能,总之,必须加强各个环节的复核。

案例

相互间工作脱节，让客人跑了账

在酒店餐厅，实习生小张与酒店两名服务员一起值台。有一位客人就餐完毕就走了，三个服务员都以为对方收了钱，结果跑了账，共计 100 多元。三个服务员都强调去干这干那，所以这个区空了台，让客人钻了空子，跑了账。

评析：

本案例中，客人跑账的原因是几位服务员共同值台几个服务区域，分工不明确，相互间工作脱节，都误以为其他服务员为客人结了账，缺乏沟通，手续不严密，形成空当使客人钻了空子。

案例

要时刻准备着为客人服务

一位经常在饭店吃饭的先生讲了这样两件事：有一次，他到某饭店去参加一个小宴会，当他举杯起立的时候，一不小心把筷子碰掉了一只。他自己都还没有发现，在桌前服务的服务员，就已经把备用的筷子送过来了。而另一次，也是在一个小宴会上，也是在举杯起立的时候，把筷子碰掉了一只。虽然旁边也有服务员，却根本没有发现，还要自己走过去，向那位服务员讨备用的筷子。

评析：

为什么前一位服务员能在客人自己都还没有发现的时候，就把备用的筷子送过去，而后一位服务员却要客人自己来讨呢？就是因为前一位服务员做到了"时刻准备着"，而后一位服务员没有。能不能做到在服务的过程中"时刻准备着"，这是一个能不能及时地为客人提供实时服务的问题。当客人知道有人时刻把他"放在心上"的时候，他不仅会有更多的亲切感，也肯定会有更多的自豪感。

案例

划火柴、使用打火机也有讲究

在酒店的餐厅，39桌的客人正在用餐。就在客人李先生拿出香烟的一刹那，服务员小吴已来到李先生面前，掏出酒店特有的大火柴，"啪"地划着了火柴，但火柴一下分了叉，一个火星"嗖"地飞到了李先生的衣服上，衣服被烧了一个小洞。

评析：

划火柴看着是件小事，却也有技术含量。划火柴时，服务员站在宾客的身侧，将火柴在其磷面上由外向内，即划向自己身体一侧，且要求用力适当、不宜过猛。用打火机也是如此，首先将打火机的控制阀调至低挡位，侧身躲开客人打着，将火苗高度适宜的火机送至客人面前。

第三节 服务礼仪

餐饮服务的特点之一是直接性，即由服务员面对面地为宾客提供服务。因此，服务本身就是餐饮企业的商品，既然是商品就必然存在质量问题。服务质量由服务态度、服务知识和服务技能三方面构成。在这三方面中，尤其以服务态度最为重要，服务态度的标准就是热情、主动、耐心、周到、谦恭，其核心就是对宾客的尊重与友好，也就是注重讲究礼貌礼节。

案例

没有化淡妆工作，客人没有好心情进餐

张先生兴致勃勃地来到某餐厅打牙祭，接待他的是一位五官标志、秀丽端庄的服务员。这位服务员的接待服务工作做得很好，可是她面无血色，显得无精打采。张先生一看到她，就没了好心情。

仔细留意后发现,原来这位服务员没有化工作淡妆,在餐厅昏黄的
灯光下显得病态十足。这又怎能让客人看了有好心情进餐呢?

评析:

　　本案例中,餐厅女员工没有化妆,给客人产生其精神不振的感
觉,影响了客人的就餐情绪。当然,餐厅女员工若浓施粉黛,则又给
客人留下不庄重、喧宾夺主的印象。因此,餐厅女员工化妆的总原
则是:要化妆,但应化淡妆,并突出清丽俊秀、典雅大方的特色,出于
自然而高于自然,尽量接近生活。在化妆手法上,应遵循"扬长避
短"的原则,找出面部最富魅力的部位,刻意加以美化,而对有缺陷
的地方,则加以掩盖或修饰,这样才能取得职业淡妆的最佳效果。

案例
习惯性动作,让客人感到很不卫生

　　在一家酒店中餐厅,一位服务员在为客人上完菜和饮料后,总
要用手去蹭蹭鼻子下面。这位服务员的习惯性动作,让客人感到很
不卫生。在这家酒店的西餐厅,一位客人对接待他的服务员说:"你
有无意识地向上推眼镜的毛病。"客人接着说:"我倒是不在意,但
是,或许有人对你用推了眼镜的手去拿杯子感到不快。"

评析:

　　每个人都会有这样或那样的一些怪癖,有的时候也并没有什么
关系,但对餐厅服务人员而言,如果因此给客人带来不快的话,就应
该立即去纠正。案例中,中餐厅服务员用手蹭鼻子下面的"毛病",
就必须加以纠正。有些"毛病"是自己也没有感觉的,比如许多女性
喜欢不时梳整一下自己的头发。服务员应向自己的好朋友请教一
下,自己是否有什么不好的习惯。如果有的话,要改正。日本的《男
子汉》杂志曾列举出 100 条令姑娘讨厌的恶习。如坐下时东倒西

歪,把裤脚卷起;谈话时不停地搓手,打响指;走路时屁股扭来扭去;过分地对着镜子梳头,照来照去;用手拨胡子,挠头皮;用手指挖鼻孔,剔牙;沾着唾沫数钱、翻书;笑时用手捂嘴;一坐下就把两腿叉开或跷二郎腿;等等。案例中,西餐厅服务员无意识地向上推眼镜的习惯,也是不卫生的行为。时下,有许多服务员戴眼镜。如果我们仔细观察一下戴眼镜的服务员,就可以发现用手将下滑的眼镜推上去,滑下来再推上去,有这种习惯的人并不少。因此,配眼镜一定要选择合适的。另外,这还不仅仅是眼镜本身的问题,还有一个戴眼镜的方法问题。一定要认真仔细,绝对不要一只手摘戴眼镜,必须两手握住镜框的两边,面向正前方,从外侧摘下来。这样摘戴眼镜,镜框才不至于扭曲,也就不会有松动下滑的情况。

案例

学化妆,让"丑小鸭"变"白天鹅"

某餐厅新招了一批女员工,她们大多来自农村,对化妆方面的知识不够了解。为了培养员工的化妆意识,提高员工的化妆技巧,餐厅特意邀请了一位礼仪培训师前来培训。这天下午,一位气质高雅、仪态端庄、容光焕发的培训师,给员工们讲了一堂生动的美容课。课程从注意皮肤的保养开始,到如何化淡妆,具体的如怎样画眉、涂口红,宏观的到如何选择跟自己肤色相宜的化妆品……半小时的理论课后,培训师还亲自走下台,拿起了化妆的全部"行头",选择部分员工做起了"示范表演"。一个半小时的课程下来,走进教室的这一批女员工,出来后,仿佛都感觉自己似乎已从"丑小鸭"变为"白天鹅"了。一名女员工说,酒店对员工的仪容非常重视,之前就要求女员工必须淡妆上岗,但由于没有经过系统培训,员工们要么简单涂点口红,要么化得过浓,很难把握尺度。这位培训老师讲解得非常细致,我们都认真做了笔记,受益匪浅。

评析：

由于职业的需要，从事餐饮业服务接待工作的女性员工，需注意容貌美，要做些适当的修饰，这就需要进行美容化妆。美容化妆的目的是使人的精神面貌焕然一新，适度的化妆也是尊重宾客的一种礼貌表现。另外，服务人员仪表美所产生的魅力，常常可以引起晕轮效应，当这些服务员在工作中出现差错时，常常会得到客人的宽容，很容易被谅解。

服务人员讲究自身的形象，体现了对他人、对社会的尊重，表现出一个人的精神状态、文明程度和自身价值，也体现出了对工作的热爱和对客人的热情。仪表端正，衣冠整洁给人以朝气蓬勃、热情好客、可以信赖的感觉，并使客人增强信任感。

案例

服务员不能让客人感到不愉快

有一次，王先生和几个朋友为找一个便于谈话的地方，进了一家餐厅。一进门，就让他们大吃一惊，因为一个染了一头金发的青年站在门口迎宾。王先生他们进去时，染发青年什么也没说。直到他们落座时，才小声说了一声"欢迎光临"，但仍是一脸不高兴的样子。拿开水过来时，把杯子"当"地一下就放在桌子上，水也洒了出来，可他还是一脸不在乎的表情。因为这个人的表现，王先生他们早早地结束了谈话，离开了这家餐厅。

评析：

许多服务员认为，服务只要做到了就行，态度应该不会有什么影响。其实不然，本案例就说明了这个问题。对于服务人员而言，顾客永远是对的，是需要被礼遇和尊重的。因此，友善地服务每位客人是餐饮服务最基本的工作宗旨。近来，有一些餐饮企业因为使用没有受过正规训练的服务员，给人一种滥竽充数的感觉，客人一进入餐厅,从服务员的服务态度就能感觉到该餐厅的接待态度很差,自然谈不上愉快消费了。因此,服务员必须注意自己的服务态度,不能让客人感到任何的不愉快。时刻注意,随时保持对客人热情认真的态度,是每一个服务员都应秉持的基本服务理念。

良好的服务态度,会使客人产生亲切感、热情感、真诚感。餐饮服务员要使自己在服务中表现出良好的服务态度,必须做到:

自我尊重。常言说得好,"欲得人重,必先自重",服务员要能正确对待自己所做的服务工作。如果一个服务员认为自己干服务工作不光彩,低人一等,他必然因自卑感而厌恶服务工作。当他深感客人有不尊重自己的迹象时,他会以维护自己的尊严为由,而与客人翻脸相斥,或据理相争,或态度粗暴,或表现出不耐烦,等等。

自我提高。服务员要努力提高自己的文化修养、职业修养和心理素质。因为一个人的文化知识与职业知识,能使一个人眼界开阔,理智成分增强,从而影响其职业观念和处事态度。良好的心理素质,如忍耐力、克制力和稳定乐观的心境,能使一个人主动自觉地形成和保持良好的服务态度。

完善服务行为。服务员的服务行为常表现在服务表情、服务举止和服务语言三方面。为此,完善服务行为,一是要求服务员有愉快的表情,有发自内心的自然微笑。二是要求服务员站立姿势要挺直、自然、规矩,行走时要平稳、协调、精神。三是要求服务员有良好的语言表达能力,"好话常说""好话好说"。

案例

餐饮服务人员应有配角意识

在一家餐厅,一位客人冲着年轻的女服务员喊:"喂,要菊花茶!"女服务员没有反应。那客人有点火了:"喂,听见了没有?"这回女服务员开腔了:"你'喂'谁呢? 懂不懂礼貌? 不懂我教给你!""喂,就你……"这样,一场争吵越来越激烈了。

评析：

　　餐饮服务员应有配角意识，服务的任务是衬托主角，服务员是为主角服务的。如果没有这种意识，摆不准位置，随意顶撞主角，与主角抬杠，这出戏就演不成了。本案例中，客人说话没有礼貌，这是事情的起因。客人对服务员不尊重，是不对的。但服务员没有摆对角色位置，以社会上人与人之间"平等"观念来处理事情，他们的标准是，人与人要相互尊重。客人一进来就不礼貌，后来又出言不逊。客人不尊重我，我为什么要对他服务好？最终，从角色的错误导入了服务的误区。作为服务角色，就不能"平等"，服务就要提倡"得理让人"，只要客人不违反企业规定和社会法规，就不能，也不必与客人"平起平坐"，不能针锋相对争对错，要有"得理让人"的涵养和气度。案例中的服务员如果有配角意识、服务意识，有耐心忍让的态度，冷静对待，运用礼貌的语言艺术，不愉快的事情是不会发生的。

案例

不要与客人争辩

　　中午，几位客人来到某餐厅，翻阅过菜谱后，让服务员为其点了菜。一会儿，服务员端上一盘盐水虾，并说："这是盐水虾，请慢用。"客人一看，马上说："不对呀，我没点过这菜。"服务员不高兴地道："先生，您点过盐水虾的，怎么说没点过呢？"客人说："点菜的时候，我没说过要盐水虾的，我点的是铁板虾。"服务员没好气地递上点菜单给客人看，并说："你自己看看吧，点菜单上明明写的是盐水虾，你怎么可以不认账！"客人听到"不认账"三个字，觉得很刺耳。当然，也不高兴地说："是你写点菜单的时候弄错了，我们根本就没有点过盐水虾！"服务员当仁不让地说："没有那样的事，弄错的是你。你自己看嘛！有证有据，是你说过了，我才写上的，你还要耍赖！"客人气得直摇头："好了，好了！都是我的错，这样好了吧？"吃完饭,有一位客人对其他客人说:"我们以后再也不要来这家讨厌的餐厅了。"

评析:

在接待服务中,即使是客人真的错了,也注意不能用责备的口吻跟客人说话。不能像本案例的服务员那样,不容反驳地指责是客人弄错了。而应用缓和的口吻对客人说:"先生您点的不是盐水虾吗?那么,您点的是什么呢?"然后,看看点菜单,查一查上面是怎样写的。如果上面写的是正确的,再将点菜单拿给客人看,请客人想想是不是自己弄错了。在这种"容人平静思考"的情景下,客人也许会想起自己真的点了盐水虾。他也会以商量的口气说:"点菜单虽然写的是盐水虾,但可以帮我换铁板虾吗?"如果客人依然坚持自己没点过这菜,这就有可能是个误会,便不要固执地说是客人弄错了,无论如何都应向客人道歉:"实在抱歉,我们马上为您重做,请稍等一下。"如果纠缠不清地跟客人说理,或硬要客人认错,就会陷入无止境的争论。碰到一个带脾气的,可能还会闹得天翻地覆,影响其他食客。

案例

优先服务谁?

有一天中午,10余名民工打扮的客人匆匆来到某酒店用餐,要了260元一桌的饭菜。领头的要求服务员快些上菜,说吃完了好去办事。开始时,上菜的速度不算慢,但后来渐渐慢了,客人的脸上露出了不耐烦的神色。尤其当他们发现一些迟来客人的餐桌上都已上齐了菜,而他们的菜还迟迟没有上来时,领头的便大声嚷了起来:"喂!当班的,我们比他们来得早,为啥他们的菜倒比我们上得快?""他们是680元一桌,你们是260元。"餐厅服务员脱口而出。说者随便,听者有心,这一下可惹怒了客人:"你这话是什么意思?钱少的就活该等吗?""你是否瞧不起我们安徽人,是否怕我们付不起钱!"几位民工边说边从口袋里抓出大把大把的钱:"我们有的是钱,不要小看打工的。"服务员知道说漏了嘴,说错了话,但万万没有料到竟会招致客人如此愤怒。民工们你一言我一语,连珠炮似的责问,说得服务员面红耳赤,无言以对,处境十分尴尬。后来,只得由酒店经理出面,虚心接受客人批评意见,并向客人一再道歉,才平息了这个因服务员的一句话而引起的服务事故。

评析:

本案例中,服务员择"大头"优先服务,而把"小头"搁在一边,这实在是一种不尊重他人,也不尊重自己的表现。无论点菜多少,都是顾客,都有受尊重的权利。一些餐饮企业在经营服务中不懂得这一点,结果伤害了他人,也损害了企业的形象。餐饮从业人员要以同样的态度、平等地对待任何一位客人,做到"六个一样",即对高消费客人和低消费客人一样看待;对国内客人和境外客人一样看待;对华人客人(包括华侨、外籍华人和港澳台客人)和外国客人一样看待;对东方客人和西方客人一样看待;对黑种人客人和白种人客人一样看待;对新来的客人和老客人一样看待。"六个照顾"即照顾先来的客人;照顾外宾、华侨、华裔和港澳台客人;照顾贵宾和高消费客人;照顾黑人和少数民族客人;照顾长住客人和老客人;照顾妇女、儿童和老弱病残客人。

案例

记住客人的姓名

一天晚上,张总经理到某餐厅订了一桌酒席。当他走进走廊,服务员小萌立即迎上前说:"张总,晚上好!这边请……"张总愣了一下,问:"咦,小丫头,你怎么知道我是张总呀?"原来,前几天小萌帮值台员送一瓶白酒到包房时,正有一位客人端着酒杯站起来朝主宾说:"张总,我敬你一杯,先干为敬。"细心的小萌默默记住了,所以张总一进门,小萌就能以姓、职位称呼。餐前,小萌又做了自我介绍,在以后整个服务过程中,客人也就不再称呼她"服务员"或"小姐",而只招呼"小萌"了,非常亲切,宴会的气氛也就更加和谐、热烈。散席前,张总特意指定下次来还要小萌服务。

评析:

美国一位学者曾经说过:"一种既简单但又最重要的获得好感的方法,就是牢记别人的姓名。"在国外,有一句谚语:"客人听到别人称呼他的姓名,就如同听到音乐一般美妙。"姓名是一个人的标志,人们由于自尊的需要,总是最珍爱它,同时也希望别人能尊重它。在人际交往中,当你与曾打过交道的人再次见面,如果对方能一下叫出你的名字,你一定会感到非常亲切,对对方的好感也油然而生。

如何尽快记住他人的名字是有方法的,通过以下各种手段,可以使你在记住他人姓名方面有很大的进步:

树立信心。会见陌生客人前,要有充分的自信心,要相信自己完全能够记住对方的名字和相貌。如果没有自信,总抱怨自己记性差,记不住人名,那么就没有了积极性,结果就可能真的记不住了。所以,要坚定信心,沉着放松,告诉自己这很容易办到。事实上,当你开始对自己说:"我有世界上最好的记性,能牢记很多名字!"并无条件地相信这一点的时候,你就会发现你自己的记忆力原来那么好。在与顾客的交往中,不要害怕自己会忘记别人的名字,也不要害怕会叫错别人的名字。只要你消除心中对名字的犹疑和恐惧,你就能发挥你应有的记忆能力。

仔细观察。见面时一定要直视对方,不要东张西望,要集中注意力去观察对方的面部特征、肢体语言。很多人比较粗心,不去仔细观察对方,这也是他记不住别人相貌的一个很重要的原因。观察技巧越熟练,就对人们的相貌差异看得越清楚,就越会帮助记忆。

　　用心记忆。要在短时间里记住许多陌生人的名字,还是有一定难度的。但多数人不记得别人的名字,只是因为他们不肯花一定的时间和精力去专心地、重复地、无声地将名字根植在他们的心中。要记住顾客的姓名,关键在于要做个"有心人",先要把顾客装在心里,只有心里有顾客,才会在服务的过程中多下一点功夫记名字。在提供服务过程中要专心倾听,不可三心二意,以提高记忆的效果,要不时地望着顾客的脸,记住顾客的面貌和身体特征,并且设法和他的姓名联系在一起。顾客离去时,要及时回想一下他的面貌、职业和你所给予的服务,并再次和姓名联系在一起。

　　展开话题。如果对人家名字的拼法(写法)有疑问,可以礼貌地或开玩笑地请求对方拼写一下。假如对方的姓氏很特别,可请教其来源和背景,很多人不仅知道自己姓氏的某些来历,而且对这一话题还特别感兴趣。通过姓名展开话题,不仅加深了记忆,还增加了亲切感。

　　特征联想。如果某位顾客的职业、声音、性格、外表或者名字有明显的特征,不妨将他的特征与名字联系起来,制造一些带有趣味性的联想,然后重复几次其名字与特征。日后当你回想起那个特征时,便会同时记起对方的名字。比如,你认识了一个叫高红萍的女士,她个子高,你可以把她认作"高个高红萍"。再如一个顾客的名字叫"严婉庄",倒过来念是"装碗盐",这样你就马上把她的名字记住了。

　　记录巩固记忆。为了更好地记住顾客的名字,关键要把顾客的名字及相关资料记录下来,"好记性不如烂笔头","成功不是靠记忆,是靠记录",要将这些顾客姓名及相关资料建成顾客档案,并经常翻看你的顾客档案,并在日后做好跟进记录,这样一来,你必然会渐渐熟悉这些顾客,并牢记他们的名字。

　　反复练习。一旦知道了顾客的名字,就应反复利用各种机会,用名字来称呼顾客。比如张承嗣在你面前做了个自我介绍,你立刻在心里重复这个名字。然后看着这个人的脸,把它记牢,用问句声调重复这个名字:"张承嗣?"一般情况下,你会立刻听到肯定的回答。这时你可以接着说:"张承嗣先生,很高兴认识你。"顾客离去时,要及时回想一下他的面貌、职业和你所给予的服务,并再次和姓名联系在一起,必要时以书面形式记下所需资料。这样一来,你的头脑经过了反复的锻炼,就有更多的机会把这个名字锁进记忆中。当再次见面时,就应用记住的名字称呼,如不能完全确认对方名字时,可以试探地问:"对不起,请问你是某某先生吧?"千万不要贸然叫错客人的名字。

案例

不要冷落"小皇帝"

一对夫妇带着一个小孩高兴地走进一家餐厅。点菜时,小孩冲着服务生高声喊着:"阿姨,给我来一杯酸奶。快点儿!"过了一会儿,小孩子就开始东张西望,并不时地嘴中念叨着:"怎么还不来呢?……怎么还不来呢?"这时,父亲点的冰水上来了。"爸爸的来了。"孩子高声叫道。又过了一会儿,上来了咖啡,这是母亲的。"我的还没有来,爸爸、妈妈都有的吃。"小孩子快要哭了。结果,夫妇俩被小家伙搞得心烦意乱,一点儿食欲也没有了。

评析:

想客人所想,急客人所急,预见客人需求并予以满足,这是服务到位的一种重要表现形式。小孩满意、高兴,大人自然更满意。但本案例中,服务员未能很好地关注孩子,造成因小客人的不满而连带其父母产生不满。如果服务员善于观察,知道儿童的心理,先把小孩的送上来,就不会出现这么一个局面了。所以,对小客人要更加关注,大人的需求可稍缓一步,对孩子的需求要迅速、保质保量地满足到位。

案例

不倡导干扰式服务

一天晚上，某酒店的餐厅来了4位熟客，看得出他们是久未相见的老朋友。在点菜时，实习服务员小李很热心地向客人推荐餐厅特价茶花鸡，客人欣然接受。当茶花鸡上桌时，小李又热情地向客人介绍本餐厅其他特色食品，在座的客人非常满意小李的服务。在客人们津津有味地品尝茶花鸡时，小李看到客人的骨碟已满，就走近一位年轻客人说："对不起，先生，给您换一下骨碟好吗？"此时客人右手正拿着一只鸡翅，见状忙侧身让开，为避免碰到小李，客人还把右手举过了肩膀，小李发现骨碟中还有一只鸡脚时，便提醒客人："先生，还有一只鸡脚呢。"客人又连忙用左手拿起那一只鸡脚，手拿鸡脚和鸡翅的客人为不影响小李更换骨碟而双手高举做投降状，一旁的年老客人看到后便打趣说："怎么，是不是喝不下酒而向我投降啊？"客人一听，忙自嘲地说："我是向漂亮的服务小姐投降，要说到喝酒，我哪会怕您。等小姐换好碟，我好好与您喝几杯。"等到小李换好骨碟，两位客人果真要比拼喝酒。当两人干完第一杯酒后正凑在一起说话时，小李过来说："对不起，先生，给您倒酒。"两位客人不约而同地向两边闪，小李麻利地为两人斟满酒，两人又干了一杯，然后又凑在一起说话，小李又不失时机地上前说："对不起，先生，给您斟酒。"此时的年轻客人突然对着小李大声怒吼道："没看到我们正说着话吗？你烦不烦啊。"服务员小李一脸茫然，不知该怎么办才好。

评析：

有人戏说早先的服务是"动物式服务"，服务员把饭菜端上桌扭头便走，如同"喂猫喂狗"。之后倡导把客人看作上帝，而有人却理解成客人即皇帝，于是便有了"帝王般服务"，服务员紧紧围绕在客人身边，如同本案例所描述的那样，生怕服务不周，当心出什么差错，真是如履薄冰，战战兢兢。其实客人呢？反而感觉十分的不自在,如芒刺在背,如坐针毡,这种服务被称作"干扰式服务",亦即服务过度。从科学的角度来讲,只有需求的适当满足才能够维持人自身在生理、心理、感情上的平衡。而需求的过度满足则会破坏这种平衡,任何人在生理、心理、感情上的不平衡都会造成对人自身的伤害,从这个意义上来说,"服务过度"本质上就是在伤害客人。

案例

过度服务让客人感受"用餐苦旅"

一天中午,小李陪一位外宾来到某酒店。他们找了个比较僻静的座位,刚入座,一位女服务员便热情地为他们服务。菜刚点完,服务员就开始铺餐巾、摆碗碟、酒杯,然后给他们斟满茶水,递上湿巾。看着服务员忙前忙后,小李没能和外宾说上一句话。当一大盆"西湖牛肉羹"端上来后,她先为两人报了汤名,接着为他们盛汤,盛了一碗又一碗。一开始,外宾以为这是吃中餐的规矩,但当小李告诉他用餐随客人自愿后,正当服务员要为他盛第三碗汤时被外宾谢绝了。

这位女服务员满脸微笑,手疾眼快,一刻也不闲着:上菜后即刻报菜名,见客人杯子空了马上添茶斟酒,见碟里的骨刺皮壳多了随即就换,见湿巾用过后立即换新的,见碗里米饭没了赶紧添上……她站在两人旁边忙上忙下,并时不时用一两句英语礼貌地询问他们还有何需要。这让小李有些不高兴,原本想在餐桌上商议的几件事也都被服务员的"热情服务"打乱了。

吃了一会儿,外宾把刀叉放下,从衣服口袋里拿出一盒香烟,抽出一支拿在手上,略显无奈地对小李说:"这里的服务真是太热情了,让人觉得有点……"可这位女服务员似乎并没有察觉到外宾的不悦,她见外宾手里拿着香烟,忙跑到服务台拿了个打火机,走到外宾跟前说:"先生,请您抽烟。"说着,熟练地打着火,为他点烟。"喔……好!好!好!"外宾忙把烟叼在嘴里迎上去点烟,样子有些无奈。服务员给外宾点了烟后又用公筷给小李和外宾碗里夹菜。外宾见状,忙熄灭香烟,用手止住她说:"谢谢,还是让我自己来吧。"听到此话,她却说:"不用客气,这是我们应该做的。"说着就往他碗里夹菜。小李和外宾相视一下,笑着摇了摇头。压在小李心中的火气,都不知该如何表达。

见服务员实在太热情,外宾都有点透不过气来了。小李只得对外宾说:"我们还是赶快吃吧,这里的服务热情得有点过度,让人受不了。"听到此话,外宾很高兴地说:"好吧!"于是,他们匆匆吃了几口,便结账离开了这家酒店,结束了这次压抑的"用餐苦旅"。

评析:

一般来讲,选择安静角落就餐的客人,希望服务员站得远一些,尽量少打扰他们。小李和外宾一开始就在一个比较僻静的地方坐下,本来就不希望别人打扰。女服务员在向小李和外宾提供服务时,没有注意到客人就餐的场所,一味地按酒店规范提供服务,结果适得其反。本案例中,这位服务员并未留心观察客人用餐时的体态表情,在外宾脸上已流露出不悦时,仍然热情地为其提供服务。殊不知,这种热情过度的服务反而造成客人拘谨和压抑的感觉。当外宾已略显无奈地对小李说:"这里的服务真是太热情了,有点让人觉得……"服务员站在旁边服务,听到此交谈话语后,就应该领会客人的意思,站在远处为他们服务。然而这位女服务员不但没领悟,还继续热情地为客人服务,从而进一步加重客人的厌烦情绪。

案例

顾全大局

一天,在一家餐馆发生了这样一幕情景:当时餐馆人很多,有几个看起来很新潮的青年在一旁有说有笑地喝酒。正当餐馆服务员要上菜时,其中一名青年突然向后一转,服务员来不及躲闪,手中的汤立马洒了出去。青年男子衣服湿了一大块。见状,服务员连连道歉,并忙手忙脚地帮着擦拭。那名男子很不悦,喝道:"你小子没长眼睛呀,怎么服务的?"听后,服务员不仅没生气,还忙着道歉说:"先生,实在对不起,我真的不是故意的。""什么?"青年男子的同伙插话说,"这还不是故意的,你把汤往他身上洒,还说不是故意的,你小子还赖,快给我滚。"服务员听到"滚"很不是滋味,很不悦地说:"你们不要太过分了。"……正当他们吵得不可开交的时候,餐馆老板出现了,解围说:"先生,实在不好意思,是我们的错,我们服务不周,今天就给我点面子,算了吧。""这还差不多,今天就看在老板的份上放你一码,以后给我小心点。"青年一伙大声对服务员喊。服务员很不服气正要说什么,却被老板的一个眼色给制止了。这场风波终于平息了,餐馆老板顾全大局的退让,着实令人感到佩服,尽管错误不在他自己身上。

评析:

当服务员与客人之间发生矛盾时,要尽可能地"大事化小,小事化了"。因为一旦争吵起来,就难免要惊动周围的人,不管谁是谁非,仅惹人注意这一点,就已经造成了不良影响。在一般情况下,为了保持良好的气氛,宁可在经济上受一点损失,也不要和客人"据理力争"。即使非"争"不可,也应找个不惊动其他客人的地方。

第四节　服务技巧

餐饮服务过程中经常会遇到这样或那样的问题,如果按照一般的方法或程序解决问题的话,则不能达到客人所期望的效果。"随机应变"是一种能力的体现,它要求服务人员在一些具体问题面前,保持清楚的思维,不拘于原来的程序、制度,创造性地用一种新的方法解决问题。

案例

让客人心甘情愿地等待

一个周末，几位客人还在某酒楼门口犹豫的时候，伴着热情的"欢迎光临"，迎宾小姐用甜美的笑容把他们引到了酒楼的休息区，刚刚坐好，茶水和糖果就送到了面前。时值盛夏，送来的茶水是温凉的，不烫口。客人们还没有发问，迎宾小姐就笑盈盈地说："不好意思，暂时还没有位置。不要着急，我们部长正在落实你们的餐位，请等一等。"客人们一听，那就喝喝茶等等吧。过了5分钟，穿着黑衣的部长来了。她微笑着向客人们问好，说："我已经查过了，在你们之前还有三批客人，可能还要再等等，真抱歉，赶上周末嘛，人比较多。"客人们一听，多客气的部长啊，那就再等等看吧。15分钟过去了，客人们的茶水和糖果也吃得差不多了。这时，迎宾姑娘又为客人送来了果盘，带着歉意地说："客人还很多，你们久等了。部长跟着呢，别着急，有座位马上告诉你们。"客人们一听，人家多诚恳啊，吃不上饭，就试试果盘吧。客人们正吃着水果，聊着天，部长过来了，告诉他们走了一批客人，他们很快就会有位子了，不过可能还需要20分钟。她还询问客人是否继续等下去。几位客人不知怎的，被她的笑容和真诚打动了，不约而同地回答："不急，不急，我们坐坐，我们坐坐。"就这样，迎宾小姐时不时送来些话梅呀，客人们也就聊啊，吃啊，乖乖地被他们转移了注意力，一点等位子吃饭的烦躁都没有。客人们甚至也没有主动问他们什么时候会有位子，还要等多久。最后，当客人们终于坐在饭桌前时，离他们走进这家酒楼已经有一个多小时了！

评析：

在本案例中，客人们在踏进酒楼的那一刻，服务员的热情和主动就赢得了他们的好感。在等待的过程中，服务员适时地给他们送上小吃，转移注意力；明确地告知事情的进展，消除他们的疑虑；善意地提醒更使客人们感受到了关心和体贴。服务员与客人沟通时，没有简单地、不停地说"对不起"。总而言之,服务员用真诚的态度取得了客人们的信任和理解。在一个多小时的等待中,客人们没有烦躁,没有抱怨,反而心甘情愿地等待,真心实意地赞扬。

案例

不能选择从孩子的座位旁上菜

一家老小正在餐厅用餐。上菜时,由于客人人数较多,坐得很稠密,服务员看到两个孩子之间空位较大,就选择这个位置上菜。当服务员端着"水煮肉片"刚要放在桌上时,突然感觉身体被撞了一下,双手端的菜晃了一下,热汤也随着晃了出来。只听见"啊"的一声,一个孩子被洒出来的热汤烫了。原来孩子玩耍,碰了一下服务员,导致洒出来的热汤烫伤了孩子。服务员受到了客人的强烈指责,餐厅不但赔偿了医药费,还另外赔偿了客人一笔费用。

评析:

由于孩子具有好动的特点,原则上不应选择从孩子的座位旁上菜,避免发生碰伤、烫伤等潜在的危险。但在本案例中,服务员忽略了这个位子上坐的是孩子,结果不小心把孩子烫伤了。

案例

把客人的标准作为酒店服务的最终标准

小黄是某四星级酒店的餐厅服务员,一天,她在一个包房为客人服务。服务过程中,她按照酒店培训的标准,从客人的右手边给客人倒茶,帮客人上菜。突然,一位客人大声对她说:"小姐,你不要站在这里上菜,挡住了我看电视!"于是她就移了一下位置,换到了左边。过了一会儿,餐厅主管过来看到了,马上就把她叫到门外,对她说:"你怎么搞的? 上菜位置都不知道在哪边?"小黄正要解释,主管马上接着说："不要找借口，叫你怎么做你就怎么做！"说完转身就走了。小黄觉得好委屈，但没办法，只好硬着头皮进入房间，又换到客人右边上菜。刚才提意见的那位客人一看，大怒，就冲她吼道："小姐，你是不是脑子有问题啊？刚才不是跟你说了不要从这边上菜吗?!"这时小黄的眼泪不自觉就流了下来，心想：我到底该听谁的？她手足无措。

评析：

从客人的右手边倒茶、上菜，是酒店餐饮服务中的一个基本标准和惯常做法。在本案例中，小黄按照酒店的这个标准和规范为客人提供服务，本身没有错，当客人因为挡住其看电视，而对此服务提出异议时，小黄改为从客人的左手边开展服务，也显示了她服务的灵活性。餐厅主管不听从小黄解释，不了解具体情况，而强行要求其继续执行酒店的服务标准，显示了该主管对酒店服务标准的机械认识。实际上，在酒店服务过程中，任何一个服务人员应充分尊重客人的个性要求，把客人的标准作为酒店服务的最终标准，只有这样，客人才会满意。酒店在培训过程中，也应该把这种要求明确告知每一位员工，以免出现案例中的情形，客人生气，员工又无所适从。

案例

服务要考虑客人是否方便

几位客人坐在餐厅休息处沙发上聊天，一位客人为了抽烟，顺手把放在茶几中间的烟灰缸移到靠近自己的一侧。保洁员看到烟灰缸中有三四个烟头，就把脏烟灰缸撤下，再把干净的烟灰缸放在茶几中间位置。客人刚要弹烟灰，却发现烟灰缸放在他不方便的地方，于是抱怨说："小姐，能不能把烟灰缸放在靠近我的地方？"保洁员回答说："对不起，服务标准规定我们将烟灰缸放在茶几的中间。"

评析：

本案例中，保洁员机械地理解服务标准，不考虑客人的方便。虽然餐厅有规定，但是应该灵活地执行，以满足客人的需要。只要等客人离去后，再把烟灰缸放在茶几中间位置就行了。

案例

如何优惠熟客

几位外地客人在某餐馆就餐。他们拿着菜单点菜，发现有自己特别喜欢的酸菜肚片汤。但仔细一看，菜单上的计价单位是"盅"。盅就盅吧，重要的是自己喜欢。于是，他们就每人要了一盅。一会，酸菜肚片汤上桌了，客人正在喝，却看见邻桌也上菜了，有人还听到"这是酸菜肚片汤，请慢用。"正眼望去，却发现原是一大碗汤，邻桌的客人正各自分勺。看到邻桌的客人上的是一大碗汤，他们请服务员也改为大碗汤，服务员回答："不行。餐馆规定，汤一盅一盅地卖。""是吗？那他们为什么可以上大碗？"客人马上追问服务员。"这……"服务员竟语塞了。正巧，餐馆的领班走过，一看这情形，马上解释说："他们是老熟人了，所以便优惠一点。""老熟人便可以优惠一点上大碗汤，不认识的客人便来个盅汤，这不是厚此薄彼吗，这算什么经营服务法？请找你们的餐厅经理来，我们要投诉！"显然，客人对餐馆的做法是极端不满了。

评析：

近几年来，新的经营理论认为，对不同客人应区别对待，提供个性化服务。对重要客人表示特别的敬重是理所当然的事，但要尽可能不在公开场合张扬和渲染，可以"悄悄进行"。本案例中，餐馆优惠熟客，这本来无可非议，但是没有注意技巧。

案例

要把投诉事件扼杀在苗头里

一男服务员在某酒店包间内给客人倒错了酒,当顾客发现后,酒瓶里的酒已经都倒得差不多了。客人质问此服务员,但这位小伙子性情木讷,再加上头次遇到这类事儿,立刻就慌了神,呆在原地一动不动。见此状,顾客就更为恼火,当即和朋友一起将男服务员围住想讨个说法。

评析:

本案例中,酒店餐饮部经理从总控室的摄像头发现此状况后,立刻出面处理。经理到达现场后,首先是非常诚恳地道歉并自罚一杯酒,并表示倒错的酒算是店家送的,还为顾客新开了一瓶酒,客人对此处理方式表示非常满意。试想一下,如果当时这位服务员机灵一些,发现倒错了酒,当即非常诚恳地赔礼道歉,或是将倒错的酒赠送给客人,这起投诉事件也就可以扼杀在苗头里了。

案例

当客人提出借用某种物品时

某餐厅里,一位客人的手机在用餐过程中没电了,询问服务员:"餐厅里有没有充电器。"可是餐厅没有准备充电器。服务员只好从同事那儿借了同型号的充电器,帮客人充上了电。事后,服务员向主管反映了这一情况,主管立即向部门经理建议餐厅里应备有几个不同型号手机的充电器,得到了批准。

评析:

本案例中,餐厅起先没有备用充电器,导致服务员没有能够在第一时间为客人提供实时的服务,之后服务员很热心,从同事那里给客人借来了充电器,客人也很满意,但这样的服务还是不够完美的。试想一下,如果其他客人提出类似要求,服务员还是四处找同事去借? 该餐厅的管理层充分意识到了这一问题,及时备上了充电器,以后就能为客人提供实时服务了。

案例

应提醒客人如何吃才会有好口味

一天,有 10 位客人来到餐厅就餐,在进餐即将进入尾声时,客人点了主食,每人一碗豆面。服务员将豆面送到每位客人面前后,客人们并未立即食用,而是继续交谈着。大约 10 分钟后,有的客人开始吃面,其中一位客人刚吃了一口,便放下筷子,面带不悦地对服务员说:"这豆面怎么这么难吃,还都黏到一起。你知道吗? 这顿饭对我来说是很重要的。"服务员连忙解释说:"先生,我们都是现点现做,一般的面条在做出几分钟后就会黏到一起,而豆面的黏性比其他面的黏性大。如果做出来不马上吃的话,必然会影响到面条的口味和口感。我们通知厨房再给每位客人做一碗面好吗?"客人说:"不用了,再做一碗豆面也不能挽回我的损失!"此时恰逢餐厅经理走了过来,服务员当即向她汇报了情况。餐厅经理让领班为客人送上水果并对客人说:"对不起,先生。由于我们未能及时向您及您的客人介绍豆面的特性,没有让您很圆满地结束用餐。您如果对今天的服务感到不满意的话,我将代表酒店向您及您的客人赔礼道歉。"客人说:"服务态度没问题,不过我希望服务员在上菜时能给我们介绍一下。"

评析:

经了解,这位客人是请生意伙伴在饭桌上谈生意的,因生意未谈成,所以心情不好。再加之豆面"不可口",更增添了客人的不快。服务员在上豆面时,如果能够向客人介绍豆面黏性大的特性,并提醒客人要立即吃才会有好口味,那么客人的不快是应该而且能够避免的。服务员在对客人服务的过程中,应把工作做得细致些。

第五节　语言服务

"一句话可以使人笑,一句话也可以使人跳",如果服务员的服务用语表达不恰当,就会弄巧成拙。对以语言交往为主要工作内容的餐饮服务人员来说,服务语言如何表达是事关服务质量和服务态度的重大问题。服务语言影响宾客的心理和行为,也影响宾客对服务工作的评价。

案例

两个"没有""赶走"客人

一天,餐厅里来了三位客人,服务员引至餐厅坐定,其中一位客人便开了口:"我要点剁椒深海鱼头。"同时转身对同伴说:"这道菜很好吃,今天你们一定要尝尝。"菜点完后,服务员拿菜单去了厨房。再次上来时,便礼貌对客人说:"先生,对不起,今天鱼头卖完了,没有来得及补货呢!给您换一道菜可以吗?""啊!怎么这么扫兴。"客人在失望之余,点了个菊花鲈鱼。过了一会儿,厨房传话说,菊花鲈鱼也卖完了。于是服务员再次来到客人面前歉疚地说:"对不起,打扰一下,您刚才点的菊花鲈鱼也没有了,您是不是……"还没等服务员说完,客人就勃然大怒:"怎么什么都没有,点这个没有,点那个也没有。不要在这吃了,我们换个地方吧!"就这样,客人拂袖而去。

评析:

本案例中,如果前后台的信息沟通及时,那么服务员在为客人点菜的时候就可以很主动地避免掉第二个"没有",因为客人是冲着鱼头来的,鱼头已经没有了,那么当第二个"没有"以被动的方式向客人提出来,而不是在点菜的时候避免出现第二个"没有",客人的耐心到了极限,于是这两个"没有"就"轰走"了客人。餐厅有时由于厨房不能及时补足食品原材料或原料预备不充足,会出现菜肴品种沽清的现象,应该说这种现象偶尔出现也是正常的,但是出现沽清,前后台之间一定要及时进行信息沟通。

案例

面对客人投诉,不能"失语"

一位客人来餐厅就餐,在菜肴上来以前,几口就把一杯冰啤酒喝光。上菜以后,客人招手叫来服务小姐,声称有只苍蝇在附近飞来飞去,扰乱了他就餐的情绪,表示不愿付账。那位服务员小姐束手无策,只好说:"苍蝇在空中飞,我哪拦得住。"

评析:

遇到本案例中所述的情况,确实很棘手,服务员小姐可以向主管汇报,并从两方面着手解决:如果该客人在投诉时,确实没有就餐的情绪而未动过盘中的菜肴,在这种情况下应向客人道歉并请示主管同意客人不付这道菜的钱。如果该客人在投诉时,已将盘中的食物吃光或并未看出有任何迹象表明"扰乱了他就餐的情绪"。那么,可向他解释不能消账的理由,但可免费供应一杯饮料加以缓和弥补客人的不满。这样处理,客人一般不会再有意见。绝不能像案例中的服务员那样傻在那里,只会说"苍蝇在空中飞,我哪拦得住"。

案例

巧妙应对客人的玩笑

一次,几位客人到北京的某大酒店用餐,餐桌上有一款点心名叫"肉末烧饼"。这款肉末烧饼有个典故,服务员向客人介绍说:"慈禧太后很喜欢吃点心,一次她在梦里梦见吃肉末烧饼。清晨醒来,进早餐时,看到早点中果然有肉末烧饼,真给她圆了梦。"后来人们把吃这种烧饼视为吉利,也有人将这种烧饼称作"圆梦烧饼"。服务员介绍完后,客人中的小谭说了一句:"小姐,我吃完这个烧饼,晚上做梦梦见您怎么办?"因这句话问得突然,加上这位小姐刚入行不久,涉世不深,她不知怎样答为好,只好借故走出厅房外一避。

评析:

就本案例所述的事,在另一家饭庄就有了不同的"演绎"。还是这几位客人在用餐时,又点了肉末烧饼,点菜师高娜小姐也向客人讲慈禧的故事。她讲完后小谭同样说:"小姐,我吃完这个烧饼后,晚上做梦梦见您怎么办?"高娜小姐很风趣地回答说:"那这就只能永远是个梦了。"客人听后,都为高娜小姐鼓掌,并连声说:"回答得好,回答得好。"大家都一同乐得笑了。

案例

幽默化解矛盾

某酒店餐厅,一位服务人员将客人点的桂花鱼误端到了另一桌上。当一桌客人正津津有味地品尝"白送"的桂花鱼时,点了桂花鱼的那一桌客人正在为桂花鱼迟迟未上而催促服务员。

两桌的客人都是餐厅的老主顾,怎么办?餐厅领班小李了解情况后,先带着服务员到点桂花鱼的那桌客人面前,温和地道歉:"让大家久等了!"而后又风趣地说:"不知今天的桂花鱼为什么这么淘气,跑到隔壁的桌上去了!害得你们久盼不到,我们没看住,给你们带来了不快,我们给诸位道歉了!请大家再耐心多等一会儿,我们让厨师尽快再做一条桂花鱼上来。"客人们听她一席话,看着她满脸的真诚,都笑了,其中一位客人很风趣地说:"不就是一条鱼吗?下次看牢点。"小李马上说:"谢谢各位了。"

然后,她们马上又来到另一桌的客人面前,以恭喜的口吻告诉客人："你们成了我们店的幸运之星，这条桂花鱼将给你们带来福气，使你们心想事成，恭喜各位了！"客人听后大喜，马上又点了一瓶酒助兴。

评析：

　　其实，像送错菜这样的差错，在餐饮服务中是司空见惯的。每当发生一些投诉或者是服务中出现差错时，服务人员都会按照一贯的处理方法去解决。首先向客人道歉；其次向客人说明缘由，一般都是将事故原因揽在自己身上；再次就是寻求解决之道。总归一句话，客人总是对的。也许，这样的处理方法可以减少一些不必要的麻烦。但是，还会有这样的问题：在盛怒中的客人会听你的劝解吗？你的道歉是否能取得客人的谅解？作为服务人员，是否该想一想有没有其他的解决方法呢？上面事例中的小李，用真诚与幽默的语言巧妙化解了矛盾，避免了由于工作失误造成客人不满的严重后果，在真诚、和谐、幽默、轻松气氛中，化解了客人的不满，妥善处理了事故。这充分说明了：幽默，也可以成为员工服务中的一部分。当矛盾发生时，有幽默感的服务人员能使一切变得轻松而自然。幽默不仅可以制造快乐，同时也是化解矛盾和摩擦的一个很好的方法。

案例

只因少说一句话

　　某大餐厅的正中间是一张特大的圆桌，从桌上的大红寿字和老老小小的宾客可知这是一次庆祝寿辰的家庭宴会。朝南坐的是位白发苍苍的八旬老翁，他就是今晚的寿星。一道又一道缤纷夺目的菜肴送上桌面，客人们对今天的菜显然感到心满意足。又是一道别具一格的点心送到了大桌子的正中央，整个大盆连同点心拼装成寓意长寿的仙桃状，引起邻桌食客伸颈远眺。不一会儿，盆子见底。客人还是团团坐着，笑声、祝酒声，汇成了一首天籁之曲。可是不知怎的,上了这道点心之后,再也不见端菜上来。闹声过后便是一阵沉寂,客人开始面面相觑,热火朝天的生日宴会慢慢冷却了。众人怕老人不悦,便开始东拉西扯,分散他的注意力。一刻钟过去,仍不见服务员上菜。老翁的儿子终于按捺不住,站起来朝服务台走去。接待他的是餐厅的领班。他听完客人的询问之后很惊讶:"你们的菜不是已经上完了吗?"中年人把这一消息告诉大家,每个人都感到扫兴。在一片沉闷中,客人怏怏离席而去。

评析:

　　本例中八旬老翁的生日宴会从一开始起便很成功,但是由于酒店最后一步棋没下好而功亏一篑。本例的症结在于上最后一道菜时服务员少说了一句话,致使整个宴席归于失败。服务员通常在上菜时要报菜名,如是最后一道菜,则还应向客人说明,最好再加上一句:"你们点的菜都上齐了,不知还需要添些什么吗?"这样做,既可以避免发生客人等菜的尴尬局面,又是一次促销行为,争取机会为酒店多做生意。在整个服务中需要服务员的细心和周到,容不得哪个环节上出现闪失。本例中,由于一名服务员少说一句话,致使酒店许多员工的服务归于无效,这又一次证明了酒店业中"100－1＝0"的理论。

案例

学会使用"沉锚效应"

　　某饭店餐厅,生意一直很火爆,但饮料的销售额却因为服务员的提问方式变动较大。以前,服务员总是问客人:"先生,您喝点什么?"结果在很多时候客人就点最大众化的饮料——雪碧,有的客人则干脆说:"不要了。"一段时间下来,饮料的销售额平平。

　　后来,经理要求服务员换一种问法:"先生,我们餐厅有椰汁、芒果汁、胡萝卜汁等饮料,您要哪一种饮料?"结果很少有客人再点价格相对较低的雪碧,转而选择价格相对较高的椰汁、芒果汁或胡萝卜汁中的一种。从这以后,饮料的销售额有了明显的增长。

评析：

心理学上有个名词叫作"沉锚效应"：在人们做决策时,思维往往会被得到的第一信息所左右,第一信息会像沉入海底的锚一样把你的思维固定在某处。因此,服务员在推销饮料等产品时,注意不要以"是"与"否"的问句提问,这样的问句的答复往往是要或不要。如果以选择性问句提问,这样客人的反应往往是从中做出一个选择。

除此外,还有一些语言促销小技巧：1. 语言减法,即说明这道菜假如现在不吃会怎样。如："这种鱼只有现在这个时段吃才是最好的,过了清明,味道就没这么好了。"2. 语言除法。即将一份菜的价格分成若干份,使其看起来不贵。如："某某菜"虽然要 30 元一份,但 6 个人平均下来不过 5 元钱,您只要花 5 元钱就可以尝到正宗的"某某菜"。3. 语言加法。服务员在客人点菜时,把优质菜肴的形象、特点,用描述性的语言加以具体化,让客人形成深刻的印象,从而引起食欲。如："这道菜不仅味道好,原料也十分新鲜,含有多种营养,还对虚火等症状有辅助疗效。"4. 借人之口法。即借助社会上有地位的知名人士对某菜点的评价,来证明其高质量、合理的价格,值得购买。例如："当年毛泽东曾赞誉过湖北的武昌鱼,您如果你品尝一下,一定会有同感。"5. 亲近法。如："这位老友,今晚我介绍一味好菜给您,原料是今天才买回来的……"6. 利用客人之间矛盾法。如果来就餐的二位客人,其中一位想点这道菜,另一位却不想点,服务员就应利用想点的那位客人的意见,赞同他的观点,使另一位客人改变观点,达到使客人购买的目的。7. 代客下决心法。当客人想点菜,但或多或少还有点犹豫,下不了决心,服务员可说："先生,这道菜我会关照师傅做得更好一点,包您满意。"等等。

案例

不能查"户口"式迎宾

小徐是某大酒店的新员工,因品貌出众、声音甜美被安排担任迎宾员。一天,正值午餐时间,小徐正在迎宾,来了一位小姐,小徐用服务规范用语问道:"小姐,您好! 欢迎光临! 请问您几位?"那位小姐一听就不高兴了,也不搭理她,小徐忙又重新问了一遍:"请问您几位?"谁知那位小姐立即生气地冲小徐喊起来:"你什么态度? 你管我几位? 没完没了地问来问去,你要查户口呀?"小徐忙向客人解释:"我问您几位,好给您找个合适的座位呀!"那位小姐更生气了,喊道:"你管我几位? 我愿坐哪儿就坐哪儿!"这时主管忙赶过来,让小徐走开,并诚恳地向客人道歉:"对不起,小姐,您别生气,这是服务员态度不好,说话不对,请您原谅。您里边请,请您自己选您喜欢的座位,请!"主管的诚恳道歉使小姐气消了些,小姐不再喊了,自己进入餐厅,在餐厅转了转,找了一张临窗的小桌坐下了。小徐一直在餐厅门口观察,心里直嘀咕:"我按规范询问她几位,怎么又不对了呢? 我态度挺和蔼的,主管怎么说我态度不好呢?"小徐感到迷惑了,"这到底是什么缘故? 我到底做错什么啦?"

评析:

本案例中,迎宾员在迎客时,应用问候语、欢迎语来迎宾,然后用征询语询问客人是否预订,了解客人就餐需要和喜欢的餐位,这是迎宾的基本规范。当独身客人来到餐厅时,用服务用语问话就要谨慎了,因为独身客人本来单独来就餐就有孤独的感觉,服务员问话时就不能强化客人这种感觉,不应该问:"就您一位吗?"这样会使客人反感,服务员应避免这种强化客人孤独感的不妥问话。正确的做法是看到单身一人来就餐的客人,就应引领至单独的小张桌后问:"您看这张餐桌可以吗?"客人若还等其他客人,就会主动告知服务员,服务员即可根据情况调整餐位。若是一位客人,他(她)会喜欢单独的小餐桌而又很自然就座,就可避免产生使单身客人感到孤独感的不良作用。

案例

方言解困境

事情发生在北方某饭店。一天晚上,到该饭店餐厅用餐的客人比往日多了很多,一些食品原料发生了短缺。一位客人连续点了两个粤菜,餐厅都不能提供。客人因此大为恼火,认为饭店是在故意怠慢他,于是大声吵嚷起来。任凭服务员怎样解释,还是难以平息客人的怒气。眼看事态要进一步扩大,旁边的另一位服务员小杨,从客人的话音里判断这是一位来自海南的客人,于是快步走过去,礼貌地对正发火的客人解释道:"先生,对不起,事情是这样的……"他说话时,故意夹杂了一些海南口音。客人一听,语气立刻缓和下来,脸色也好看多了,听完解释后也不再表示什么异议。于是,小杨又不失时机地征询其意见,替客人另点了两份粤菜。服务中,证实那位客人果然是海南人,小杨曾在海南打工过几年,于是他干脆用海南话与客人交谈起来。客人"他乡闻故音",一种亲切感油然而生,先前的不快也荡然无存了。

评析:

上面事例中,小杨运用方言与客人沟通,解除了服务困境。这说明,在特殊情况下,恰当地使用方言,在与客人交流感情,沟通思想,达成谅解等方面,往往会有意想不到的效果。有道是"乡音乡情",在中华民族源远流长的传统文化中,有一个举世皆知的文化心理特征,那就是乡土情谊。千百年来,中华民族世代生存的故土在老百姓心头占有神圣的地位,乡情成了中国老百姓根深蒂固的心理定式。"亲不亲,故乡人""久旱逢甘霖,他乡遇故人""老乡见老乡,两眼泪汪汪"等俗语,就是乡情的生动反映。

第六节　安全服务

卫生是客人最基本的心理需求,餐饮企业一定要为客人提供合乎卫生、对人体安全的餐食,它不仅关系到餐饮服务的好坏和餐厅的声誉,更重要的是直接关系到顾客和自身的健康。从某种意义上说,清洁卫生是餐厅出售的商品之一。顾客对餐饮服务质量的评价首先是餐饮服务卫生。我们在追求食品色、香、味、形的同时,不能忽视食品卫生。另外,还有一个重要的安全问题就是餐饮服务人员绝对不能使宾客受到人身安全的威胁。

案例

连串失误,导致客人吃出碎玻璃

台湾地区影视界的一位知名人士与家人在某酒店的中餐厅聚餐。饭后,他们享用饮料,却在两个玻璃杯里发现了破碎的玻璃,影响了一家人团聚的欢乐气氛,客人怒不可遏。餐厅人员百口难辩,不能否认,表示愿意接受法律制裁,也愿意赔偿,就差一点没向客人磕头作揖。但该客人不为所动,他说:"假若玻璃已经下到食管或留在胃里,会造成严重的后果,尤其是细微的玻璃碴留在胃壁上,可能致癌。我们也不要什么赔偿,只要酒店出具保证书,保证不会致癌,倘有致癌情形再负责赔偿。"餐厅人员提出先陪客人到医院检查、进行 X 光透视,但客人却说玻璃在胃里,而且颗粒太小,绝对照不出来,简直就是得理不饶人,双方几乎形成僵局。后酒店总经理打电话邀来这位人士的朋友代为说情,好说歹说,才摆平了这场纠纷。

评析:

酒店事后调查玻璃杯中何以会有破碎的玻璃碴,原来是因为厨房工作人员的不小心。厨房人员先把一篮子洗涤好、经过消毒、放在保温橱柜里的玻璃杯放在左手边齐肩高的柜子上,玻璃杯是杯口向下、杯底向上放置的,然后在齐腰高的台子上放一只篮子,用右手将玻璃杯一只只地翻过来放在空篮子里面。已经快放满的时候,一不小心,一只杯子碰到篮子的边沿碎了,破碎的玻璃就散落在空的杯子里。作业人员也检查过,但细微的玻璃碴留在玻璃杯里很不容易发现,于是作业人员疏忽地把橘子汁倒到每只杯里,端出去给了客人。假若能把已被污染的一篮子玻璃杯全部重新洗涤,酒店就能免除一场灾祸。进一步分析,玻璃杯在塑料篮子的边沿上稍微碰到,何以就会破碎?器皿组的人员说,这批购买的杯子质量不好,早已提出建议报废,但不知道为何又进入仓库。总之,酒店工作人员一连串的过失导致了严重的后果。

案例

简单的过程造成大事故

一次,某市一颇具身份的客人在某酒店的中餐厅宴客。服务员送上鱼翅盅后,客人在盅里赫然发现了一枚订书针,他只用汤匙挑了一下,就没再吃,也没动声色,连一点表情都没有。服务员站立在旁,已经一眼看到,惊出了一身冷汗,一直到换下一道菜时,服务员要撤去这道鱼翅盅,例行地询问一声:"不再用了?"他也仅用筷子指了一下。服务员机警地说了声"对不起"就撤走了,拿到厨房一看,一枚订书钉明显地在那里。这位客人包容的雅量、雍容大度的风范的确令人钦佩。

评析:

虽然酒店不会有人故意在鱼翅里放订书针,但是事故原因必须调查清楚。经彻底了解才明白,原来有很多干货,如鱼翅之类的食物,从市场买回来时都是用纸盒包装,纸盒封口都是用订书针,厨师在拆开纸盒时,不注意把订书针落到水盆里了。干货还要用水来浸泡,订书针又随着菜肴进到锅里,菜是煮烂了,订书针仍然是金属的,就这样造成了极大的事故。

案例

什么原因导致客人食物中毒?

小吴、小赵在某酒店如约举办了婚宴,近200名亲戚朋友参加。婚宴后,有10名左右的客人腹部剧痛,发生了腹泻,有的严重脱水,出现了昏迷,住进了医院。随后,两口子连续数日奔走医院,探望各位在医院治疗的亲朋好友,一一表示歉意,还垫付了几名亲友的医药费用。经查,这次腹泻事件主要是由于该酒店承办婚宴而引起的细菌性食物中毒。两口子既觉得愧对入院治疗的亲友,又觉得自己的身体及精神都受到了极大的损害。

评析:

本案例中,婚宴引起的多人细菌性食物中毒,给两位新人造成了终生的遗憾。餐饮服务各环节员工都必须注重卫生操作规范,主要有:

冷菜间卫生操作规范:加工前应认真检查待配制的成品冷菜,发现有腐败变质或其他感官性状异常的,不得进行加工。专间每餐(或每次)使用前应进行空气和操作台面的消毒。使用紫外线灯消毒的,应在无人操作时开启30分钟以上。加工后的直接入口生食的海产品应放置在食用冰中保存并用保鲜膜分隔,制作与上桌时间应控制在加工至食用的间隔不超过1小时。制作好的冷菜应尽量当餐用完。需批量制作的冷菜起锅后应使用消毒过的容器盛放,并应随即通过冷菜传送窗口放到冷菜间内进行冷却;剩余尚需使用的应存放于专用冰箱内冷藏或冷冻,并须在保存盒上标注具体的制作时间和保存日期;重新食用前,须按规定进行再加热处理;冷菜间使用的工具、容器应做到专用,用前应消毒。冷菜进出,必须经冷菜传送窗口传递,不得通过预进间传送。

食品粗加工卫生操作规范:加工前应认真检查待加工食品,发现有腐败变质迹象或者其他感官性状异常的,不得加工和使用。动物性食品、植物性食品做到分池清洗,水产品宜在专用水池清洗,禽蛋在使用前应对外壳进行清洗,必要时进行消毒处理。食品原料必须清洗干净,不得留有污垢。清洗好的食品原料须放在清洁容器内,盛放净菜的箩筐不得着地堆放,盛放动物性、植物性、水产品原料的容器宜专用,并应放置在固定的位置,与标识内容相一致。食品粗加工产生的废弃物与垃圾应及时放入废弃物容器,并及时加盖。

切配菜卫生操作规范:对所有预切配原料应例行进行质量检查,过期、腐败、变质等不符合卫生要求的原料不得切配,对未洗净的原料不予切配。切配工具有名有家、定位放置,刀不生锈、砧板不霉、操作台面清洁、抹布干净。切配时,废弃物做到落手清理,及时放入废弃物容器,并及时加盖。

烹饪卫生操作规范:应对预加工食品及原料进行质量检查,发现过期、腐败、变质等不符合卫生要求的,不得烹饪。烹饪食品按五常要求定点定位放置,回收的食品(包括辅料)不得再烹调、再供应。烹饪食品应烧熟煮透,食品中心温度不低于70℃;需冷藏的熟制品,应在起锅后及时送冷菜间内进行冷却,并冷藏。厨师操作,严禁直接用勺子尝味。严禁用配菜盆盛放成品菜。烹饪操作,使用的抹布,做到专用并随时保持清洁,禁止使用抹布揩擦盛装菜肴的碗盘。烹饪结束,调料加盖,调料瓶、炊具、灶上灶下、台面灶面清洗整理干净,并将各类物品按标识位置存放;废弃油脂按规定统一放置处理。

面点间操作规范:面点师加工前应认真检查各种食品原辅料的卫生质量,发现有腐败变质或者其他感官性状异常的,不得用于面点加工。未用完的馅料或半成品,应及时放置到冷柜内,并在规定存放期限内用完。奶油类原料应低温存放。蛋糕类成品必须在专间内完成后续制作(如裱花)和分装。水分含量较高的含奶、蛋的点心应在10℃以下或60℃以上的温度条件下存放。散装原料应有统一盒子存放,并严格按标签画线定位,整齐规范摆放。每次操作结束,及时将工用具、台面清洗整理干净,并将各类物品按标识位置放置。

备餐操作规范:备菜责任人,应认真履行待供食品的卫生质量检查,发现感官性状或其他异常时,应停止供应;备菜操作时,应避免操作过程污染食品。菜肴分派、造型整理的用具,使用前应消毒。用于菜肴装饰的原料使用前应洗净消毒,并不能反复使用。备餐间每餐(或每次)使用前应进行空气和操作台面的消毒。使用紫外线灯消毒的,应在备菜间无人时,开启30分钟以上。备餐间内物品应严格按标签画线位置摆放,各类工具按功能标签专用。

案例

如此洗菜要不得

一家酒楼的厨房里,洗菜的师傅将青菜丢进一个大盆里,然后在水龙头下随便搓几下,马上捞出来放进旁边一个已经看不出颜色的塑料篮子里;一些青瓜、苦瓜等瓜类他更是放在水里浸一下便捞出来,几乎没有经过浸泡。而厨房的师傅也是从菜篮里抓起菜,放在沸水里烫一下过过水,便捞出来放在碟子里,另一位师傅便接手将一些调料放进去,然后用手把菜摆放得更漂亮一点,一盘凉拌菜就这样"制"成了。

评析:

本案例是某市卫生监督部门一名工作人员在某酒楼进行"暗访"时见到的一个场景。后来,卫生监督部门对该市餐饮业进行了一次全面检查,从检查情况来看,卫生状况堪忧,餐饮业从业人员对个人卫生不太注重是个突出问题,如有的从业人员留着长长的指甲,而有的穿着工作衣随意外出、上洗手间。

个人清洁是个人卫生管理的基础,个人清洁状况不仅显示个人的自尊自爱,也代表着餐厅的形象。因此,餐饮业员工的个人卫生管理应以培养个人良好的卫生习惯为前提。

1. 应具有健康意识,懂得基本的健康知识,保持身体健康,精神饱满,睡眠充足。如感不适,应及时向主管报告,如呼吸系统的任何不正常情况(感冒、咽喉炎、扁桃体炎、支气管疾病和肺部疾病),肠疾如腹泻;还应报告任何皮肤发疹、生疖等疾病;报告受伤情况,包括被刀或其他利器划破和烧伤等。

2. 应养成良好的个人卫生习惯。不用指尖搔头、挖鼻孔、擦拭嘴巴;饭前、便后要洗手;接触食品或食品器具、器皿前要洗手;不可以在他人面前咳嗽、打喷嚏;经常洗脸、洗澡以确保身体的清洁;经常理发、洗头、剪指甲;不随地吐痰、抛果皮废物;注意保持仪容整洁,不留胡须,剪短头发,戴帽后头发不可露出;不可佩戴饰物,经常保持服装干净整洁;穿清洁舒适的平底鞋。

3. 工作时应穿戴清洁的工作衣帽,目的是防止头发、毛线、杂物等混入食品。工作衣帽的制作应合乎卫生、舒适、方便、美观的原则;布料应不易沾粘毛絮,不起毛,易洗、快干、免烫、不褪色;颜色以浅色为主,如白色、浅蓝、浅绿、粉红;工作帽应能遮盖头发。

4. 手因经常与食品直接接触,成为传播有害微生物的主要媒介,因此维护手部清洁相当重要。工作人员为确保手部卫生,平时要养成洗手的习惯。手部附着的细菌有两种:一种附着于皮肤表面,称为暂时性细菌;另一种附着于皮肤的皮纹及皮脂腺内,称为永久性细菌。一般洗手、刷手只能清洁皮肤表面附着的细菌。因此当工作人员必须用手直接接触食物时,最好戴上完整、清洁的手套以确保食品卫生。

5. 接触直接入口食品的操作人员在有下列情形时应洗手:开始工作前,处理食物前,上厕所后,处理生食物后,处理弄污的设备或饮食用具后,咳嗽、打喷嚏或擤鼻子后,处理动物或废物后,触摸耳朵、鼻子、头发、口腔或身体其他部位后,从事任何可能会污染双手的活动(如处理货项、执行清洁任务)后。

6. 必须掌握正确洗手方法,才能确保手部清洁。具体的做法是：首先用水润湿手部，擦上肥皂或洗手液（若使用肥皂，使用后必须用水冲洗肥皂，放回肥皂盒），两手心相互摩擦；两手间自手背至手指相互揉擦；用力互搓两手的全部包括手掌及手背，做拉手姿势擦洗指尖；冲去肥皂，洗净手部，用拭手纸擦干（烘干机烘干）。

7. 指甲为藏污纳垢之处，蓄留指甲易造成污物、病原菌污染食品，故餐饮业员工不可留指甲，以确保食品卫生。指甲油会剥落、饰物会脱落，因此应禁止涂指甲油、戴饰物。

8. 手部有创伤、脓肿时不得接触食品，因创伤、脓肿部位可能有绿脓菌，一旦污染了食品，会在食品中繁殖，并产生耐热的肠内毒素，易造成食物中毒。因此手部一旦有创伤、脓肿，应严禁从事接触食品的作业。

9. 不可在工作场所中吸烟、饮食，非必要时勿互相交谈。因为人体的上呼吸道、食道等均与外界相通，这些管壁上均有黏膜，是细菌生长、繁殖的良好场所，除细菌外尚有一些病毒，这些细菌病毒可借唾液传至其他食物上。所以工作场所不可饮食、吸烟，并尽量不交谈。

10. 拿取餐具、食物都要采用卫生方法，不要用手接触餐具上客人入口的部位。餐具要拿柄，玻璃杯要拿底部，拿盘子时拇指只能接触盘子的边缘部分。

案例

不能在客人面前"揭底"

某大酒店的西餐厅向一位客人提供西餐服务，浓汤送上来后，客人一尝，皱起眉头，即把服务员叫过来，对她说："我是吃西餐的行家，一试就知道这汤味道不对。"并抱怨说："这汤一点不热，味道也不正，要重做。"服务员向客人道歉："真对不起，我们马上为您重做一个。"于是，服务员把汤端回厨房，并将客人的要求告诉厨师。厨师不吭声，一副不以为然的态度。服务员走后，厨师没有将汤重做，只把原来那盆汤热了一下就完了。过了一会,服务员把汤又端了上来,客人一试,满意地点点头:"对,就是这个味道啦!"这时,厨师走了出来,听了客人的话,冷不防跳到客人面前亮出了"底牌"说:"哼!我老实告诉你,这就是你刚才尝的那盆汤,只不过稍稍热了一下,根本没有重做。现在你怎么说?可见你根本不懂西餐,你是十足的外行,不懂装懂!"厨师如此"揭底",气得客人面色发青,最终两人竟然动起手来。

评析:

　　本案例中厨师的做法是十分错误的。本来已巧妙解决了的"不满意",由于厨师的"仗义执言"而砸了锅。这件事,开始时的的确确是顾客的错误。但由于厨师非得跟客人争输赢,从而激化了矛盾。这位厨师的做法,不仅得罪了客人,而且损害了餐厅声誉,是严重缺乏职业道德的表现,应受到严厉的处罚。

案例

当服务员被骚扰

　　一天,一位客人走进酒店餐厅,要了几个菜、一瓶白酒。那一杯杯白酒,像水一样倒进客人嘴里。"服务员,拿酒来。"客人敲着桌子叫,斜眼看一下附近的服务员小赵。小赵看到客人脸色白中泛青,心想,客人一定喝多了,可要小心!"先生不要喝醉酒……"小赵善意地提醒客人。客人瞪着眼:"什么酒醉,我没醉,再来两瓶也不会醉。"他看了一眼小赵,眼神被锁住了。小赵20岁,生得亭亭玉立,白皙如脂的肌肤,红扑扑的脸,洋溢着女性的青春和魅力。客人一手接过一瓶酒,一手一把揽住小赵的腰:"小姐,好美,陪我喝酒。"小赵急着要挣开身,眼泪都快要滚出来了,口中直说:"先生,不行,酒店有规定,不能陪——"接下来发生的事,像是决堤的水失去了控制,餐厅男主管和几名服务员赶过去,来往的言语很快升级,火药味越来越重，终于动起了"武行"。

评析：

　　从本案例看，客人是酒醉失控，应马上让小赵回避，另由男员工做好预备，尽量按第一种情况"哄"住。保安人员尽量不出面，防止对方受到"刺激"，"哄""稳"是最恰当的办法。

　　作为服务人员，要善于控制自己的情绪，特别要注意控制怒气。从生理学角度讲，愤怒对人的身体健康影响很大。当人愤怒时，交感神经兴奋增强，从而使心率加快，血压升高，所以经常发怒的人，易患高血压、冠心病，并且可以使病情加重，甚至可危及生命。从心理学角度讲，愤怒会干扰人的思维。人在冷静时大脑的思维清楚而敏捷，逻辑合理。而愤怒时就会做出片面的、不合逻辑的判断，甚至是过激的、不科学的判断。从社会学角度讲，愤怒会伤害人的感情，影响、破坏团结。生活中，哪里有怒气，哪里就有冲突。发怒时说出过激的语言，做出无礼的举动，会导致人与人之间的感情产生裂痕，破坏人际间亲密融洽的关系。

本章资料来源

[1]程新造.星级饭店餐饮服务案例选析.北京:旅游教育出版社,2000.

[2]张建宏.现代餐饮管理导论.北京:知识产权出版社,2011.

[3]张建宏.餐厅服务400问.北京:化学工业出版社,2008.

[4]曾郁娟.餐馆赢在细节.广州:广州出版社,2007.

[5]曾郁娟.顾客应对技巧.广州:广州出版社,2001.

[6]孔永生.餐饮细微服务.北京:中国旅游出版社,2007.

[7]张耀宗.酒店服务员纠错100例.北京:现代出版社,2007.

[8]上海市旅游事业管理委员会.服务的艺术.上海:上海教育出版社,2002.

[9]王大悟.酒店服务学.合肥:黄山书社,2004.

[10]王婉飞.餐饮消费心理与经营策略.北京：中国发展出版社,2001.

[11]辽宁省人民政府交际处.宾馆酒店服务技术考核总汇.沈阳：辽宁科学技术出版社,1991.

第八章 导游带团服务案例

第一节 服务语言

语言是人际交往的重要工具,是表达思想感情最重要的媒介。"江山美不美,全靠导游一张嘴",对导游来说,语言能力尤其重要。可以这样说,导游语言是导游从事导游职业的主要手段,它直接影响着接待效果和服务质量。

案例

导游的欢迎词

一位杭州导游的开场白是这样的:"各位朋友,来杭州之前,您一定听说过'上有天堂,下有苏杭'。其实,将杭州比喻成人间天堂,很大程度上是因为有了西湖。苏东坡诗云:水光潋滟晴方好,山色空蒙雨亦奇。欲把西湖比西子,淡妆浓抹总相宜。西湖风景展现了经久不衰的魅力,白居易离开杭州时还念念不忘西湖:未能抛得杭州去,一半勾留是此湖。朋友们,下面就随我一起从岳庙码头乘船去游览西湖。"

一位导游这样欢迎游客:"各位朋友大家好,很高兴能在这个阳光灿烂的日子里与大家相会。我们的车厢不大,却能容纳五湖四海,既然我们从960万平方公里的土地上相聚到这个小小的车厢里,借用范伟一句经典名言——缘分啊!一上车我就感觉到大家的热情,在我身上'刷刷刷'地上下扫描,可能前面的朋友看得清楚一点,后面的朋友看得清楚吗?不管看得清看不清,我先自我介绍一下……"

有个导游在接待医生团时的欢迎词是这样的:"各位早上好!

我叫张少昆，是某某旅行社的导游，十分荣幸能为各位服务。各位大都是医生吧？医生是社会最好的职业。我一出生，就对医生有特别的感情，因为我是难产儿，多亏了医生我才得以'死里逃生'。今天的旅游节目是这样为大家安排的，首先游览岳阳楼、洞庭湖，然后去参观一家中医院。如果还有时间，我想请大家参加一个特别节目，就是为我诊断一下，为什么我老是容易感冒。谢谢!"

评析：

　　导游整洁的服装、饱满的精神、优雅的举止，都是留给游客良好印象的第一步。但是，导游真正的第一次"亮相"还是在致欢迎词的时候。因此，导游必须注意如何致好欢迎词。

　　简洁自然。在导游的工作程序中，一般要在游客已经在旅游车上入座、即将出发前往下榻地或旅游景点时向游客致欢迎词。此时游客可能会出现两种状态：其一是游客刚刚抵达旅游地，精神上比较亢奋，希望马上了解旅游地的情况；其二是游客经过长途旅行，身体比较疲惫，希望能够在车行途中稍事休息。无论是哪一种情况，游客虽然对导游存在一定的新鲜感，但都不会将导游作为主要的欣赏对象。因此，导游致欢迎词时间不能太长，话不多说，点到为止，只要能够让游客体会到自己的欢迎之情就可以了。一般来说，欢迎词的时间要控制在5分钟左右。尽管事先可能有心理准备，但游客仍然不免会对突然来致辞的导游存在一定的"突兀"之感。因此，欢迎词要以自然的语言、和缓的语调、随意的口吻来消除游客的这种感觉。

　　热情亲切。在致欢迎词前，导游的身份尚未得到游客的认同，双方还很陌生。为便于以后工作的开展，导游必须尽快与游客互相熟络起来。在欢迎词中，要达到这样的效果，导游必须热情亲切，以"好客主人"的形象对游客的光临表示欢迎，迅速拉近与游客之间的情感距离。值得注意的是，欢迎词的感情表达不宜过于强烈。过度的热情，甚至慷慨激昂，反而给人以虚假造作之感。

　　针对性强。欢迎词应当包括向客人问候，自我介绍和介绍驾驶员,代表旅行社向游客表示欢迎,介绍自己的服务宗旨,尽可能满足他们的要求,祝客人旅途愉快,等等。但如果欢迎词仅仅是这些内容,而且各地导游都千篇一律的话,就会变成"例行公事",是达不到预期目的的。由于不断重复,客人也会反应冷淡。因此,导游应根据客人的心理、情绪状况及其所在国家的国情、习俗以及导游自己所在城市的名称、司陪人员的姓名等特点,进行一定的艺术加工后再讲,方能引起因长时间乘坐夜车而昏昏欲睡的游客们对"节目"表演的浓厚兴趣和共鸣。

强调文采。一篇好的欢迎词,不仅能驱散旅游者心头的种种疑惑和迷雾,还是一曲乐章的序曲,通过导游的演奏,将听众(游客)带入这美妙的音乐氛围。充满文采的欢迎词,将会是更美妙的音乐,能收到更好的效果。

幽默风趣。欢迎词的一个重要内容是自我介绍,此时,导游完全可以自嘲一下,既风趣又不夸张,给游客留下深刻印象。这样能够创造出融洽的气氛,缩短心理距离。

把握分寸。欢迎词中涉及一个自我评价的问题。恰如其分的自我评价,是缩短与游客之间距离、迅速赢得游客信任的有效途径。恰如其分就是把握好分寸。具体说,首先,要把握自谦的分寸。自谦的方式固然可用于来自东方的游客,但自谦的分量大了,也会给人以"缺乏自信"的感觉。至于西方的游客,就完全不必用自谦。因为"自我观念"的文化差异会使他们对你产生很大的怀疑和不满。其次,还要把握自信、自得的分寸,为取得游客信任而夸夸其谈、自吹自擂,效果也将适得其反。

案例

导游讲解不顾游客感受

一个炎热的夏天,导游在上海带领着一群兴致勃勃的游客参观游览龙华古寺。在宝塔下他滔滔不绝地讲解着,开始时,游客们津津有味地听着,10分钟后,游客走掉三分之一,15分钟后,游客又走掉一半,当他讲解了20分钟后,身旁的游客寥寥无几。这时有几位游客在一旁的遮阳处大声叫喊起来:"导游,差不多了,有人要中暑了。"

评析:

　　那位导游的目的是希望通过自己丰富而又全面的讲解,让游客获得更多的知识,但由于不顾天气炎热,让游客在太阳底下直晒,再加上滔滔不绝地讲个没完,结果事与愿违。它提醒我们,每个旅游者都是人,在服务时不仅需要规范的操作,而且需要细心的关怀,从而提高游客的满意度。

案例

导游的欢送词

　　有位南京导游这样送别台湾地区游客:"好花不常开,好景不常在,今日离别后,何日君再来?邓丽君小姐的这首《何日君再来》表达了我此时的感受。我相信,我们之间友情的花朵会常开,南京的美景永远常在,今日离别后,我们还会再相逢,或许会在南京、也可能在台湾地区,我期盼着。再见,各位朋友。"

　　有个导游的欢送词是这样的:"短暂的相逢就要结束,挥挥手就要和大家告别,非常感谢大家一路上的支持和配合,在这分手的时候,祝大家一路顺风,早日回到自己温暖的家,同时也希望大家回到自己的家乡后,偶尔翻起中国地图,想起曾经到过这样一个小城,对那里有这样或那样的回忆,曾经有怎样一个小导游和大家一起度过短暂的几天,留下了或多或少的记忆,在这里我只有对大家说'悄悄的我走了,正如我悄悄的来,我挥一挥衣袖,不带走一片云彩'。"

　　一位导游这样致欢送词:"各位嘉宾,在楚雄的游览即将结束,到达酒店后我们将彼此道一声再见。这两天,我们游览了紫溪山、博物馆、黑井古镇、十月太阳历文化园,相信大家对紫溪山的茶花、黑井古镇的古朴宁静、民族风情的绚丽多姿还记忆犹新吧。无论我怎样舍不得你们离开,毕竟天下无不散的宴席。另一方面,我也为大家感到高兴,因为你们很快就要回到家中,和家人团聚,和朋友叙情。他乡的山虽好、他乡的水虽美,却锁不住那思乡念家之情。我希望各位回到家乡后,能把你们对楚雄的美好感受告诉你们的家人朋友,让他们也和你分享旅游之乐。希望他们也能和各位再到云南来,再到彝州来,武定狮子山的神奇、禄丰侏罗纪公园的神秘正等着你们去探寻。"

我国有一位干了近 40 年的英文导游,在同游客告别时,为体现"期盼重逢",他说:"中国有句古语,叫作'两山不能相遇,两人总能相逢',我期盼着不久的将来,我们还会在中国,也可能在贵国相会,我期盼着,再见,各位!"也许这位老导游的话和他的热诚太感人了,时至今日,每年圣诞节、新年,贺年卡从世界各地向他飞来,有不少贺年卡,是他一二十年前接待的客人寄来的,上面工工整整地用英文手写着"Greetings from another mountain"(来自另一座山的问候)。

评析:

欢迎词给游客留下的是美好的第一印象,欢送词给游客留下的最后印象则是深刻的、持久的、终生难忘的。导游在送站时,欢送词中须含有以下内容:

欢送词中应对分别表示惋惜之情、留恋之意,讲此内容时,面部表情应深沉,不可嬉皮笑脸,要给客人留下"人走茶更热"之感。

导游要感谢客人对导游和旅行社工作给予的支持、合作、帮助、谅解。有个导游的欢送词是这样的:"在这次旅游过程中,我有很多地方做得不到位,出现了不少疏漏,但大家不但理解我而且还十分支持我的工作。这些点点滴滴的小事情,使我非常感动。也许我不是最好的导游,但是大家却是我遇见过的最好的客人,能和最好的客人一起度过这难忘的几天,这也是我导游生涯中最大的收获。"在"感谢合作"后,导游还要"征求意见",这是告诉游客,我们知道有不足,通过大家帮助,下一次接待会更好。

导游可视送站时间长短,与游客一起回忆一下这段时间所游览的项目、参加的活动,给游客一种归纳、总结之感,将许多感官的认识上升到理性的认识。也可介绍一下未去景点的情况,欢迎客人有机会再次光临,并去这些景点参观。

最后,导游要提醒客人不要丢下东西,祝愿客人旅途平安,并期盼再相逢。

由上可见,一篇艺术的欢送词,几句情深意切,略带文采的话,会给游客留下深远的印象。另外,还有一点要特别注意,有经验的导游在话别游客之后,都会等飞机上天、轮船离岸、火车出站后,才离开现场,"仓促挥手,扭头就走",会给游客留下"是职业导游,不是有感情的导游"的印象。

第二节　带团技巧

旅游团作为一个松散的临时组合起来的团体,人多嘴杂,又加上"百姓百性",同时在不同的地点、不同的环境,游客还会出现不同的问题和要求,所以,缺少必要的带团技巧和技能或有效解决问题的"钥匙"是不可能带好一个团队的。

案例

饭店少给两间客房

导游小颜是个从事导游工作时间不长的小伙子,一次,旅游旺季的时候,他出任全陪带一个 26 人的旅游团去黄山。依照计划,该团在黄山住 XX 饭店,客房由黄山地方接待社代订。下了车,进了饭店,小颜把游客安顿在大厅,就随地陪、领队来到总台拿客房。地陪刚报完团号，总台小姐就不好意思地跟地陪、小颜及领队说："对不起，今晚饭店客房非常紧张，原订 13 间客房只能给 11 间客房，有4 个游客要睡加床，但明天就可以给 13 间客房。"山上饭店少，附近没有其他饭店，而此时天色已晚，若下山找饭店，因索道已停开，也无可能。小颜是个急性子，这种情况又是第一次碰到，当确知饭店已不可能提供客房后，他转过身来对着站在自己后边的地陪，脱口说道："你们社怎么搞的，订客房能力那么差！"地陪也不是个好捏的软柿子，听了这话，起先还一愣，但马上针尖对麦芒地回了一句："有本事，你社可以自订啊。何必委托我们订房呢？"说完，就离开了总台，赌气地在大厅沙发上坐了下来。领队看到小颜、地陪闹意见，也没多说什么，拿了 11 间客房的钥匙，把游客召集到一起，把情况和大家摊了牌，然后态度诚恳地说："各位，情况就是这样，希望大家能相互体谅，也算帮我的忙。有愿睡加床的客人请举手。"说完，领队自己先举起了手，跟着好几位游客都举起了手。就这样，领队轻而易举地解决了问题。

评析：

　　带团过程中，全陪、地陪、领队只有"协作共事"，才能摆脱困难，才能完成共同的任务。本案例中，因为组团社委托地方接待社订房，但结果饭店少给了两间客房，责任似乎在于地方接待社。但是，地方接待社作为组团社的合作伙伴恰恰是经过组团社认可的，地方接待社方面出了问题，难道作为"资格审定者"的组团社没有责任吗？小颜作为组团社方派出的全陪难道职责仅仅是责怪吗、埋怨吗？正确的做法是：小颜应该和地陪、领队紧密配合，商量出问题的解决方法。应该说，领队的做法是给小颜和地陪上了一课。埋怨、赌气不但无济于事情的解决，反而会加剧双方的矛盾，这种做法是绝对不可取的。

个别游客与团内其他成员不合群

H市XX旅行社的地陪小王接了一个团,该团到H市时已是行程倒数第二站了。带团过程中,小王发现不管是在餐厅,还是在景点,有一位姓施的游客与其他的团友总是不合。小王很纳闷,他想:一位游客如果不合群,那出门旅游还有什么乐趣可言呢?小王想解开这个谜,于是他去问全陪。全陪告诉他,这个旅游团的游客,除施先生外,其他都是一个单位的员工。施先生到旅行社报名时,刚好这一团成行,且行程也一样,于是旅行社便把他安插进了这个旅游团。知道原委后,小王采取了一些措施,如在用餐时,他特意询问该游客,饮食是否符合胃口,在游览过程中,小王故意与他走在一起并与他聊天等,目的是以此引起其他游客的注意。但因为行程已近尾声,收效不大,其他游客与他的交往很少。

评析:

对于本案例中的施先生来说,此次旅游一定无乐趣可言。我们可以想见,他以后也一定不会参加全陪所在的那家旅行社组织的旅游活动了。造成这种结果的原因是什么呢?原因之一是旅行社在旅游团组合时,将施先生这个"个体"安插进了原来就铁板一块的"群体"中,这使得施先生很难融合到旅游团中;原因之二是施先生加入了旅游团后,全陪的工作没有跟上去,这是问题最主要的症结所在。本案例中,虽然H市地陪小王发现问题后做了些补救工作,但因"木已成舟",收效甚微。如果本团全陪也能同地陪小王一样,细心观察游客神态、言行,一开始就把工作做起来,则对于施先生来说,此趟旅游的感受可能大不一样。所以导游应该:第一,旅游团行程一开始时,全陪就应用"介绍法"等方法将个体游客介绍给全团游客,使他能和大家熟悉;其次,在一路上,全陪应对该"个体游客"适当加以关照。当然,必须掌握分寸,以免引起其他游客不满。总之一句话,设法使个体游客加入到团体中去,和所有游客打成一片。

案例

旅游团内有数个小团体

全陪小沈带的是由25位游客组成的大团,行程时间长达13天。第三天行程结束后,小沈发觉有点不对劲。晚餐前坐在后面的一拨游客突然提出要去另外一家知名度较大的酒楼。再想想这几天的游览过程中,25位游客好像是三个旅游团似的:在旅行车上,三拨游客分别占据前、中、后的位置,绝不含糊;下了车也是你一团、我一堆、他一伙,旅游团拉得很长;用餐时,你坐你的,我坐我的,他有他的位置。总之,这一拨游客与那一拨游客极少交谈,形同陌路。面对这种情况,小沈心里想:"旅游团行程已好几天了,仍然这样三三两两,长此以往,后面这样那样的事一定不会少,得想办法解决这种状况。"但是这种情况小沈以前又没有碰到过,小沈虽然心里有想法,可又不知从何处着手去解决。

评析:

本案例叙述的是一个旅游团中存在着数个"小团体"的情况。导游作为旅游团的管理者,作为旅游这出"戏"的"导演",一定要注意到这种情况的存在及演变,及时地加以引导,使之往好的方面发展,从而促使旅游团拥有和睦、友好的氛围。导游可以分三步走:第一步,了解小团体形成的原因,是来自同一单位、同一地区的,或者是相互之间在加入旅游团前就形成的,等等。第二步,找出几个"小团体"的核心人物。这些"小团体"的核心人物由于自身社会地位或经济地位等原因,往往身后有许多追随者,一呼百应,他们说话较有影响力。第三步是对症下药,采取适当措施:从"小团体"的核心开始做工作,介绍他们相互认识,请求他们对自己工作的配合,然后设法提供所有团员相互接触、认识的机会,如互换位置,全团游客自我介绍,介绍团员的个别特长、文娱爱好并做表演,等等。总之,作为导游,应该认识到旅游团的目标是要靠大家、靠旅游团中每一个人的齐心协力去实现的。越是向心力强的旅游团,行程越有吸引力,越能给大家留下深刻的印象。

案例

行动不便者要上黄山

中国旅行社的小俞是一位优秀导游。一次,他带一个境外团由杭州赴黄山旅游。该团计划 7 月 6 日早上坐缆车上黄山,7 月 8 日下午步行下山。在去黄山途中,小俞了解到,团中有一位年过六十、行动不太方便的游客。到了山下,小俞主动找这位老先生聊天,意欲劝阻他上山,因为 7 月 8 日步行下山,这位老者肯定承受不了。但还没等小俞把意图说出来,这位老先生先道出了他从小就梦想登黄山赏奇景的夙愿,并说这次的目的就是圆他盼了近半个世纪的黄山梦。然而,如果让这位老者和旅游团一起下山则势必耽误大家的时间,怎么办呢?

小俞和领队、地陪为此聚在一起商量,拿出了两套方案。晚饭后,小俞、领队等来到老先生客房。小俞先把旅游团的行程计划介绍给老先生,并委婉地建议老先生上下山都坐缆车,但老先生听后有些不悦,他一定要登一回黄山。这时,小俞提出了第二套方案,提议老先生下山那天最后一个游览点不去,由自己陪他提早下山。老先生接受了这个方案。第三天,小俞带着这位老先生提前两个小时下山。一路上,石阶陡的时候,小俞就扶着老先生走,好走时,小俞边走边为他讲解黄山美景。走累了,两人就在石阶上坐一会儿。这样,走走停停,停停走走,等他俩快到山脚时,其他团员刚好和他们会合。回到饭店后,老先生把小俞叫到自己的客房,拿出 100 美元,硬是要塞给小俞,并说,这是他的一点心意,一定要小俞收下。小俞推脱不了,只好收下。旅游团行程结束后,小俞向旅行社上交了 100 美元,并汇报了事情经过。旅行社领导听后十分满意,不但表扬了小俞想游客之所想的举措,并当场决定奖励小俞 400 元人民币。

评析：

游客参加旅游团，主要目的之一是使自己身心愉悦。有的游客虽因身体年龄原因，行动不便，在别人看来难以完成某些游览项目或将连累他人，但游客自己并不一定这样认为。他们往往把完成这种在常人看来不能完成的事、征服在常人看来不能征服的困难，当作自我实现、自我升华的一种方式。因此，作为导游必须掌握游客心理，然后依照服务宗旨，尽量满足游客要求。本案例中小俞既为全团游客所想，也为这位老先生着想，最终让游客圆了多年的黄山梦。处理方法两全其美，真不愧是一名优秀导游。

案例

制止游客迟到、拖沓的行为

"各位团友，现在我们要去游览的是江南名刹——灵隐寺，我们在灵隐寺游览的时间是一个半小时，下车后请大家跟我走。如果有不去游灵隐寺的，可以下车活动活动，但 11:00 一定要上车，请记住我们车子的颜色和车牌号……"在到灵隐寺时，导游赖小姐正对着她的游客宣布注意事项。在两天的游览过程中，总有那么几个游客时常迟到，赖小姐提醒他们别迟到、拖沓，但他们总有十足的理由，对此一些游客也颇有微词。赖小姐带游客游览完灵隐寺，又有两个游客未准时上车。她想，如果不及时采取措施，会导致旅游团的涣散；另外，若经常为此事而提醒，守时的游客听了也会不耐烦，等到 11:05，两位游客仍未上车。赖小姐拿起车上的麦克风笑着对车上的游客说："我们说好 11:00 准时上车的，现在还有 X 小姐和 X 小姐没回来，她们回来后，我们罚她们唱一首歌，好不好？"游客齐声附和。过了七八分钟，两位小姐终于姗姗而来。赖小姐照事先安排，让游客出面，罚那两个迟到的小姐唱了几首歌，两位小姐在游客们一致的要求下，只好唱歌。为了给这两位小姐面子，她们唱完后，赖小姐自己也唱了一首歌。唱完后，赖小姐一边微笑一边反话正说：

"欢迎大家迟到,我们做个规矩:第一次迟到者唱歌,第二次迟到者跳舞,第三次迟到者载歌载舞。大家说好不好?"游客们齐声叫好。从此,迟到、拖沓的事情再也没有发生。

评析:

　　旅行过程中,有游客迟到是常见的。若放任其行为,任其蔓延,势必造成旅游团的懒散,甚至耽误旅游行程。然而,用强硬的措施,诸如训斥迟到者或干脆丢下其不管(并非危言耸听,报载,有不负责任的导游就这样做过),则又与我们"宾客至上,服务至上"的宗旨相违背,严重者还会导致游客投诉。怎么办?导游只能采用一些高明的手段或"软"方法,一方面让迟到者引以为戒,另一方面又不使其在他人面前丢面子;同时,还要能使其他游客以之为戒。本案例中所采用的"罚唱歌"不失为一种好办法,导游赖小姐所讲的一段话实为妙语,赖小姐本人不出面由旅游团游客出面"执法",则是一着妙棋。

本章资料来源

[1] 张建宏,傅琴琴.区域旅游发展与人才开发研究.五家渠:新疆建设兵团出版社,2014.

[2] 薛群慧.旅游心理学:理论·案例.天津:南开大学出版社,2010.

[3] 李娌,王哲.导游服务案例精选解析.北京:旅游教育出版社,2007.

[4] http://www.wangxiao.cn/dy/45841433756.html.

附录 1 旅游饭店服务 110

◎**遇到服装奇异、举止特殊的客人时,怎么办?**

(1)要尊重客人的个人爱好和风俗习惯。

(2)不要围观、嘲笑、议论、模仿或起外号。

◎**遇到刁难的客人时,怎么办?**

(1)"客人总是对的",对于刁难的客人也应以礼相待。

(2)注意听客人的问题,分析其刁难的原因,尽力帮助客人解决难题。

(3)如客人的要求与酒店规定相悖,则要耐心解释。

(4)如是无理要求,则婉转地拒绝。

◎**发现客人行动不方便时,怎么办?**

(1)发现客人行动不方便,而客人的房间又远离服务台时,在住房情况允许的条件下,征求客人意见并与有关部门联系,将房间调至服务台附近,以便于照顾。

(2)客人外出或回来时应主动按电梯、开门,主动扶携,以免发生意外。

◎**在服务中,自己心情欠佳时怎么办?**

(1)要记住我们的工作是为客人服务,而不是为自己服务,所以不能将自己的不佳情绪带到工作中。

(2)自己的不良情绪会造成工作失误和客人不满,要尽力去克制。

(3)如实难控制,应暂时回避,等情绪稳定下来再为客人服务。

◎**客人请你出去玩或看戏时,怎么办?**

(1)表示感谢。

(2)婉言谢绝。

(3)注意谢绝的语言技巧。

◎**客人有伤心或不幸的事，心情不好时，怎么办？**

(1)同情和安慰客人。

(2)询问客人有何需要。

(3)避免刺激客人的行为。

(4)让客人有个安静的环境。

(5)做好防范，确保客人的安全。

◎**客人向你纠缠时，怎么办？**

(1)服务员不应以任何不耐烦、不礼貌的言行冲撞客人。

(2)要想办法摆脱客人的纠缠，当班的服务员应主动配合，让被纠缠的服务员干别的工作，避开客人的纠缠。

(3)当一个人在服务台，又不能离开现场的话，应运用语言艺术婉言摆脱客人的纠缠。如"实在对不起，如果没有什么事的话，我还要干别的工作，请原谅"。

(4)借故在服务台附近找一些工作干，如吸地毯、搞服务台卫生等，一方面照顾服务台，另一方面摆脱客人的纠缠。

(5)如果仍然无效，可挂电话到邻近服务台暗示求援或找一个人来服务台，自己借故要做其他工作暂时离开。

◎**客人向我们投诉时，怎么办？**

(1)客人投诉时首先要耐心倾听，让客人把话讲完，这样做会使客人的情绪自然平静下来。

(2)必要时把客人的投诉意见记下来，然后向上级汇报，不要急于辩解和反驳。

(3)不论客人是口头还是书面投诉，都要详细了解情况，做出具体分析，如果是设备问题，应采取措施或马上修理。

(4)假使客人尚未离店，应该给客人一个答复，让客人知道我们已经处理。

(5)如果是酒店的错，可根据情况，必要时请经理出面向客人道歉，使客人觉得他的投诉得到重视。

(6)如果处理得当，能使客人更喜爱酒店。

(7)对于客人的侧面投诉，我们同样要重视，必要时可向领导反映,以便改进服务工作。

(8)做好投诉和处理过程的记录,以便研究客人投诉的原因,防止类似的投诉发生。

◎**在服务工作中出现小差错时,怎么办?**

(1)要抱着认真负责的态度,尽最大的努力将工作做得完善妥当,避免出现差错事故。

(2)客人在场首先要表示歉意,及时采取补救的办法。

(3)事后要仔细查找原因,如实向领导汇报。

(4)同时,吸取经验教训,避免类似的差错发生。

(5)凡是出现差错,均不能隐瞒,如自己不能解决,要马上请示上级,以免酿成大的事故。

◎**客人出现不礼貌的行为时,怎么办?**

(1)如果是客人向服务员讲粗言、吐口沫等,我们必须忍耐,保持冷静和克制的态度,不能和客人发生冲突,并根据情况,主动先向客人赔礼道歉,只要我们谦虚诚恳,一般有理性的客人都会为自己不礼貌的行为而过意不去。

(2)如果是对女服务员态度轻浮甚至动手动脚,女服务员的态度要严肃,并迅速回避,男服务员应主动上前应付。

(3)如果情节严重或动手打人,则当事人应该保持冷静和克制的态度,绝对不能和客人对打起来,凡情节严重者,应马上向部门经理和保安部报告,由他们出面,根据客人不同的态度给予适当的教育。

(4)将详情向上做书面汇报,并将事情经过及处理情况做好记录备查。

◎**客人要求在房间内摆放鲜花、水果时,怎么办?**

(1)了解客人所需鲜花、水果的种类、色彩、数量和摆放方式,并记下房号和姓名。

(2)按要求进行摆设,要注意技巧,避免客人禁忌的花,水果要消毒。

(3)尽量了解客人摆鲜花水果的原因,进一步做好细致的服务,如是客人生日,则向客人表示祝贺等。

◎**当发现某住客拿走了房间中比较贵重的物品,而该客人正在结账离店时,怎么办?**

(1)婉转地请客人提供线索帮助查找。

(2)请客房服务员再次仔细查找一次。

(3)告知客人物品确实找不到,会不会是来访朋友或亲戚拿走了,或是收拾行李时太匆忙而夹在里面了。

(4)客人不认,则耐心向客人解释酒店的规定,请求赔偿。

(5)客人若确实喜欢此物品,可设法让其购买。

◎**客人上房后,打电话来说他不喜欢这间房,要求转房时,怎么办?**

(1)了解客人不喜欢的原因及他喜欢什么样的房间。

(2)条件允许,则按客人要求帮其转房并更改资料。

(3)不能满足客人要求,则向其道歉并解释原因。

(4)做好交班,为客人留意其喜欢的房间类型,一有空出,立即帮他转房。

◎**一位非住客要转交一包物品给一位有预订而尚未到达的客人,应如何处理?**

(1)了解物品的详情,违禁品、贵重物品则谢绝。

(2)请客人写下委托书,包括物品名称、数量、取物人、联系地址等。

(3)在客人的订单上留言。

(4)客人到达时,及时通知他领取物品,并写下收条。

◎**一位以全价入住的客人在退房时说房租太贵,房间的设施、种类他均不喜欢,要求按七折收费时,怎么办?**

(1)原则上应婉言拒绝其要求,说明入住时是征求客人意见后才安排房间的。

(2)建议客人下次若对房间不满意,应尽早通知换房。

(3)问客人对房间有何意见,以便今后改进。

(4)向客人介绍酒店其他类型的房间,欢迎他下次光临。

（5）若是淡季或该客曾住过本酒店，可视情况给予一定的优惠。

◎一外国客人入住酒店，但在交订金时却说身上没带足够的现金，其朋友晚上会带钱来时，怎么办？

（1）建议客人用本店接受的信用卡或旅行支票付订金。

（2）若无信用卡和旅行支票，可请其先交一部分订金，待其朋友到时再补足。

（3）对于少行李或无行李者，要注意其消费情况，防止逃账。

◎客人在大堂走廊不小心摔倒时，怎么办？

（1）应立即上前扶起客人，并询问其是否受伤，表示关切。

（2）视客人伤情决定是送客到医务室就诊还是请医生到现场处理。

（3）维护好现场和秩序。

（4）查清原因，若是酒店的设施问题，应向客人赔礼道歉，并负责支付医药费。

（5）对有问题的设施进行维修，防止再次发生类似事故。

◎一客人入住时嫌房价太贵，说前几次通过旅行社订房比这儿便宜，为什么不能按旅行社的价格来收时，怎么办？

（1）向客人解释门市价与旅行社的合同价是有区别的，旅行社与酒店签有合同，每年为酒店销售大量的房间，故有较大的优惠。

（2）如果客人入住过多次，可视情况给予一定的折扣。

◎一客人来登记入住，说他是旅行团的客人提前一天到达，所以没预订，当时酒店尚有空房，应如何处理？

（1）先按散客形式安排客人入住。

（2）向客人讲清房价的差异。

（3）问清团号，在团单上注明该客已入住。

（4）如客人现住房与团体所订房种类不同，则与客人约好第二天什么时间转房。

（5）做好交班，以便第二天更改有关资料。

（6）在团体到达时，及时通知客人、陪同、领队。

◎**当客人交给我们的代办事项经努力仍无法完成时，怎么办？**

(1)及时通知客人，向客人道歉，解释办不成的原因。

(2)向客人提出积极的建议，看是否可以改试其他的方式。

◎**客人到了退房日期但仍未离去时，怎么办？**

(1)主动与客人联系，了解其确切的离店日期。

(2)注意语言技巧，避免客人误会赶他们走。

(3)客人续住的房费若有变化，应向客人说明。

(4)若当天房满，则向客人讲明情况，并帮其联系其他酒店。

(5)对打扰客人表示歉意，并更改有关资料。

◎**一位以前曾经逃过账的客人又要求入住时，怎么办？**

(1)请客人付清欠款再入住，但注意语言技巧。

(2)收取该客消费保证金。

(3)注意此客的动向，防止再次逃账。

◎**一位外国客人背着背囊，穿着拖鞋走进大堂时，怎么办？**

(1)礼貌地向客人解释酒店的规定，劝客人换鞋后再进店。

(2)如客人是来进餐、购物或参观，可请客人将背囊寄存。

(3)对给客人带来的不便表示歉意。

◎**一住客人说他刚刚不慎遗失了护照时，怎么办？**

(1)安慰客人。

(2)了解客人的姓名、房号，以及丢失护照的详情。

(3)在酒店查找。

(4)帮助客人向当地公安派出所报失，向出入境管理部门申请报失证明，然后向所属国驻华使馆或领事馆申领新护照。

(5)记录下客人的详细资料，以便有事联系。

◎**一位语无伦次、明显精神不正常的客人来总台要求入住时，怎么办？**

(1)婉言拒绝其入住。

(2)请保安人员将该客带离公共场所。

(3)联系派出所帮助处理。

◎检查房间时，发现客人遗留的外国刊物怎么办？

（1）如是黄色刊物，不能翻阅、传阅，更不能私自处理。

（2）应立即集中放入规定的箱子里，由保安部定期派人来收取处理。

◎在楼面发现可疑人物怎么办？

（1）主动上前查问。

（2）如发现对方神态有异样及时通知保安部，派人处理并向经理汇报。

（3）做好发现可疑人物情况记录。

◎搞卫生时不小心损坏了客人的东西，怎么办？

（1）做客房卫生时应该小心谨慎，客人放在台面上的东西一般都不应该动，有必要移动时也要轻拿轻放，搞完卫生后要放回原处。

（2）万一不小心损坏客人的物品，应如实向上级反映，并主动向客人道歉（如果物品贵重，应有主管或经理陪同），承认自己的过失。

（3）征求客人的意见，客人要求赔偿时，酌情处理。

◎总台通知某房结账，服务员需尽快查房，但客人仍在房内并挂"请勿打扰"牌，怎么办？

（1）将此情况报总台。

（2）注意该房情况，客人出来后及时查房。

（3）注意：即使通知某房结账，但该房如果挂"请勿打扰"牌，仍不能入内打扰客人。

◎遇有住客不愿见访客时，怎么办？

（1）礼貌地向访客说明住客需要休息或在办事情，不便接待。

（2）请访客到总台，为其提供留言服务。

（3）如访客不愿意离开或有骚扰住客的迹象，应及时通知保安部解决。

（4）注意：不要对访客直接说明住客不愿接见，同时不能让访客在楼层停留等待住客。

◎如果访客带有住客房间房卡并要进入客房（住客不在）取物品，怎么办？

（1）首先礼貌地了解访客对住客资料掌握程度（姓名、性别、公司名称、与住客关系、入住日期等），查找住客电话与之联系。

（2）然后办理访客登记手续，陪同访客到客房取物品，若要取走客人贵重物品，须出示住客授权书，否则，予以婉言拒绝。

（3）访客走后，应及时将取走物品做好记录。

（4）待住客回店后，及时向住客说明。

◎**整理房间时，客人在房间内，怎么办？**

（1）应礼貌地询问客人此时是否可以整理房间。

（2）在清理过程中，房门应全开。

（3）清理过程中，动作要轻、要迅速。

（4）如果客人有问话，应礼貌地注视客人并回答。

（5）遇有来访客人，应主动询问客人是否可以继续清理。

（6）清理完毕，应向客人道歉，并询问是否还需其他服务，然后退出房间，轻声关上房门。

◎ **深夜时客人来电话说隔壁客人很吵，无法入睡，怎么办？**

（1）首先向客人表示歉意。

（2）问清隔壁客人房号，打电话或直接上房间，劝告吵闹客人。

（3）如客人仍吵闹，将情况报告大堂副理。

◎**客人反映客衣送错，怎么办？**

（1）了解客人衣物的数量、颜色和特征，与原有洗衣单进行核对。

（2）如果是整份搞错，应考虑是否写错房号或送错房间，然后检查当天送入其他客房的衣服。

（3）如果是单件弄错，应先看楼层其他房间有无反映送错衣服，如果实在找不到，应报大堂经理处理。

◎ **客人提前离店但客衣还未洗好，怎么办？**

（1）不管是何原因都应向客人道歉。

（2）然后将客衣清洗情况向客人说明。

（3）如来得及，应马上清洗好送到客人房间。

（4）如来不及，也应包装好送到客人房间，同时视情况给客人减免洗衣费。

◎**客人从店外打电话进来要求退房，怎么办？**

（1）向客人解释退房须先将账目结清并退还房卡。

（2）若客人是因事耽搁而无法在中午12:00前回酒店退房，可视情况允许其延时退房。

（3）与客人约定离店时间，超时加收租金。

（4）若客人未按约定时间结账，通知收银处做挂账处理。

◎**发现客人单独在房内不断饮酒，怎么办？**

（1）应特别留意该客人动态。

（2）适当情况下可以借入房服务观察客人，但注意必须由两名服务员一起入房，切忌单独入房。

（3）通知大堂副理，由大堂副理了解情况，并劝告客人。

◎**发现客人用房内的面巾或床单擦皮鞋，怎么办？**

（1）告诉客人酒店客房内都备有擦鞋器或提供擦鞋服务。

（2）明示擦鞋器放置的位置或擦鞋服务的电话号码。

（3）客人弄脏的面巾或床单，尽量洗干净，若无法洗干净，应按酒店规定要求向客人索赔。

◎**发现客人在房内争吵、打架，怎么办？**

（1）立即报告大堂副理和保安部。

（2）将双方客人劝离现场，密切注意事态发展，在适当的时候检查客房。

（3）如发现设备或物品有损坏，应及时报大堂副理，向住客索赔。

◎**在清理房间时，客人回来了，怎么办？**

（1）首先礼貌地请客人出示房间房卡，确定这是该客人的房间。

（2）问客人是否稍候再整理房间，如可以继续清理，应尽快清理完，以便客人休息。

◎准备洗涤客衣时,发现客衣有破损或纽扣丢失时,怎么办?

(1)由洗衣房填写一份客衣特别问题通知单送给客人。

(2)请客人认可签名后进行洗涤。

(3)如客人不在房内,则经大堂副理批准后进行洗涤,但事先仍须送份通知单给客人。

(4)注意处理这类问题,即不要耽搁客人时间,也不要与客人争议。

◎客房服务员报告客房的地毯有烫洞时,怎么办?

(1)上楼查看烫洞现场,交代服务员先不要清理现场,待客人回房后通知大堂副理。

(2)客人回房后,即与客人取得联系,说明情况,告知酒店的索赔政策。

(3)如客人否认,则可提醒客人是否访客所为。

(4)最后提醒客人吸烟应注意,这是为其本人及酒店的安全着想。

◎客人在用餐过程中要求改菜时,怎么办?

(1)请客人稍等,立刻到厨房了解是否正在烹调。

(2)若正在烹调,回复客人无法取消,并告知客人出菜的准确时间,请他谅解。

(3)若未制作则通知厨房停止制作,回复客人并通知主管取消该菜。

(4)向客人介绍菜式时,应告知制作时间,以免客人因等待时间过长而投诉。

◎负责主台的服务员在主宾、主人离席讲话时,怎么办?

(1)须通知厨房,这期间不能送菜出来,即使菜已煮好,也应采取措施保温。

(2)在主宾、主人离席讲话前,要注意把每个客人的酒杯都斟上酒。

(3)在主宾、主人离席讲话时,服务员斟上一杯酒,放在有热毛巾的圆托盘上,立在一侧,与他人一起聆听讲话,此时的厅内除讲话声外不允许有其他的杂音。

（4）主宾、主人讲话结束时，迅速递上，以使主宾、主人举杯祝酒。

◎**客人因服务不及时或上菜不及时而发牢骚，怎么办？**

（1）因服务不及时，由主管向客人道歉，再视情况做出补救措施。

（2）因上菜不及时，首先向客人表示歉意，"请稍等，我马上与厨房联系""请再等十分钟，菜马上就来"，以稳定客人情绪，随即通知厨房以最快速度将菜端上来。

（3）由主管再次向客人表示歉意，最后可赠送果盘。

◎**服务员未听清客人所点的菜而上错菜，客人不要时，怎么办？**

（1）先向客人表示歉意，若客人还没有动筷，应及时撤掉。

（2）若客人已开始吃，则不必再撤，尽量用打折的方法向客人推销掉这道菜。

（3）若客人坚持不要，不可勉强客人，可通知主管作为赠送菜。

（4）通知厨师优先做出客人想要的那道菜。

（5）客人点完菜，服务员应向客人复述一遍，以避免此类情况的发生。

◎**服务员不小心将菜水、菜汤、饮料弄脏了客人衣物，怎么办？**

（1）在上菜和上饮品的时候，要礼貌地提醒客人，以免不小心把菜汁和饮品溅在客人的身上。

（2）若不小心溅在客人身上，服务员要诚恳地向客人道歉，给客人递上毛巾或餐巾纸，协助客人擦拭，注意要先获得客人的同意，如是女宾，要让客人自己擦拭或由女服务员为其擦拭，动作要轻重适宜。

（4）根据客人的态度和衣服被弄脏的程度，主动向客人提出为客人免费洗涤的建议，洗涤后衣服要及时送还客人并再次道歉。

（5）有时衣服被弄脏的程度较轻，经擦拭后已基本干净，主管应为客人免费提供一些食品或饮料，以示对客人的补偿。

（6）在处理此类事件的过程中，主管不要当着客人的面批评指责服务员,内部的问题放在事后处理。

(7)若是由于客人的粗心大意,衣服上洒了汤汁,服务员也要迅速到场,主动为客人擦拭,同时要安慰客人。

(8)若汤汁洒在客人的菜台或台布上,服务员要迅速清理,用餐巾垫在台布上,并请客人继续用餐,不应不闻不问。

◎**上菜时,桌面不够摆放怎么办?**

(1)把桌面上的盘碟移好位置。

(2)撤掉空盘。

(3)征得客人同意后合并同类菜。

(4)将剩得不多的菜换小盘。

(5)切忌菜盘重叠放。

◎**客人提出食物变质并要求取消时,怎么办?**

(1)耐心聆听客人的意见,并当着客人的面,将食物立即撤回厨房,由厨房或主管检验食物是否变质。

(2)若食物确已变质,立即给客人免费赠送类似的菜肴。

(3)若食物并没变质,应由主管出面向客人解释该菜肴的原料、配料、制作过程和口味特点等。

◎**客人反映上菜速度慢时,怎么办?**

(1)服务员对各种菜肴的出菜时间要有一定的了解,对于一些烹饪时间较长的菜肴应事先向客人打好招呼。

(2)当客人催菜时,服务员应该立刻通知厨房提供特别服务,并将客人情况报告自己的上级,绝不隐瞒客人的投诉意见。

(3)主管在得知此情况时,要查阅客人点菜单,及时与厨师长联系,安排好出菜工作。

(4)服务员在客人等菜的时候,要主动询问客人是否需要增添其他饮料或提供茶水服务,并根据客人点菜情况做好备餐工作,一旦菜肴送出立即端上餐台,并提供相应的服务。

(5)遇到此类情况,服务员应给予客人特别的关照,切不可采取回避或推诿的态度。

◎**客人在进餐中要求退菜，怎么办？**

（1）如果菜肴质量有问题，应无条件地退菜并诚恳地向客人表示歉意。

（2）如果说没时间等了而要退菜，此时服务员应马上与厨房联系，如可能就先做，否则，也应退菜。

（3）如果是客人订餐人数多，点的菜也多，可实到人数少，对这种情况可经过协商，酌情处理。

（4）如果是客人自己点的菜送上桌后，感觉与点时不一样，这种情况如确实不属质量问题，原则上不应同意退菜，但可以尽力帮助转卖给别的客人，如实在无人要，只好耐心讲清道理，劝客人不要退，可以尝一尝，吃不了可以帮他打包带走。

◎**客人投诉食物未熟、过熟或味道不好时，怎么办？**

（1）对于火候不足的菜肴应该迅速向厨房反映，重新制作，并向客人致以歉意。

（2）如果属于客人对菜肴风味特点的误解，服务员既要礼貌又要婉转地向客人介绍其特点和吃法。

（3）如果客人坚持己见，餐厅应无条件地满足客人的需求。

（4）事后对产生投诉的原因要加以分析，对容易产生误解的菜肴，应该加强对客人进行事先的介绍。

◎**客人认为他所点的菜不是这样时，怎么办？**

（1）细心听取客人的看法，明确客人所要的是什么样的菜，若是服务员在客人点菜时理解错误或未听清而造成的，应马上为客人重新做一道他满意的，并向客人道歉。

（2）若是因客人没讲清楚或对菜理解错误而造成的，服务员应该耐心地向客人解释该菜的制作方法及菜名的来源，取得客人的理解。

（3）由主管出面，以给客人一定折扣的形式，弥补客人的不快。

◎**客人用餐时发现菜品中有异物时，怎么办？**

（1）立即将该菜品撤下餐台，不要在餐台上再次查验是否存在异物。

(2)迅速将此事上报主管,并在备餐间寻查出原委。

(3)主管应该立即前往客人餐台旁,向客人致歉,并征求客人意见,但无须为此事做任何解释。

(4)如果客人同意换菜,应该立即与厨房联系,以最快的速度满足客人要求。

(5)事后要认真分析原因,杜绝类似事件的再次发生。

(6)如遇客人坚持要求赔偿,应由餐厅领导出面解决。

◎客人对菜品不满意时,怎么办?

(1)客人对菜品不满意有多种原因,可能菜肴过咸或过淡,可能是菜肴原料的质量问题,也可能是菜肴的烹调方法客人不够了解,也可能是客人自身的心情不好,影响就餐情绪。

(2)如果菜肴过咸或过淡,应向客人道歉,将菜肴撤回厨房重新加工,再端上请客人品尝。

(3)如果是菜肴原料的质量问题,服务员应立即撤下菜肴,并向客人道歉,并根据客人意见重新做一份或做一份与其口味相近的菜肴,请客人再次品尝,结账时应考虑减收此菜的费用。

(4)如果是因客人对烹调方法的不了解,应详细而耐心解释菜品的制作方法和特色口味,求得客人的理解,服务员应向客人表示歉意;

(5)如果是客人心情不好而投诉菜品,这时应婉转地劝慰客人,冷静地给客人解释,通过良好的语言交流,来说服客人。

◎客人认为餐厅所提供的香烟、饮料、酒水是假冒伪劣产品时,怎么办?

(1)耐心地向客人解释,餐厅的商品是经质量监督局和物价局审核过的,绝无伪劣产品。

(2)如客人不相信,可留下有效证件、地址及电话,我们找有关部门检验,如确有质量问题,客人的消费餐厅承担,如无质量问题,应要求客人对诋毁餐厅的名誉做出赔偿。

(3)如客人反映属实,要征得客人同意后更换物品,结账时免收此物品的费用。

◎**客人之间互相搭台用膳,服务员为客点菜上菜时怎么办?**

(1)在接受客人点菜时,服务员除要听清记准外,还要在菜单上用 A、B、C、D 等符号表示,并熟记各点菜客人的特征。

(2)上菜时要核对菜单,报上菜名,让客人知道菜是否有错。

(3)如客人点了同一品种的菜式,要按客人点菜的先后顺序上菜。

(4)结账时,应与客人重新核对,避免张冠李戴。

◎**客人正在谈话,而又有事要问客人,怎么办?**

(1)很有礼貌地站立在客人身旁,趁客人说话空隙俯身轻言"对不起,打扰一下",然后说事,说完事表示谢意。

(2)如要讲的事不便让其他客人知道,可将客人请到一旁,说完事要致谢。

◎**客人要求以水代酒时,怎么办?**

(1)对碍于情面又酒量有限或不想喝酒的客人,在他们希望服务员提供以水代酒的帮助时,应给予同情和支持,并不露痕迹地满足客人愿望。

(2)但若是以自己喝水来达到灌醉他人之目的者,则应婉拒并规劝。

◎**发现客人喝洗手盅的水时,怎么办?**

(1)预先告诉客人洗手盅的作用。

(2)如发现客人已饮用应假装看不见,以避免客人难堪。

◎**大型自助餐结束后,客人提出打包时,怎么办?**

(1)应礼貌地向客人解释自助餐的方式及服务形式不适宜打包,尽量使客人理解。

(2)若个别重要客人特别嗜好其中一二种食品,可请厨师给予另外制作,但最好不直接从自助餐台上取出打包。

(3)若客人坚持,应向上级汇报,与主办单位联系解决。

◎**客人核对账单时,发现多收的错误怎么办?**

(1)首先向客人道歉,并分析原因。

(2)如果是客人弄错了菜的价格,或客人计算错误,服务员应耐心解释,如果客人坚持,则应减少部分金额,双方都做些让步,由主管向客人解释。

(3)如要是该上的菜没有上,结账时却多收,服务员则应再次向客人致歉并减去没上的菜价。

(4)如收银员无意中结错账或服务员没有认真核对账单,服务员应马上改正账单,向客人道歉,说明原因,求得客人的谅解,适当优惠后再结账。

(5)服务员或收银员思想错误导致故意多收现象,则对客人道歉,减去多收款,对服务员或收银员要认真处理,重者调离岗位。

◎客人未付账并已离开时,怎么办?

(1)故意不付账的客人是很少的,如果发现客人未付账离开了所在的餐厅,服务员应马上追上前有礼貌地小声地把情况说明,请客人补付餐费。

(2)如客人与朋友在一起,应请客人到一边,再将情况说明,这样可照顾客人的面子而使客人不致难堪。

◎在结账时,包房里所用酒水和吧台所记的数量不符,怎么办?

(1)结账前,服务员应检查包房内酒水瓶数。

(2)结账时,和吧台人员核对数量。

(3)如数量不符,以包房内的酒水量为准结算,不要耽误客人离店。

◎客人对账单产生疑问,怎么办?

(1)应说:"对不起,我到吧台为您查一下,请您稍候。"

(2)如确实错误,应向客人诚恳道歉,以求得客人原谅。

(3)如无错误,应婉转解释,讲清各项费用。

◎遇到客人恶意逃账时,怎么办?

(1)如客人尚未离店,应礼貌委婉地向客人要求结清全部账目,如客人尚存异议,则应耐心地解释并核实,同时对其付款表示感谢。

(2)如客人已离店,款项数目不太大的情况下,应按客人留下的地址去函说明并要求收回部分款项。

(3)若款项数目较大,则应派专人追讨,对拒付客人或无法与其取得联系的客人应记入客史档案,归入"黑名单"之列。

◎客人因等菜时间太长,要求取消食物时,怎么办?

(1)要先检查点菜单,看看是否漏写,如漏写,先马上口头通知厨房,然后补单。

(2)如果不是点菜单的问题,到厨房了解是否正在烹调。

(3)若正在烹调,回复客人稍候,并告诉客人出菜的准确时间。

(4)若未烹调,通知厨房停止烹调,回复客人,取消该菜。

(5)向客人介绍菜式时,应提及烹调时间较长的菜式,以避免客人等待时间过长而投诉。

◎客人点的菜长时间没有上而要求减账,应如何处理?

(1)首先向客人表示歉意,如因服务员漏记此菜,则客人的要求应完全予以满足。

(2)如客人点的菜需要制作的时间比较长,则应请客人谅解,并视情况,或立即催上或取消由客人决定。

(3)即使为客人减账退菜,也应由主管出面,再次向客人道歉。

◎当供应品种加价,餐厅常客有意见,不愿付增加款项,怎么办?

(1)服务员应事先告知该食品将要加价,先把工作做在前面。

(2)如果客人在吃完后才发现食品加价,并有意见时,服务员要诚恳地向其道歉,承认忘记告诉他该食品已加价,然后请示主管,是否先按未加价的价钱收款或加收所增加金额的一半,下一顿再按现价付款。

◎客人无欢迎卡(贵宾卡)要求签单时,怎么办?

(1)不能以生硬的态度拒绝客人,应让客人稍候然后立刻打电话与总台联系。

(2)如查明客人确实属于餐厅接待的住房客人,可同意客人签单。

(3)如查明客人没入住酒店或已退房等,应有礼貌地向客人解释,请客人用其他方式结账。

◎结账时客人所带的现金不够，怎么办？

（1）服务员应积极为客人着想，提一些建议，如用信用卡或其他方法结账，或请其中一位客人回去拿钱。

（2）客人只有一位时，应通知保安部，由保安部安排人员与客人一起去取钱。

◎负责结账买单的客人喝醉酒，结不了账怎么办？

（1）根据经验判断客人是否饮酒过量。

（2）为客人递上热手巾，送上热茶或水果给客人提神。

（3）知会主管。

（4）及时知会跟随客人一起来用餐的朋友，并征求他们的意见。

（5）如只剩下负责买单的醉酒客人，则要礼貌地小心处理，为其送上解酒参茶，等客人稍微休息一会再让其结账，如到下班时间客人仍酒醉不醒，则要设法通知客人的亲属过来处理。

◎客人对饭菜、酒水不满意而拒付款，怎么办？

（1）客人对饭菜不满意，首先表示歉意，耐心问明情况，如客人所提要求是正当的，某菜肴有问题或不够实惠，或上菜不及时影响其进餐，则可以免收此菜的费用或适当打折以示歉意。

（2）对酒水不满意，如客人认为酒水是伪劣产品，应告诉客人本店酒水是从正规酒水公司进的，经技术监督局认可的。

（3）如客人认为酒水价格太高，则应告诉客人本店酒水是经物价局核定的许可价格，要耐心而礼貌。

（4）如客人对服务不满意，服务员应诚恳道歉，然后由领班更换一名服务员。

（5）在处理以上问题时，主管都应及时赶到现场，对客人表示歉意，当客人对服务和饭菜不满意拒付款时，应视情节轻重，尽量满足客人的合理要求。

（6）当客人结完账后再次表示感谢。

（7）事后召集有关人员认真总结经验教训，并对引发事故者做出相应的罚款或纪律处分。

◎客人结账后已离开台面,发现客人把不该带走的物品带走了,怎么办?

(1)在不当着其他客人面的情况下,低声告诉客人"对不起,XX不是一次性的",或"对不起,您误拿了 XX",客人归还后要表示感谢。

(2)如果客人执意要拿走(比如说要留作纪念),应该心平气和地说:"对不起,根据我店的规定,如果您一定要带走,希望您按价购买,好吗?"

◎客人要求优惠餐费怎么办?

(1)询问客人对菜品及服务的意见。

(2)婉言说明自己没有优惠的权利。

(3)如确是常客或客人对菜品和服务有意见,应报告主管灵活处理。

◎客人要求餐厅发给一张 VIP 卡,怎么回答?

(1)服务员:"不好意思,我们现在已经没有发卡了。那是酒店开业时和以前组织活动时发的。酒店什么时候再发,我一定提前通知您。"

(2)留给客人一张名片。

◎工作时不小心损坏了客人的东西时,怎么办?

(1)收检桌面或搬动椅子时我们应该小心谨慎,特别对客人放的东西一般都不动,有必要移动时也先打招呼,轻拿轻放。

(2)如万一不小心损坏客人的物品时,应立即赔礼道歉。

(3)如实向上级反映,并主动向客人承认自己的过失:"实在对不起,因不小心损坏了您的东西,使您蒙受损失,实在过意不去。"

(4)征求客人意见,客人要求赔偿时,应根据具体情况给予赔偿。

◎遇上次用餐不满意,这次来餐厅故意挑毛病的客人,怎么办?

(1)尽量了解上次用餐不满意的原因,及时做出处理。

(2)主管选择优秀服务员为之服务。

(3)更加细致、周到、热情地为之服务,尽量努力满足客人需求。

(4)发现有出问题的可能时要提前通知主管,及时做出处理。

(5)查明原因,给予适当的优惠补偿。

◎**客人问的菜式,服务员若不懂时,怎么办?**

(1)诚恳地向客人说"对不起",并请客人稍等一下。

(2)然后请教同事或厨师,及时地向客人做解答。

(3)不可回答客人说:"不知道。"

◎**客人要服务员喝酒时,怎么办?**

(1)应向客人解释不会喝酒,况且工作期间也不能饮酒,婉言谢绝客人的好意。

(2)若客人一再劝饮,盛情难却,为了不影响客人的情绪,先把酒接过来,告诉客人待会儿再喝。

(3)同时给客人另取一个杯子,斟上酒递给客人,并向客人表示感谢,请各位慢饮。

(4)如客人还是强求员工喝酒,服务员可告之客人,请自己的领导来解决。

◎**服务员在宴会开始前,才知道有个别客人吃清真餐或素食时,怎么办?**

(1)立即征求宴会主办单位的意见,是否另外准备一些清真或素食菜式。

(2)征得同意后,即尽快为客人安排。

◎**开餐时小孩在餐厅乱跑,怎么办?**

(1)开餐时,厨房出来的菜或汤都有较高的温度,易烫伤人,为了安全,遇到小孩到处乱跑,应马上制止。

(2)带小孩回到大人的身边,提醒大人要照顾好小孩。

◎**开餐时,遇到客人同时争坐一张台时,怎么办?**

(1)应立即上前制止,设法稳定双方的情绪,如一张台能坐下双方客人,在征得客人同意后,可以同时安排一张台用膳。

(2)当一张台坐不下双方客人时,要为其中一方客人安排就座,请另一方客人稍候。

◎**客人问女服务员的年龄时，怎么办？**

（1）服务员应用友善但是反问的语气："您猜（看）我多大了？""跟您猜的差不多。"或者微笑着说："女孩子的年龄是个秘密，我可不能告诉您。"

（2）如果是熟客，而且是善意地问起你的年龄，直接告诉客人也无妨。

◎**客人问员工的工资，怎么回答？**

（1）服务员："酒店很关心我们，我们工资福利挺好的。"可以不做正面回答。

（2）如客人再追问，服务员则用幽默的语言说："谢谢您的关心，这个问题我得保密。"

（3）对于熟客也可以大概地讲："一月千把块钱。"或者："七八百块钱。"

◎**客人询问餐厅每天的流水，怎么回答？**

（1）服务员："感谢你们的关照，我们生意还是不错的。至于每天的流水是多少，我还真说不太清楚。不好意思。"

（2）如客人再追问，可将问题推给经理来解答。

◎**客人喝醉酒时，怎么办？**

（1）对喝闷酒的客人，服务员在服务时要体现出对客人的关心，如多为客人斟茶水，多换毛巾，与客人沟通、聊聊天，询问客人是否需要帮助。如客人喝过量了，劝客人改喝茶水、饮料等。

（2）对逞能、斗气、争强好胜喝酒的客人，服务员要注意餐桌上的动态，观察客人的举动，向神志清醒的客人建议，请他们去劝告已喝多酒的客人。千万别客人要什么就再给什么。可把高度酒改为低度酒，或者告诉客人此酒已卖完而建议他们用饮料或者茶水。服务员可有意"避开"客人；叫"来酒"只应而不行动；供茶水勤一点；服务节奏加快，尽早结束服务。如果有的客人乘酒兴对服务员不给他上酒而有过激的言行，服务员必须冷静，要理解客人，千万不要理会客人的醉话。是否上酒要征求同行清醒客人的意见，让他们出面说话和劝解。

（3）对为了应酬喝酒的客人，服务员应注意少给请客的主人倒酒，以此来关心客人，既让客人喝尽兴，也不让客人陷入尴尬的场面。如主人让你做假倒矿泉水，要做得巧妙。还可以建议主人喝酒前先吃点东西，如喝酸奶暖胃，喝苹果醋、酸枣汁解酒。

（4）对酒后撒酒疯闹事的客人，不管客人有什么样的过激行为，服务员都不能"以牙还牙"，要及时报告主管，控制好现场，同时让同来就餐的清醒的客人去进行劝阻。对重要物品和餐具及时转移，避免造成损失。如有损坏的物品照价赔偿。

（5）对喝醉呕吐的客人，服务员应立即将客人扶离餐桌，提供醒酒饮料，送毛巾，送热茶，并及时清除掉污物。对吐酒严重者应先通知其同伴及时将客人送往医院。

◎客人因醉酒而行为不检点，出现破坏餐厅设施的情况后，怎么办？

（1）首先应通知主管，主管迅速赶到现场解决问题。

（2）如果客人行为不检点，应将女服务员换为男服务员或同时让几名服务员前去服务。

（3）停止对客人上带酒精的酒水，改上浓茶或醒酒汤。

（4）尽可能让醉酒者离开现场。

（5）清点现场损坏的杯子和设施，并请席中清醒客人到吧台把账结清，视情况轻重可加倍赔偿。

（6）根据情况，必要时通知保安做好准备。

◎在用餐过程中，客人不小心碰翻水杯、酒杯时，怎么办？

（1）马上进行清理，安慰客人。

（2）用餐巾吸干台面上的水或酒，然后将清洁的相同颜色的餐巾平铺在吸干的位置上。

（3）重新为客人换个杯子并斟满饮品。

◎客人损坏餐具，怎么办？

（1）客人损坏餐厅的用具一般都是无意的，服务员应礼貌、客气地安慰客人，而不能责备客人。

（2）在客人损坏餐具的当时，服务员应询问客人有无受伤，并劝他不要担心，同时把现场清理收拾干净，请客人接着用餐。

（3）如是一般的消耗性物品，可告诉客人不需要赔偿。

（4）如是较为高档的餐用具，需要赔偿的话，应该等客人用餐完毕后结账时再婉转地提起有关赔偿的问题，要讲明具体赔偿金额，并开出正式的现金发票。

（5）若客人不肯赔偿或对于个别有意损坏餐具的，应报主管处理。

◎客人被餐具划伤时，怎么办？

（1）注意卫生，千万不可用台布、餐布或毛巾擦伤口。

（2）安抚受伤者情绪。

（3）不要惊动其他客人。

（4）取本店药箱给其伤口涂上合适的药水（注意：最好问准客人，他要用哪种，再给他涂上），再贴上止血贴，如伤势严重马上汇报主管，打急救电话 120 求助。

◎遇客人在店内吵闹，怎么办？

（1）如果服务员事先发现苗头，要尽量隔离客人，分别为客人提供服务，分散客人注意力。

（2）如客人已经发生争吵要立即上前制止，隔离客人。

（3）把桌上的餐具、酒具移开，以防吵架双方用其伤人。

（4）报告经理、保安部。

（5）将客人带离公共场所。

（6）安抚客人情绪，了解吵闹原因。

（7）如属酗酒者或精神病人闹事，应加强对其控制，并立即将其送离餐厅。

（8）如属客人对酒店服务人员不满，应由助理以上领导出面向客人解释、致歉。

（9）如属无理取闹，应予以劝阻。

（10）如对方不予合作，为避免对营业场所的治安、秩序造成不好的影响，可将肇事者带离营业场所，领导在处理此事时，不得使用武力，以免事态扩大。

◎**客人用餐时突然停电怎么办?**

(1)一般情况下,停电几秒钟后就有酒店应急电源供电,因此服务员应沉着,不应惊慌或惊叫。

(2)应设法稳定客人情绪,在应急电源供电前,打开应急照明灯,点上蜡烛。

(3)了解停电的原因,向客人解释,并提供服务。

(4)恢复供电后,应巡视餐厅,向客人道歉。

(5)在平时,餐厅里应备有蜡烛,而且应该放在固定的位置,令取用方便,如备有应急灯,应该在平时定期检查插头、开关、灯泡是否能正常工作。

◎**客人仍在用餐,而服务员又需为下次接待做准备时,怎么办?**

(1)由于任务紧迫,客人还在用餐时,就要为下一次接待任务做准备时,可先准备好接待服务需用的餐具,在准备工作中,要注意动作要轻,不要影响到客人用餐,不要让客人产生误会,以为服务员在暗示客人用餐时间结束了。

(2)最好在客人用餐结束后再布置。

◎**当发现走单,在公共场所找到客人时,怎么办?**

(1)客人一般都是比较爱面子的,特别是身份较高的客人。因此,当发现走单,在公共场所找到客人时,首先要考虑到客人爱面子的心理,先把客人请到一边,然后小声告知,并注意运用语言艺术,如:"对不起,××先生,因我们工作的疏忽,忘记给您打单。请您核对一下,现在结算好吗?"客人付钱后说:"对不起,打扰您了,谢谢!"

(2)如果我们不这样做,而是大庭广众下,特别是当客人和朋友在一起时,直接对客人说:"先生您没有付钱。"就会使客人感到难堪而产生反感,甚至为了面子,对账单不承认,给收款工作带来困难,同时这也是有失礼貌的表现。

◎**当餐厅收银台遇到罪犯(持枪或刀)抢劫时,怎么办?**

(1)当事人要保持镇定,除非有把握,否则不要轻易采取任何危及本人或他人生命安全的行动。

(2)随机应变,尽量答应抢劫犯的要求,因为罪犯可能特别敏感,毫

无人性,一切唐突的举动或不遵照吩咐办事,都会导致罪犯使用暴力;

（3）在不导致危险的情况下,仔细观察罪犯的人数、口音、外貌、逃跑方向、汽车牌号等。

（4）想办法报警（可利用报警器电话、发紧急讯号等）。

（5）犯罪现场的遗留物及罪犯触摸过的任何东西不要移动,保护好现场。

（6）向警方提供各种破案线索。

◎ **突然接到一个电话,恐吓本餐厅有炸弹时怎么办?**

（1）不要慌张,也不能马上挂掉电话,要认真听完对方的讲话,问清对方的用意,然后简要记录,并告诉对方会马上向老板汇报,稳住暴徒的情绪,以防出现不可预计的后果。

（2）马上汇报主管或高层管理人员,经讨论后尽快向老板反映,请求是否报警或采取别的行动。

◎ **客人带小动物进餐厅时,怎么办?**

（1）引座员应礼貌地告诉客人餐厅关于禁止携带小动物的规定。

（2）如客人不满,应通知主管。

（3）主管认真听完客人的意见后,向客人道歉并解释关于禁止带动物进餐厅的规定。

（4）感谢客人的理解与支持。

◎ **客人来店时已经客满,怎么办?**

（1）首先道歉,并安排客人入座休息,稍候。

（2）根据客人就餐需求向主管了解客情,预测最早一桌客人离开的时间。

（3）向客人说明情况,问客人是否可以等候。

（4）安排客人在等候区休息,提供茶水,送上报刊。

（5）向客人提供餐厅名片,提醒客人下次来最好先打电话预订。

◎ **餐厅里已坐满,只有留给旅行团的座位,客人要坐怎么办?**

（1）应有礼貌地告诉客人,这些座位是留给旅行团的,如要吃饭,请稍等一会儿,同时要尽力为客人找座位。

（2）如客人赶时间,可先给他们点菜,如餐厅已没有空位,请客人在餐厅外登记等候。

◎**在服务中,客人要求你为之买东西时,怎么办?**

（1）在能做到时应答应下来,然后向领班、主管汇报,尽力使客人满意。

（2）如不能办到,应婉转地向客人说明。

◎**按摩过程中客人如有不轨行为时,怎么办?**

（1）应冷静,首先以和善微笑的态度巧妙地转移事态,例如提出我先帮您倒杯茶,您先翻转过来,做腰部推拿,等等。

（2）给予客人适当的台阶下,大可不必惊慌失措,不可严词厉语,若遇到自己处理不了的事要及时报告场地值班经理,由其出面向客人解释,让服务员回避即可,并委婉地告知客人由于业务忙,暂时无法继续提供服务。

◎**住店客人提出上房按摩怎么办?**

（1）首先礼貌邀请客人来指定的健身中心按摩,原则上不接受上房按摩要求。

（2）如遇特殊情况,例如客人伤病过度疲劳等原因,报值班场地经理同意后,原则上可安排一名同性按摩人员进行上房按摩,由值班服务台开具表单,标明按摩起始时间段、收费标准。

（3）按摩人员必须持证、挂牌上岗,进入客房前应到楼房值班台登记。

（4）进入客房后,按标准程序和指定时间为客服务,结束后,应立即离开,不要随意逗留客人房内。

◎**酒店客人不会使用健身器材时,怎么办?**

（1）应主动热情地讲解各种运动器具的性能、作用和使用方法,推荐适合客人需要的运动器械,并为客人进行必要的示范、操练。

（2）对以减肥为锻炼目的的客人提示他们先称好体重,以便经过一段时间的锻炼后进行比较,从而增进对锻炼的兴趣和信心,对年老体弱的客人,要提醒他们休息。

（3）劝阻客人使用超过力所能及范围的运动器械做超负荷

运动。

◎在康乐部健身过程中，遇见客人外出血怎么办？

（1）抬高伤肢法：抬高伤肢的位置，可以使小动脉、小静脉出血减少或停止，较大的血管出血，此法不易生效。

（2）压迫法：第一，直接压迫法。用无菌纱布块及棉花垫盖伤口，再用绷带加压包扎；也可用手指直接压在伤口的出血点上。第二，间接压迫法。用手指压迫出血动脉的近心端，以达到止血的目的，也可采用特制的止血带或代用品（如橡皮管、毛巾、宽布等）缚扎伤口的近心端。

（3）冷敷法。借低温作用使血管收缩，达到止血目的。要用冰袋，冷水袋直接放于伤处。以上几种方法是服务人员应掌握的几种应急措施。当然，如果出现大面积流血或内出血状况，服务人员不应自作主张上去帮忙处理，而应立即报告值班经理请酒店医务人员，并联系就近医院，协助客人出外就医。

◎因为酒店康乐设备问题，使客人受伤怎么办？

（1）立即上报场地值班经理，并联系医务室，应立即上前搀扶客人躺下或坐下来休息，对于皮表性创伤，应协助立即止血，如遇上内伤或较为严重的骨伤，服务人员不应帮助进行护理，而应由专业医师进行处理。

（2）酒店医师无法处理时，应迅速联系附近医院，想方设法仔细护理客人前去就医，并上报酒店值班经理，由酒店领导出面携带水果鲜花，前往探望，并应承担客人的医疗费用。

（3）有关人员应记下事件详细经过，备案，立即报修相关器械，以杜绝下次类似事故发生。

◎酒店健身中心发现客人过度使用运动设备器材怎么办？

（1）应立即上前加以劝阻，主动热情耐心地讲解该器材设备的性能、作用和正确的使用方法，并做必要的示范与操练。

（2）提醒客人过度使用器材设备，不仅会造成不必要的器材损坏，还会引发客人自身安全问题。

◎遇见客人利用酒店娱乐项目进行非法活动时，怎么办？

（1）应上前进行劝阻，不应听之任之，并根据《宾客须知》中有关条款，及时制止非法活动，引导客人进行正常的消费活动。

（2）若无法劝止应立即通知场地值班经理和保安部，甚至可以中止客人的消费行为。

（3）若客人提出要租用场地进行非法活动，服务人员应婉言谢绝，不应为了追求利益做违法的事情。

◎酒店美容服务不慎给客人造成伤害时，怎么办？

（1）当事情发生后，立即向客人表示歉意，讲一些安慰与道歉的话，如"实在对不起""请原谅"。

（2）视客人的伤势进行处理，严重者马上联系附近医院，由主管陪同，并带上食品、水果去探望问候，报值班经理。

（3）必要时，可退还客人所付款项或视情况给予一定的赔偿。

◎酒店游泳池遇见客人溺水时，怎么办？

（1）迅速做好救护前的准备工作。

（2）救护员跃入水中接近溺水者，如救护员被溺水者抓住或抱住，则应立即设法解脱。

（3）将溺水者拖带到岸边。

（4）将溺水者拉上岸。

（5）及时倒清溺水者腹内积水并注意保暖。

（6）现场进行口对口的人工呼吸，并同时对心跳停止者进行体外心脏按压。

（7）尽快将溺水者送入医院，严重者在送往医院的途中不要停止抢救。

（8）溺水者苏醒后，应穿好衣服，就地休息。

（9）精神恢复后可喝些热饮料。

（10）必要时可送医院做进一步检查。

附录 2 旅游餐饮服务笑话

◎ 餐馆里一位食客在喝西红柿汤,突然他发现碗里有一只苍蝇。他忙叫来服务生责问怎么回事。服务员说:"你这个人怎么这么小气？蝇子这么小,它能喝多少汤呢？"

◎ 一位顾客在某餐厅吃午饭。他点了一份牛排。快要吃完的时候,他突然发现牛排里有一只苍蝇。他十分气愤地叫来服务员质问是怎么回事。服务员不慌不忙并彬彬有礼地说:"先生,你抽中了本餐厅再来一份的大奖。"

◎ 食客微微一笑:"我点菜时,好像没有点过苍蝇!"侍者很镇静:"是的,虽然变成了荤菜,但您不必另外加钱。"

◎一个绅士去喝咖啡,刚喝两口,就发现杯子里有只苍蝇。"喂,侍者,"绅士叫道,"咖啡里有苍蝇。""苍蝇？那绝对不可能!"侍者说,"老实对您说,在给您端上来之前,我把所有的苍蝇全拣出来了!"

◎ 一天,一富人听说有一酒店,其价格之贵让无数有钱人望而却步。他为了显示自己的富有,于是走进了这家酒店,刚坐下,来了一位服务员。服务员微笑地对他说:"请问,您要些什么？"他满不在乎地说:"给我来份 5000 美金的点心。"顿时,服务员惊讶地望者他,说:"对不起,我们这里不卖半份的!"

◎小李一天到一家大酒家吃饭,叫了一盘价格 800 元的"金鸡炸竹笋",可盘子里连一小块鸡皮也没看见。顾客很扫兴地端着菜走到经理跟前说:"经理,请借一只放大镜。""做什么用?"经理不解地问。小李:"我要在竹林里寻找那只失踪的金鸡。"

◎服务员:"请原谅,先生,这张桌子已经有人预定了。"
顾客:"这没关系,我的朋友,你可以把这张桌子搬走,我换张尚未有人预定的桌子。"

◎一位顾客慢条斯理地在餐厅中用餐,然后吃水果,抽香烟。当侍者把账单送上时,他摸了摸口袋,假装惊慌失措地说:"糟糕,我的钱包不见了。"侍者面无表情地问:"真的吗?"于是,他把这个男人带到门口,大声命令他:"蹲下。"然后用力一脚,把他踢到门外。这时,坐在另一张桌上的一个顾客,自动走到门口,同样蹲下来,然后回头对侍者说:"结账。"

◎游客在旅馆里见到一份餐厅营业时间表,早饭 8—10 点;午饭 11—15 点;晚饭 18—24 点。"嘿,"游客非常惊讶,"那还能挤出时间参观吗?"

◎格雷先生到澳门旅游,住在一个小客店里。客店主人很吝啬,每天给的饭食很少。一天,他坐下来吃晚饭,见放在桌上的盘子很湿,便冲着店主说:"这盘子是湿的,请给我换一个。"店主说:"这是给你的汤,先生。"

◎食客:"你们店的食物糟透了,我要见你们的经理。"
侍应生:"对不起,先生,我们的经理到外面吃东西去了。"

◎不懂法语却又死要面子的英国罗伦太太在巴黎一家餐厅就餐,她接过侍者递来的菜单,装模作样地看了一会儿,便神气活现地点了菜单上最后几道价格不菲的大菜。半小时过去了,菜还没有上来,罗伦太太生气地叫来老板。幸亏这个老板会说英语,他微笑着问："太太,您点的这些曲子,乐队刚才不是演奏过了吗?"罗伦太太顿时傻了眼。

◎司马先生请人吃饭,找好了一家正在做优惠广告的酒店,吃了一半,司马先生问招待"不是说消费满 1000 元,送四盘大菜的么,怎么还不来?"招待员就去催了,一会儿,四个少女端着四大盆萝卜来了,司马先生不高兴了,问:"怎么上这个,广告上不是有螃蟹和鱼么?"招待说:"废话,广告上还有小姐呢。"

◎顾客:你们酒店的米饭真不错,品种还真不少。
服务业:不就一种吗?
顾客:不,有生的,有熟的,还有半生不熟的。

◎老王在餐厅坐了很久,看到别的客人吃得津津有味,只有他仍无侍者来招呼,便起身问老板:"对不起,请问——我是不是坐到观众席了?"

◎顾客:"我的菜怎么还没有做好呢?"
侍者:"请问您定了什么菜?"
顾客:"炸蜗牛。"
侍者:"噢,原来是这样,请别着急。"
顾客:"我已经等了 45 分钟了。"
侍者:"这是因为蜗牛是行动迟缓的动物……"

◎一位客人在餐厅点菜时说:"我要两只煎蛋,一只要嫩得蛋黄会流出来,一只要老得像橡皮;咸肉煎好后要放凉了;面包要烤得又黑又脆,刀一碰上就碎;咖啡越淡越好,要半冷半热的……"侍者表示为难:"先生,这些东西做起来可能有点困难。""不会吧,"客人说,"我昨天早上才在这里吃过。"

◎酒店总管来到餐厅，对着众位客人不安地说："对不起，厨房领班要我给客人们说一声，他希望你们在嚼东西的时候要小心，他的隐形眼镜掉了……"

◎冬天，一位顾客走进酒店忘了关门，酒店里的一位顾客说："外面天气真冷，请你把门关上。"刚进酒店的顾客答道："你以为我把门关上，外面就不冷了吗？"

◎一位客人在餐厅用餐，他叫来了餐厅老板，说："这个红烧鸡块里，怎么还有鸡毛？"老板说："这，这，这个嘛，是我们的防伪标志！"

◎某位局长到其下属的一个饭馆检查。到了饭馆看到正在大扫除，局长很高兴，道："干得不错嘛！很好很好。"经理满脸堆笑道："哪里哪里，都是局长的栽培。"局长很满意，他兜了两圈。突然对经理说："我想到你们的厕所看看。""这？"经理很为难，"还是到别处看看吧。""不行，我要上厕所小便。"局长道。经理只好带着局长到了厕所。局长开开门，迈大步跨了进去。没料到从里面飞出一万多只苍蝇，大苍蝇、小苍蝇、绿头苍蝇……硬是把局长给挤出了厕所。这下局长气得大骂经理："你这是咋搞的，卫生这么差，我看你这经理也别当了。"经理吓得脸都白了，连声道："局长息怒，请到会议室稍坐片刻。半小时内我一定把苍蝇清除干净。"半小时过后，经理陪同局长又来到厕所，这次局长小心翼翼打开门，结果里面一只苍蝇都没有。局长又很高兴："这还不错，很好嘛。我要在里面方便一下。"经理忙道："方便是可以的，不过要快点，苍蝇马上要回来了。""啊，为什么？"局长问。"这不是12点吗，苍蝇都去餐厅聚餐了。"

◎一名旅客问："服务员，把你们的电话号码簿拿给我，我要找个地址。"

"很抱歉，先生，我们这里没有电话号码簿，不过我倒是可以把意见簿拿给您，您可以从上面找到我们这个城市几乎所有的居民的地址。"

◎霍克斯先生来到一间海滨酒店，他点了一份菜后便坐下来欣赏海边风景。时间过去许久了，霍克斯先生的菜却还没有上来。他生气地叫住侍者说："我点的菜怎么还没有来！""噢！先生，"侍者回答，"您要的是半只鸡，我们是不可能为您一个人杀一只鸡的，因而只有等另外一位顾客了！"

◎休斯教授在餐桌边已等多时，最后终于看到服务生走过来。"您想吃点什么？"服务生问。"刚来时我想吃早餐，"休斯笑着说，"现在我想大概该吃午餐了。"

◎顾客喝了一口汤，立即叫来服务生："你尝尝这鸡汤，一点鸡味也没有！"
服务生微笑着回答："这是用幼儿时代的鸡做的汤。"
顾客感到费解："什么是幼儿时代的鸡？"
服务生说："鸡蛋。"

◎别佳到一家常去的餐馆进餐。煎肉片端来后，别佳翻来覆去只有一块，便问："我以前来这里吃煎肉片，你们都给两块，今天怎么只有一块？""啊，对不起，这是厨师粗心大意，忘了把肉切成两块了。"

◎一对恋人到餐馆用餐，两人目不转睛地对看着，竟忘了点菜，最后还是小伙子张了口："你真甜，我真想吃你一口。""我也想吃你一口。"姑娘说。站在桌旁的服务员咳嗽了一声，问道："那你们喝点什么呢？"

◎一位衣冠楚楚的年轻人一进饭店就大声嚷嚷："喂，有什么好菜尽管端上来,钱多少我不在乎。"服务员听了很不是滋味:"哥儿们,钱多顶个屁,你不照样得做别人的儿子,就是有人要你做孙子你也不敢不做!"年轻人勃然大怒:"谁敢占老子的便宜?你说,是谁不要命了,胆敢要老子做他的孙子?"服务员慢条斯理地答道:"你爷爷!"

◎"服务员,你端上来的这只鸡怎么会是一条腿长一条腿短呢?"

"那有什么关系?你难道想同它跳舞吗,先生?"

◎曾著有《神鞭》等小说的著名作家冯骥才,有一次在美国佛拉斯达夫一家小店吃饭。服务员是个打工的大学生。她说:"我们这酒店无所不能,凡是你想到的都能做。"冯骥才说:"就来一份冰雹烩钥匙吧,钥匙烧得嫩点。"服务员一听,便笑了起来。

◎著名作家聂绀弩生前十分幽默。抗日战争时期,他居住桂林,与友人求饮于餐馆。服务员端来白斩全鸡,却是骨多于肉。

聂绀弩问道:"这是两只鸡吧?"

回答是:"不,只有一只。"聂绀弩正色道:"一只鸡,哪有这么多骨头?"

◎宋代文学家苏东坡有一次到朋友家喝酒,桌上摆着一盘红烧麻雀,总共四只。有位客人连着吃了三只,剩下的那只请苏东坡吃。苏东坡很客气地说:"还是你吃吧,免得它们散了伙。"

◎著名法国幽默作家特里斯坦·贝尔纳有一天去一家饭馆吃饭,对那里的服务态度很不满意。付账时,他对饭馆的经理说:"请拥抱我。""什么?"经理感到纳闷。"请拥抱我。"贝尔纳显得很认真。"到底是怎么回事啊,先生?""永别吧,以后您再也别想见到我了。"

◎"这家为什么叫新宾酒店呢?"

"因为在这吃饭的都是第一次。"

"你敢这样肯定吗?"

"敢,因为在这吃过饭的人就再也不来了!"

◎点完菜,服务员问小王有什么忌口。小王这人不能吃辣的,想着点的菜里有唯一一道稍辣的菜就是鱼香肉丝,便随口答了一句:微辣。服务员嘟囔了一句什么,小王也没在意,服务员就去下单了。过了一会儿,鱼香肉丝端上了桌。小王尝了尝,确实不辣,感觉挺好,就等着下道菜上桌。谁知过了有二十分钟,鸡蛋炒西红柿才端上来。小王一尝,竟是辣的。小王赶忙叫过服务员,问她上菜为什么这么慢,再一个为什么鸡蛋炒西红柿也是辣的。服务员疑惑地看着小王,嗫嚅道:"您不是说每道菜都要微辣的吗?"小王说:"啊?我就是要求鱼香肉丝别太辣,要微辣。其他菜要原味的呀。"服务员有些不好意思,红着脸说:"他是新来的,对不起,他以为您所有菜都要微辣的。刚才上菜慢,就是厨师没炒过微辣的鸡蛋炒西红柿,研究了半天才炒出来的。他得赶紧说一声去,这会儿他们正研究疙瘩汤是放辣椒还是胡椒粉呢。"

◎摩洛科在饭店里吃了一顿美味的午饭,需付一卢布,可他连一个戈比也没有,于是他问店老板:"请告诉我,在此地,如果有人打了别人的一记耳光,官司打到法院,他会被罚多少钱?""我想,五个卢布吧!""好吧,"摩洛科说,"请您打我一记耳光,再给我剩下的四卢布找零吧!"

◎顾客:"你们这餐具是不是总不消毒?"

店员:"从来没装过毒品,消什么毒!"

◎吃午饭时,有个客人端着盘子到柜台前抱怨说:"牛排太硬了没法吃。""如果您愿意,可以换成一个排骨。"侍应生说。"谢谢,可是牛排我已经吃了一点儿。""没关系,那盘排骨也是已经吃了一点的。"

◎某人到餐厅吃饭,在点菜时他问服务员:"请问你们这儿有烧野鸭吗?"服务员想了一会儿回答说:"野鸭没有,不过,我可以捉一只家鸭,把它逼疯后再烧给你!"

◎吃客:"为什么这碗菜里都是泥?"
侍者:"这是最新鲜不过的菜,刚从泥里拔出来呢。"

◎敬爱的领导大筷一挥,把鱼眼剔出来,呈送给主客,曰"高看一眼";把鱼骨头剔出来,赠给另一位贵客,曰"中流砥柱"。然后,他分配鱼嘴巴,叫作"唇齿相依",分配鱼尾巴,叫作"委以重任",分配鱼翅膀,叫作"展翅高飞",分配鱼肚子,叫作"推心置腹"。格外细心的领导还能一筷子找准鱼腔(好像鱼也有三围),分给座中不怎么得意的一位,此谓之"定有后福"。

◎北方一餐厅,一位南方客人点了两个菜,其中一个是烧丝瓜,并嘱咐少带辣子。可服务员却在菜单上写成"烧西瓜(少带辣子)"。单传进厨房后,师傅看到这个菜名,摸摸脑门想了想说:"这是什么样的客人,西瓜怎么烧,还少带辣子? 可我只做过'拔丝西瓜''西瓜羹呀'!"无奈,就传服务员向客人解释。服务员:"先生,厨房师傅说,他们从来没有做过'烧西瓜(少带辣子)'这道菜,您可以说说您吃过的此菜的做法吗? 好让师傅做得对您的口味。"客人:"什么? 这么大的饭店,师傅连烧丝瓜都不会烧啦,真是笑话。"说着,就用手指在餐桌上写了一下菜名,这时服务员才突然明白,客人原来要的菜是"烧丝瓜(少带辣子)"。

◎酒过三巡,菜过五味后,某君用手蹭了几下吃过油滋麻花的嘴巴后突然大喊道:"服务员! 给我上点卫生纸!"立即,全桌子人有的晕倒有的笑喷！

◎一次同事的生日宴会上，男男女女十几个人坐了一大桌，依照惯例少不了要大喝一通，这天一位海量的姐姐害牙疼，端着茶杯对在座的各位说："弟兄姊妹们，真不好意思，要不是牙疼，像今天这个场合，我定要开怀畅饮……"那些男同事们立马坏笑起来："哈哈……"

◎有一牛人，走进酒店，大唤服务员："有龙虾吗？"答曰："有。"又问："有鲍鱼吗？""有。"续问："燕窝有吗？"服务员相当激动，心想：可来了大买卖了。于是更加殷勤，精心伺候，将此人让入宴会厅，泡了壶上好龙井，急忙唤来大堂经理，经理躬身问道："先生几位，什么标准呀？"牛人放下茶杯曰："我就要碗烩饼。"

◎有一家酒店为招揽顾客在门口放了一直很聪明的鹦鹉，每当顾客盈门，聪明的鹦鹉都会说："欢迎光临。"效果很好，一天有一个熟客想快速进门看看鹦鹉的反应，只见这位老兄嗖地一下窜进大门，只听鹦鹉说："他妈的，吓我一跳。"

◎有一家餐厅生意很好，门庭若市，老板年纪大了，想要退休，就找了三位经理过来。

老板问第一位经理："先有鸡还是先有蛋？"第一位经理想了想，答道："先有鸡。"

老板接着问第二位经理："先有鸡还是先有蛋？"

第二位经理胸有成竹地答道："先有蛋。"

老板又叫来第三位经理，问："先有鸡还是先有蛋？"

第三位经理镇定地说："客人先点鸡，就先有鸡；客人先点蛋，就先有蛋。"

老板笑了，于是擢升第三位经理为总经理。

◎麦克走进餐馆,点了一份汤,服务员马上给他端了上来。服务员刚走开,麦克就嚷嚷起来:"对不起,这汤我没法喝。"服务员重新给他上了一个汤,他还是说:"对不起,这汤我没法喝。"服务员只好叫来经理。经理毕恭毕敬地朝麦克点点头,说:"先生,这道菜是本店最拿手的,深受顾客欢迎,难道您……""我是说,调羹在哪里呢?"

◎有一个餐厅推出古诗菜谱:
两个黄鹂鸣翠柳,(韭菜上俩鸡蛋黄)
一行白鹭上青天。(一片菜叶上铺一行切成片的蛋白)
窗含西岭千秋雪,(四根韭菜围一框,里面洒点碎蛋白)
门泊东吴万里船。(清汤上浮两蛋壳)

参考文献

[1]第 16 届亚洲运动会组织委员会宣传部.亚运知多少[M].广州：广东教育出版社,2009.

[2]王晓玲.亚运知识读本[M].广州：广州出版社,2010.

[3]史国生.五环辉映下的金陵[M].南京：江苏科学技术出版社,2011.

[4]第 29 届奥林匹克运动会组织委员会.北京奥运会志愿者读本[M].北京：中国人民大学出版社,2006.

[5]傅琴琴,张建宏.希望的田野：返乡农民工创办农家乐指南[M].郑州：河南大学出版社,2016.

[6]张永宁.饭店服务教学案例[M].北京：中国旅游出版社,1999.

[7]杨富荣.旅游饭店服务教学案例分析[M].北京：高等教育出版社,2000.

[8]陈文生.酒店经营管理案例精选[M].北京：旅游教育出版社,2007.

[9]张建宏.饭店服务 36 计[M].北京：旅游教育出版社,2008.

[10]张建宏.饭店服务 36 技[M].北京：化学工业出版社,2009.

[11]全国旅游星级饭店评定委员会办公室.星级饭店经典服务案例及评析[M].北京：中国旅游出版社,2008.

[12]蒋一帆.酒店管理 180 例[M].北京：东方出版中心,1998.

[13]宋晓玲.饭店服务常见案例 570 则[M].北京：中国旅游出版社,2001.

[14]孔永生.前厅与客房细微服务[M].北京：中国旅游出版社,2007.

[15]程新造.星级饭店餐饮服务案例选析[M].北京：旅游教育出版社,2000.

[16]张建宏.现代餐饮管理导论[M].北京:知识产权出版社,2011.

[17]张建宏.餐厅服务400问[M].北京:化学工业出版社,2008.

[18]曾郁娟.餐馆赢在细节[M].广州:广州出版社,2007.

[19]曾郁娟.顾客应对技巧[M].广州:广州出版社,2001.

[20]孔永生.餐饮细微服务[M].北京:中国旅游出版社,2007.

[21]张耀宗.酒店服务员纠错100例[M].北京:现代出版社,2007.

[22]上海市旅游事业管理委员会.服务的艺术[M].上海:上海教育
    出版社,2002.

[23]王大悟.酒店服务学[M].合肥:黄山书社,2004.

[24]王婉飞.餐饮消费心理与经营策略[M].北京:中国发展出版
    社,2001.

[25]辽宁省人民政府交际处.宾馆酒店服务技术考核总汇[M].沈
    阳:辽宁科学技术出版社,1991.

[26]郭敏文,樊平.餐饮服务与管理(第2版)[M].北京:高等教育
    出版社,2006.

[27]沈群.餐厅服务手册[M].北京:旅游教育出版社,2003.

[28]南兆旭,腾宝红.现代酒店星级服务培训[M].广州:广东经济
    出版社,2004.

[29]刘硕,刘志伟.服务员特训教程[M].北京:中国盲文出版
    社,2003.

[30]周名丁,谢朝刚.饭店对客服务指南[M].北京:旅游教育出版
    社,2005.

[31]金敏,周名丁.餐厅服务员实战手册[M].北京 旅游教育出版
    社,2007.

[32]本书编写组.导游基础[M].北京:中国旅游出版社,2001.

[33]龙凡,庄耕.酒吧服务技能综合实训[M].北京:高等教育出版
    社,2004.

[34]金正昆.涉外礼仪教程[M].北京:中国人民大学出版社,1999.

[35]张建宏.社交礼仪与沟通技巧[M].北京:国防工业出版
    社,2015.

[36]张建宏.现代实用礼仪教程[M].郑州：河南大学出版社,2015.

[37]陆永庆.旅游交际礼仪[M].大连：东北财经大学出版社,2001.

[38]佟玉华.餐厅服务2000问[M].北京：中国商业出版社,1998.

[39]谢红霞.怎样开饭店[M].北京：经济科学出版社,2009.

[40]李春生.微笑与服务美学[M].北京：中国经济出版社,2000.

[41]李舟.酒店康乐中心服务案例解析[M].北京：旅游教育出版社,2007.

[42]马宜斐.旅游人际沟通[M].北京：中国人民大学出版社,2007.

[43]付钢业.现代酒店服务质量管理[M].广州：广东旅游出版社,2005.

[44]曹希波.新编现代酒店服务与管理实站案例分析实务全书[M].北京：企业管理出版社,2007.

[45]张建宏,傅琴琴.区域旅游发展与人才开发研究[M].五家渠：新疆建设兵团出版社,2014.

[46]薛群慧.旅游心理学：理论·案例[M].天津：南开大学出版社,2010.

[47]李娌,王哲.导游服务案例精选解析[M].北京：旅游教育出版社,2007.